刑事法学におけるトポス論の実践

津田重憲先生追悼論文集

[編集委員]
三原憲三
増田　豊
山田道郎

成文堂

謹んで
故津田重憲先生の御霊前に捧げます

執筆者一同

はしがき

心より敬愛する、あの津田重憲先生（友人であり、親しみを込めて以下では津田君と称する）が、二〇一二年八月一三日に逝去されてしまった。一体何ということか、早すぎるではないか。津田君とわたくしは、明大法研修士課程における同級生であり、その交友関係は、実に四〇年以上にも及ぶものであった。同級生といっても、津田君は、大学院に入学する前に会社勤めの経験もあり、わたくしよりも（わたくしの実兄よりも）年長であったため、わたくしにとっては、頼りになる、いわば兄貴分といった存在であった。

入院先の駿河台の日大病院に何度か見舞いに伺ったが、その最後の見舞いの折に、すでにだいぶ衰弱していた津田君が、帰り際にベッドからいきなり起き上がって、「増田君、有難う」とはっきりとした口調で言いながら握手を求めてきた。これが、わたくしに対する最期の言葉となってしまった。それは、言うまでもなく見舞いに訪れたこと自体に対してではなく、まさにこれまでの長い付き合いに対して精一杯の謝意を表しようとする、極めて重い言葉であった。

さて、少しばかり昔の話をしてみよう。われわれが院生であった頃、わが国におけるリベラルなアカデミズムの拠点であり、日本のカルチェ・ラタンともいわれたお茶の水界隈には、オシャレな喫茶店が多数あったが、その喫茶店でコーヒーを飲みながら、いわゆるC調で、人のよさそうな津田君が話す内容は、いつも大変愉快であり、ラディカルなものであって、大いに盛り上がった。その話によると、津田家は佐賀の士族の出であるそうで、ある時にはその家系図をわざわざ持参し、自慢げに見せて説明したようなことも、いま記憶として蘇った。津田君は、侍としての誇りを生涯にわたって常に自覚し、時おり逸脱することもあったが、おおむね侍として行動する姿勢を貫いたように思われる。

また、津田君は論文を速攻で仕上げてしまう達人であったが、ご成婚も速攻で決めたようである。その結果、実に生意気なことに、大学院修士課程の学生という分際で早くも妻帯者となった。恩師駒澤貞志先生ご夫妻の媒酌による華燭の典には、わたくしも参列させていただいたが、その時の津田君の「にやけ顔」が昨日のことのように思い出される。教員として明大に戻ってきてからの津田君は、とりわけ教育熱心で学生との交流を人一倍重視し、面倒見のよい先生として多くの学生たちに心から慕われていた。

研究面に関しては、津田君は、当初、行為論について探究していたが、のちに正当防衛論をテーマとするようになった。喫茶店でテーマについて話をした際に、わたくしは、行為論を検討するにしても、それ自体に限定して議論していては不毛なものとなってしまうので、規範的な視点から検討する方がよいのではないか、そうであれば正当防衛論は非常によいテーマである、という趣旨の意見を述べるとともに、当時刊行されたばかりのズッペルトの正当防衛に関する著書（ボン大学に提出されたディッセルタティオン）を示し、これを読んだらよい、と薦めたようなこともあった。その後、津田君は、正当防衛論および正当防衛としての緊急救助論というテーマについて精力的に取り組み、周知のように、この分野に関するスペシャリストとして高く評価されるべき数多くの業績を残したのであった。

その正当防衛論については、一九八〇年代にロクシンが、「法確証」なるトポスをも重要視する立場から、「正当防衛の社会倫理的制限」というスローガンを掲げ、さらには正当防衛規定について（正当化事由規定一般についても）、罪刑法定主義を事実上骨抜きにするような主張（法典化された正当化事由についての「目的論的縮小禁止」の拒絶）を展開した。わたくし自身は、一介の研究者としてこうした潮流に毅然たる抵抗を試みたが、わが国の多くの刑法学者たちは、当時、まるで大波《ビッグ・ウェーブ》に乗ってただ流されてゆくだけの、思想もなければ僅かな創造的想像力《アブダクティブ・ファンタジー》さえも欠如しているサーファーのように、まさに「ロクシンに、右へ倣え」という機運に乗って「法確証」というトポスについて十分な批判的考察を試みることもなく、これを正当防衛の正統化根拠の一つとして安易に導入してしまったのである。

しかしながら、それで本当によかったのであろうか。いや、よいわけがないであろう。よく考えてみてほしい。そもそも「法確証」というものは、当該文脈においては一定の行為の禁止・命令（行動規範の発令）や刑の法定、宣告、執行などのような〈社会市民《ゾツィアルビュルガー》としての個人の行動の自由を著しく制約する〉「国家行為」およびその意味表出行為にほかならないのである。それゆえ、「法確証行為」は、おのずと「国家行為に対する個人の防御権としての基本権」を担保するための法治国家的原理である「比例の原則」に服し、厳格な制約のもとにおいて実施されなければならないであろう。要するに、そこでは〈国家対社会市民としての個人〉という「垂直《ヴェアティカール》的な関係」が前提とされているのである。これに対して、正当防衛においては、緊急時における〈社会市民としての個人対社会市民としての個人〉という「水平《ホリゾンタール》的な関係」が前提とされており、ここでは「私人による国家行為の代行」（例えば私人による現行犯逮捕のような準国家行為）といった類の行為が問題とされているのではなく、したがって法治国家的原理としての厳格な「比例の原則」は妥当しないし、この原則によってそもそも〈社会市民としての個人の権利である〉正当防衛が制限されるようなことがあってはならないのである。

おやおや、何と気づいてみれば「はしがき」の趣旨をいささか逸脱するような話に及んでしまったが、こうした正当防衛論の基本的トポスに関する卑見についても、津田君ともっと議論を交わしてみたかったという、わたくしの強い願いは、いまとなっては、誠に残念なことに叶わぬものとなってしまった。そもそも人間は「生きもの」であり、「生きもの」はいずれ必ず「死ぬもの」である。しかし、津田君が逝去されても、その研究業績は「客観的精神」として生き残り、そこから新たな対話や議論が始まることになるであろう。さらには、津田君の「心身」

は、目には見えない「不滅の粒子」の中にその痕跡を残しつつ、自然に還るとともに、この無限宇宙を飛び交い、新たな生命を再び獲得することにもなるであろう。そしてその時には、きっとC調でヘビー・スモーカーの宇宙人（宇宙生物）が誕生するはずである。何と愉快なことではないか。

「創造的想像力」こそ、まさに研究者の生命《いのち》なのである。

ところで、本書は、明大出身の刑事法研究者のみによって寄稿された論文から構成されるものとなった。このことは、明大（のリベラルな伝統）をこよなく愛した津田君の（推定的）遺志を尊重した結果である。なお、わたくし自身も、当初、寄稿する予定で準備をしていたが、その後、一身上の理由により、編集者の一人でありながら寄稿を辞退してしまった。このことを、津田君に何よりもお詫びしなければならない。

末筆ながら、本書のような採算の取れない学術書の出版を快諾してくださった成文堂の社長阿部耕一氏をはじめとする関係者の皆様に、そして具体的な事柄について種々お世話になった編集担当の飯村晃弘氏に心よりお礼を申し上げたい。

そして最後になったが、寄稿者とともに故津田重憲先生のご冥福を心よりお祈り申し上げることによって、この「はしがき」を閉じることにする。

二〇一三年一二月一〇日

増田　豊

津田重憲先生追悼論文集　目　次

わが国における「誤判」と「死刑廃止論」との関連についての一考察

三原憲三

一　はじめに

改めていうまでもなく、誤判問題は、死刑の威嚇力の有無と並んで死刑存廃論の中心的な課題である。そのなかでも特に誤判の可能性を根拠にした死刑廃止論は、最も現実味を帯び、説得力に富んでいる理論といえよう。近代の裁判も三審制度を採用する他、被告人の人権を保障した厳格な手続きを規定しているが、その審理を人間が行なうものである以上は、絶対に誤りを犯さないとは誰も明言できない。そこで、もし誤った裁判があった場合に、他の刑罰ならまだしも、死刑の場合には一度執行されると絶対に回復できないし、それこそ取り返しのつかない不正義、反人道的となり、国家自身が重大な犯罪を犯す結果になる。しかも、残念乍ら歴史上、いくつかの誤判の事実も存在する。また、わが国の再審事件によっても、そのことを知ることができよう。例えば著名な再審無罪事件として、免田事件、財田川事件、松山事件、島田事件などがあり、その原因としてはいろいろではあるが、見込み捜査であるとか、別件逮捕により長期の拘留での自白の強要、さらには、それによる捜査当局の供述調書を裁判官がうのみにする等が指摘される。

次に諸外国での死刑廃止に踏み切った一つの有力な動機となったのは、死刑執行後に誤判（Justizmord）が発見された事件が現に発生したことからである。イギリスで殺人罪に対して死刑の廃止に踏み切り、かつ、死刑の復活に対する世論がかなり強いにもかかわらず、議会が死刑の復活を認めないのは、誤判問題が直接の動機である。死刑は誤判の場合には、全く取り返しがつかないということを理由とする死刑の廃止は、現実問題として最も重要な論点である。すなわち、裁判が人間によって行なわれる限り、誤判を避けることができないがために、死刑は一旦処刑されてしまうと回復が全く不可能になってしまうのである。このような回復不可能な、しかも誤判の予想される刑罰は絶対に避けなければならない。以上のようなことから、本稿において誤判を根拠とする死刑廃止論につき賛否のある諸説を紹介してみようと思った次第である。

二　「誤判」と「死刑」についての学説の対立

わが国で、この点を特に早くから注目をして強調したのは、留岡幸助氏と小河滋次郎博士であろう。

1　留岡幸助氏の主張

まず、同氏は、「……人間は不完全の者なれば往々誤判あるを免れず、誤判によりて人を死に致す如何にして之を取換し得べき、独逸に於て曾て百四十四人の瘋癲者中、百六人は犯罪者と認められしことありという、已に死刑に処すれば中に瘋癲者あり、誤判ありとも之を他日に於て救出する由なし、自由刑なれば他日誤判を発見したる際救出し得る便を存す。(1)」

さらに、つづけて「……不完全なる人類が不完全なる人類を審判し能はざるが故に、強て死刑を実行せば判事は往々誤判を為すを免かれざるべし、此場合に於ては死刑の執行は再び恢復し能はざるものなるを以て死刑は廃止せざるべからず(2)」との誤判を理由とする死刑の廃止の主張である。

2　小河滋次郎博士の主張

同博士は、「誤判の結果として人を殺すの行為を指して之を法的殺人と称す(3)」という前提で「……誤判を発見したる場合に於て絶対に救済回復の道なしと云うことは死刑其物の一大欠点として何人もまた異議なき所にして流石死刑を維持せんと欲する所の者もこの欠点についてはいくんど一言の辞なき所なり、幾多の犯罪に向って一様に死刑を適用したる当時の事ならんには兎も角も今や其之を適用すべき犯罪を制限したるの時に方り而かも殆んど唯一の犯罪とも言うべき殺人罪が其性質として最も誤判の恐れあるものなりと云うに於ては殺人罪に対して死刑の適用を不可とするの論決は直ちに以て死刑其物に向って最終の死刑を言渡したるものとして之を見るべきなり、……(4)」と誤判には回復の道がないと主張している。

3　花井卓蔵博士の主張

同博士は、誤判と死刑の問題を重要視している立場から、「人誰れか過なからん、裁判官も同じ人間である以上は、一旦の誤断、無辜を殺すことなしとは云えない。而して死刑一たび執行せられ、冤罪如何にして救済せらるべきか。幽明既に所を異にする冤人遂に訴うるに道なし。我等之を悲しむのである。[5]」との廃止論を主張する。そこで、同博士の廃止論の内容をもう少し詳しく説明すると、「死刑は絶対に誤判を救済する能わず」。そして、現実には、この問題は決して稀なことではないとして、「我国の例に徴するも、誤判の数は実に夥しい。司法省の統計に拠れば、明治三十三年より同三十八年までの六年間に、死刑の宣告を為したる事件は百十八件である。而して此百十八件中、上訴の結果死刑を取消され無罪となりし者、或は免訴となりし者は、実に八十七件の多きを占む。即ち、三十一件の外は、死刑を科すべき犯人にあらざりしことが証明せられて居る。若し上訴の上に上訴の途ありしならば、猶ほ此三十一件を減じ得べかりしやも知れぬ。兎に角、人の生命を断つといふ重大なる刑を百十八人に宣告して、八十七人は誤判であったと云ふことが、統計上証明せらるる以上は、危険な刑であると言ふことだけは認め得らるる。我輩一個の経験に依るも、一審にて死刑を言渡され、二審に至り無罪又は減等となりし者は随分ある。此点は死刑論者に能く味って貰ひたい[6]」と具体的な数字まで揚げて誤判と死刑の問題を取りあげて説明している。そして、小川太郎博士の言を借りれば、「花井卓蔵博士が弁護をした野口男三郎の事件についてもその供述の真実性を疑い、死刑の危険なことを主張した[7]」ことを改めて説明して死刑の拒否を示しているのが注目される。

4　大谷美隆博士の主張

同博士いわく、「死刑は誤判を是正し得ない不都合がある。この理由は多くの廃止論者が主張する理由であるが、それに対しては『誤判などという事はない』と云って反駁する。故に誤判が実際どれ位あるかという『率』が問題となる。そこで最近の日本の例を云うと昨年（昭和三〇年）度に於て、最高裁判所で処理した事件が二、五一六件あるが、その中で原判決を破毀して自ら判決した事件が一六一件あった。之は一種の誤判とみられる。上告しなければ判らなかった事件であるからである。従って約二〇件に一件の割合で誤判があった事となる。徳川時代とは比較にならないけれども、二〇件に一件であっても誤判は誤判である。又実際裁判を行ってみると判事や検事は、厳格且つ正確にしようとするが、被告や証人等は必ずしもそうでなく、殊に被告は種々の方法を以って妨害する。故に証人や被告の言は何処迄真実か判らないし、又被告の自白はそれのみでは信じられない。之を裏付けする証拠がなければ信じてはならぬ。若し被告が自白したのだから問題ないと思うと、時に大きな誤判となる。被告は時々冗談半分に虚偽の自白をする事があるからである。私が驚いた事は刑務所へ行きたいばかりに嘘を云う者がある事である。刑務所とは地獄と思っていたのに、意外にも極楽だと云う。戦後の苦しい時代には生活能力の無い者には、刑務所は極楽であったかもしれない。だが刑務所は希望したからとて入れる所ではなく、事実犯罪があったか否かで決めねばならない。誤判のあった場合には、再審する事は出来るが死刑を執行してしまった後では、最早再審は出来ない。これが問題点となるのである。勿論誤判という事は、総ての罪にあってはならぬ事であり、独り死刑の裁判に限らない。然し懲役や禁錮ならば誤判と判れば救済出来るが、死刑を執行した後では最早救済が不可能である。結局誤判を是正する事が出来ない。この点が甚だ不都合だと云うのである。(8)」として、死刑は誤判を是正し得ない不都合があるとする。以上が今日でも強力な死刑廃止の論拠となっている。

5　樫田忠美教授の主張

同教授は次のような主張であるが、それは「誤判の問題である。如何に捜査手続きが科学的となり裁判が公正になされたと信ぜられても、それが人のなす行為（評価）である限り、『誤判』の可能性は考え得る。」「古くは、べッカリア（Beccaria, Cesare）の『犯罪と刑罰（Dei delitti e delle pene, 1764）』の動因とされるジャン・カラス（jean calas）事件（フランス）、並びにサッコ・ヴァンゼッチ事件（アメリカ）やドレフューズ事件（フランス）がある」「わが国においては誤判例はない（昭和三十一年四月六日参議院法務委員会（『刑法の一部を改正する法律案』）における安平政吉氏公述）とされ、また『疑わしきは罰せず』『疑わしきは被告人の利益に（in dubice pro reo）』により保護されているとなされるが、果たして隠された誤判例はないであろうか。最近起きた事件（『死刑囚として八年』社会改良第四巻第一号）はこの問題につき一つの解答を与えるであろう（なお、最高裁判所における事実誤認による破棄件数（年平均全上告件数の約一％～二％）は僅少ではあるが、問題とされねばならない）」「『誤判』は死刑に関する限り、その『非回復性』のゆえに複雑な問題を含む。しかし、これは訴訟手続きの技術上の問題として、ある程度阻止できる。ここに『死刑執行猶予』を提案する所以である」[9]と誤判問題を指摘して死刑執行猶予の提案をする。

6　木村亀二博士の主張

同博士は「誤判がなぜ死刑廃止の理由であり、根拠であるかというと、第一には、それによって、正義の実現を目ざす法の手続きを通して、人の生命という基本的な権利を奪うという違法な結果が実現せられるからであり、第二に、誤判が事後に発見せられた場合には、犠牲者は既に死亡しており、加えられた違法な結果はもはや全然回復することが不可能となるからであるということである。」[10]と、以上の二つの理由をあげてその理由を示しているが、とりわけそのなかでも第二として誤判の事後の発見の場合には犠牲者の死亡があり、回復することの不可能を理由とする廃止の説明である。

7　宮澤浩一博士の主張

同博士は、「死んでしまうということと、生きているということは、段階が一つであるように見えて、実はその両者には架橋しえない溝がある。生きている者は無実を訴え続けることは出来るが、死んだ者は自己を語ることは出来ない。従って死刑が執行された事件に誤判の疑いが全くないかどうかは実はよく分からないのである。[11]」とする。

8　藤本哲也博士の主張

同博士は、「私は死刑は廃止すべきであると思う者の一人であるが、その理由は誤判に基づくものである。」として、次のように主張する。それは、いわく。「そもそも裁判は人間によって行なわれるものである以上、どんなに慎重に行なわれたとしても、無実の者に対する誤判がないとは何人にも断言することはできないであろう。今回の免田事件にみるごとく、誤った捜査や裁判によって、人びとの生活と権利を守るはずの司法制度が、罪とがのない一人の人生を台なしにするとしたら、これ以上残酷な話はない。死刑が挽回不可能刑（an irrevocable penalty）といわれるゆえんのものがここにあるのである[12]」として、人間によって行なわれる裁判には誤判は避けられないとの理由により死刑廃止を主張する。

（1）「死刑存廃の討議」（『社会』二巻一一号明治33・2・20）『留岡幸助著作集』一巻（一九七八年）五三七頁。同氏は、誤判を理由とする廃止論の他に、「死刑は復讐的の性質を有するが故に之を廃すべし、犯罪は模擬的のものなり、新聞紙上の犯罪記事の如き之れ犯罪を奨励するものと云うべし、故に死刑を廃止すれば之を見聞すること皆無となり従て殺人犯の如き減少するの効ありと信ず、」等を理由に死刑廃止を主張される（前掲書五三七、五六二頁以下）。なお、同氏（1864～1934）は、備中国（岡山県）の出身で社会福祉の先覚者といわれる。

（2）留岡幸助「死刑廃止論（『六合雑誌』二三九号明治33・11・25）・前掲書五六二～五六五頁。
（3）小河滋次郎『刑法改正案ノ二眼目』（一九〇二年）五〇頁。
（4）小河滋次郎前掲書一二三頁以下、小河滋次郎・監獄学集成4『刑法改正案ノ二眼目（一九八九年）一三七～一三八頁。なお。同博士は（1863—1925）、長野県上田生れで明治・大正期の監獄学者として知られている。小野修三『監獄行政官僚と明治日本—小河滋次郎研究』（二〇一二年）
（5）花井卓蔵『刑法俗論』（一九二二年）一九八～一九九頁、同旨、木村亀二『断頭台の運命』七九頁、小河滋次郎・前掲書一二三頁以下、小川太郎「死刑における正義とは何か——法制審は死刑存続を決めたが——」エコノミスト四八巻九号七一頁、昭和三一年一月六日付「東京新聞　放射線」、Moriz Liepmann, Die Todesstrafe, 1912, S. 1266 ff. J. L. Gillin, Criminology and Penology, 1935, P. 254. なお、花井卓蔵博士には、他に「死刑廃止論」法学新報一七巻七号、一一号がある。大木源二郎編『花井卓蔵全伝』参照。
（6）花井卓蔵前掲書一九九～二〇〇頁。
（7）「日本刑事政策史上の人々」二二二頁。
（8）大谷美隆「死刑廃止論」専大法学論集一一号五五～五六頁。
（9）樫田忠美「死刑廃止への道——死刑執行猶予制度の提案——」法学新報六六巻五号二九二頁（13）。
（10）木村亀二「死刑の問題」日本学士院紀要二七巻一号二八頁。
（11）宮澤浩一「死刑廃止の立場」法学研究三七巻一号八八頁。
（12）藤本哲也『刑事政策概論』〔全訂第五版〕（二〇〇六年）一二七頁。

三　「誤判」の場合に回復できないのは「死刑」に限らないとする植松正博士の批判

死刑廃止論について終始一貫きびしい批判を採り続けた植松博士は、特にその中核として次のような主張している。いわく。「死刑は人の生命を奪う刑罰であり、生命は人間が本能的に最大の執着を有するものであるから、それを奪う刑罰の予告は犯罪行為に対する最大の威嚇となると考えられる。したがって、法は死刑に犯罪行為に対する強大な抑制力を期待しているのである」[13]とし、そのなかで「死刑の誤判」について、さらにより具体的な見解を示している点に私は注目をしているのである。それは、同博士の三冊の著書、すなわち『全訂刑法概論Ⅰ総論』、『刑法教室Ⅰ総論』、『新刑法教室Ⅰ総論〔増補版〕』から明らかになってくる。そのなかの一冊から引用すると、それは「……死刑に限るものではなくて、他の種類の刑罰にあっても、程度こそ異なれ、回復できないことにおいて変わりはない。ただ、いったん死んだ者は永久に生き返らないということが幼稚な頭脳にとっても理解しやすいというだけのことである。そもそも人生は不可逆的である。ある期間自由を拘束されたという事実も絶対に回復できない。さらには、それによってその後の人生の経過が将来に向かって変更を余儀なくされることも珍しくない。この意味において、自由刑の誤判もまた回復できないことは明らかである。たとえ軽い財産刑であっても、その無実の証明されるまでは、身分上の制限ばかりでなく、社会的信用一般の上においても重大な影響を受け、場合によっては終生回復できない結果となる。ただ、死刑は財産刑よりも、また自由刑よりも重大な法益を剝奪するものであるから、もし誤判があれば、その結果がそれだけ重大なのである。したがって、死刑を科するには、他の刑罰を科するよりも慎重でなければならないことは言うまでもないが、死刑の誤判だけが特に回復できないかのように言うのは当たらない。」[14]と。

「もちろん、誤判は望ましいことではないが、裁判が人間によって行なわれるものである以上、時に誤判があるかもしれないということもまた否定し難い。これは死刑に限ったことではなく、人間の行なう一切の裁判に伴いがちのことである。誤判の絶無を期さなければならない事は言うまでもないことであるが、しかも、なおかつ生ずることのありうべき稀有の誤判を普遍化して事を論ずるのは、刑事裁判否定論にほかならないこととなる。誤判の生じないような制度と運用とを考案することが人類の叡知に期待される課題なのである。」[15]

「現行制度上から見ると、他の刑におけるよりもむしろ死刑においては、誤判ははるかに起こり難い。なぜならば、現に死刑事件の処理にあたっては、検察官も裁判官も期せずして一層慎重な態度を採っているし、法もまた、死刑の執行には、厳格を期して特に鄭重な手続を置いているくらいだからである。啓蒙期において死刑の誤判が特に大きな問題にされ始めたのは、当時はまだ中世末期の封建的暗黒裁判が遺残していたという社会事情があったからである。(16)」

「法理論としてもっと重要なことは、誤判を前提として死刑の存廃を論議するのは、幼稚な書生論にすぎないということである。犯罪事件のうちには誤判の余地の絶無な事件も相当あることを看過してはならない。誤判を避けることは裁判技術の問題であるから、それは全裁判制度の問題として考慮すべきである。死刑問題の論議は、誤判の余地のない明白な事件についても、なお死刑を科すべきでないかどうかを出発点とすべきことなのである(17)」。

さらに、続けて同博士は「死刑の誤判」について、「誤判と回復」、「誤判の可能性」および「慎重な手続規定」の三つの節に分けて、より詳細な根拠を示しながら死刑の正当性を主張してきたことが注目されるのである。そして、その主張のまとめとして、次のようにいう。すなわち、「誤判のおそれを理由とする死刑廃止論は十分の根拠のあるものとはいえないばかりか、問題の立てかたがまちがっている。死刑の存廃は誤判を前提として論ずべきことではない。事実認定にまちがいがない場合を前提として、なお死刑を存置すべきではないかが問題なのである(18)」と。しかしながら、現実に問題が発生した事実―免田事件、財田川事件、島田事件、松山事件―については、どのように説明をすればわれわれとして納得がいくことになるのだろうか。このことから植松博士の主張では十分な説明責任を果しているとはいえないといわざるを得ない。

1　竹田直平博士の主張

死刑は挽回不可能の刑罰であり、裁判の誤謬を絶対的に避けるということは不可能であるとする死刑廃止の理由に対して、同博士は、次のような反論をする。いわく。「死刑は挽回不能の刑罰であり、しかも誤判の危険を絶対的には避け得ないから、それは無辜を殺す危険があるという非難に対しては、私は次のように答える。誤判の可能性は死刑の場合にも無期刑その他の場合にも同様に存在することを認めねばならない。けれども近代の犯罪の証明方法は次第に合理化せられ科学化せられてきたことは著しい事実である。それで少しでも証拠に疑問のある場合は裁判官は死刑を回避している。更に新証拠の可能性があると思われる場合には、その執行を延期する制度も認められている。それで誤判による死刑執行は過去の裁判においてはともかく、現代においては論者が心配する程には頻出するものではない。極めて稀有の例外であるといわねばならない。誤判の危険を避けるためにあらゆる合理的な方法を講ずることが必要であることはいうまでもないが、これを理由に立法における死刑の廃止を要求するのは、交通事故が頻出するからこの危険を避けるために汽車自動車飛行機等の近代的交通機関を全面的に禁止すべきであるという主張をなすのと同様に、否それ以上に不当であるといわねばならない。[19]」と死刑を存置するための正当な理由として主張する。しかし、稀有の例外であるとする誤判が免田事件をはじめとして、三つもつづいたのであるし、その他いくつかの事件で再審のうえ無罪判決が云い渡されたことをどのように評価すべきなのか疑問なしとしない。次に、論者は、近代の犯罪の証明方法は次第に合理化、科学化されたと主張するが、刑事司法の構造に未だ誤判を生む土壌があるのではないだろうか。

2　安平政吉博士の主張

同博士は、「死刑廃止を主張する者は、誤判の虞れがあるから死刑は存置されるべきでないとする。勿論裁判は人間のするものであるから誤判は絶対にないことは保証できない。しかしこと少なくとも我が国の明治以後における死刑の宣告を受けた者に関する限り、誤判であったとの例をきかない。死刑にかかる事件は殆ど三審を経て居り且つ死刑事件については判決確定後も法務省当局においてさらに詳細に記録を検討の上法務大臣の慎重な考慮があってはじめて死刑執行の命令が下されることになっているからである。又実際として判決確定後にも再審の申立がなされること屢々であり、この申立がなされると死刑の執行は実際として停止されているのが現在までの実情である。……」[20]と。しかし、現実の問題としては、明治以降の死刑の宣告を受けた者に限っても、誤判の疑いのもたれたものが実に多いことをわれわれは知らざるを得ないのである。

3　香川達夫博士の事実論としての誤判論に対する見解

同博士は「裁判も、それが人によっておこなわれるかぎり、誤りなきを期しがたい。にもかかわらず、誤判により無辜の者の死刑が執行されたとするなら、その回復は不可能となる。したがって、そうした刑罰の存在は認めるべきではない。これが誤判を基礎とする廃止論の根拠であった。もっともそれに対し、誤判により回復不可能の事態が生ずるのは、死刑のみに特有な課題なのではない。他の刑罰についても、程度の差こそあれ事情は同じはずである。『ただ、いったん死んだ者は永久に生き返らないということが幼稚な頭脳にとっても理解しやすいというだけのことである』といった、きびしい批判も展開されている。そうだとすれば誤判論の焦点は、誤判があるからあるいは回復不可能だからといった論拠によるのではなく、むしろ逆に全然誤判のおそれのない事件についても、なお死刑は廃止されなければならない。といった形で展開される必要がでてこよう。[21]」と。

次に、「誤判を根拠とするのなら、設問に対してもやはり積極的に解する趣旨であろう。そうだとすると、こうした意味での廃止論は、誤判の有無にかかわらず、死刑は廃止されなければならないと説くべきであって、誤判があるから廃止すべきだとする主張にはならないはずである。もっとも、理論的な帰結としてではなく、事実上誤判の危険性が皆無ではない、とする事実論として展開されるのなら意味がないわけではない。なぜなら、三審制を維持することによって、あるいは『死刑の適用は、特に慎重でなければならない』（改正刑法草案四八条三項）として、ともに慎重さを要求したにしても、やはりその危険はのこるともいいうるからである。したがって、こうした事実論としての誤判論に対しては、存置論者も素直に耳を傾ける必要はある。[22]」として、存置論の立場から誤判を根拠とする廃止論に対して、積極的に理解を示されるのである。思うに、以上のように存置論者も言及している「誤判の可能性」を根絶することが不可能であるかぎり、その帰結として死刑は廃止すべきであろう。

(13) 植松正『全訂　刑法概論Ⅰ総論』（一九六六年）三四二～三四三頁。
(14) 植松正・前掲書三四三～三四四頁。この点に対する批判として、佐伯千仭「〔講演〕死刑制度のゆくえ」法律時報六九巻一〇号三一頁、内藤謙『刑法講義総論（下）』Ⅱ一四八二頁、木谷明「死刑制度は維持されるべきか」法学セミナー2011/10一七頁がある。参照されたい。
(15) 植松正・前掲書三四四頁。
(16) 植松正・前掲書三四四頁。
(17) 植松正・前掲書三四四～三四五頁。長井圓「世論と誤判をめぐる死刑存廃論――死刑の正当化根拠について――」神奈川法学三一巻二号三〇頁、中野進『国際法上の死刑存廃論』（二〇〇一年）七六～七七頁、福井厚「死刑制度と裁判員制度」人権21調査と研究二〇〇号二八頁。
(18) 植松正『刑法教室Ⅰ総論』（一九五九年）三四一頁。
(19) 竹田直平「死刑」日本刑法学会『改正刑法準備草案』一一六～一一七頁、他に、安平政吉『責任主義の刑法理論』（一九六八年）六五三頁以下参照。
(20) 参議院法務委員会公聴会における公述人の要旨から引用した。
(21) 香川達夫『刑法講義〔総論〕』（一九八〇年）四三四頁、同「二　死刑存置論の立場から」死刑廃止を考える――シンポジウム「死刑制度は必要か」（東弁、一弁、二弁）三二～三三頁、同「死刑」『注釈刑法(1)』（一九六四年）八四～八五頁。
(22) 香川達夫・前掲書四三四頁、同「死刑」『注釈刑法(1)』八五頁。

四　誤判事件

死刑廃止論は、誤判事件を契機として起ったことは周知のとおりである。すなわち、ベッカリーアは、当時の有名な誤判事件のジャン・カラース（Jean Calas 1698-1762）事件[23]に非常に強い衝撃を受けて、当時の刑事司法状態にメスを加えようと考え、一七六四年に『犯罪と刑罰』を執筆したのである。そのなかで、拷問、残酷な刑罰は廃止すべきであると主張するとともに、死刑は原則的には認めるべきでないと主張した。また、その後一九五二年クレイグ・ベントリイ事件[24]（R. V. Craig・Bentley）あるいは一九五〇年にイギリスでエヴァンスという男が無実であったにもかかわらず殺人を理由とする有罪の判決を云い渡されたチモシー・ジョン・エヴァンス事件[25]を起因として、死刑廃止の気運が盛り上がったのである。かくして、以上の如く誤判の危険が死刑廃止に重大な関係をもっているということは、リープマンによっても強調されている。[26]わが国でも死刑論議が盛んになったのは、幸徳秋水事件[27]を初めとして、マスコミが岩窟王と名づけた吉田石松翁の再審無罪判決[28]、加藤新一事件[29]、二俣事件[30]、幸浦事件[31]、小島事件[32]、松川事件[33]、八丈島事件[34]、八海事件[35]、仁保事件[36]、など、下級審で死刑を言い渡された後一転して無罪となったケースが続出したことにもよるのである。その他に、弘前事件[37]、米谷事件[38]（青森老女殺人事件）、徳島ラジオ商事件[39]などがある。さらに、わが国の刑事裁判史上、初めてといわれる死刑囚再審としての免田事件、財田川事件、松山事件、島田事件があり、これらの事件は、もうすでに無罪判決が出されたが、検察側の控訴断念によって、それぞれ無罪が確定している。その後に注目された事件として山中事件[40]、北方事件[41]があり、その後注目された事件としては、名張毒ぶどう酒事件[42]、袴田事件[43]、布川事件[44]、鹿児島の大崎事件[45]、福岡事件[46]、三崎事件[47]、鶴見事件[48]、藤本事件[49]、飯塚事件[50]、高松事件（香川県）[51]がある。これらの事件の詳細については、三原憲三『誤判と死刑廃止論』（二〇一一年、成文堂）二一三頁以下を参照して欲しい。その他の冤罪事件として、足利事件、東電ＯＬ殺人事件があり、この両事件とも裁判において冤罪とわかり無罪が確定している。

(23)　三原憲三『誤判と死刑廃止論』（二〇一一年）一八三～一八四頁、一九一頁。
(24)　三原憲三・前掲書一八四、一九一頁。
(25)　三原憲三・前掲書一八四、一九二頁。
(26)　M. Liepmann, Der Todesstrafa, S. 126 ff.
(27)　法律新聞六九二～六九三号に判決文が記載されている。松尾浩也「大逆事件──疾風のような裁判と処刑」『日本政治裁判史録明治・後』（一九六九年）を参照のこと。なお、田中伸尚『大逆事件──死と生の群像』に参考文献が網羅されているので参照されたい。
(28)　強盗殺人の犯人として一九一四年四月に一審で死刑、控訴して無期懲役が確定、一九三五年に仮釈放、昭和三八年二月二八日名古屋高裁は再審判決で無罪、前坂俊之『冤罪と誤判』（一九八二年）九頁以下にくわしい。後藤信夫『日本の岩窟王』（一九七七年）、横山晃一郎『誤判の構造』（一九八五年）、圓山田作「吉田石松再審請求事件」自由と正義一二巻六号一五頁、後藤信夫「吉田石松提訴事件の報告」自由と正義一二巻一一号四八頁以下、同「吉田翁の再審事件をかえりみて」自由と正義一四巻五号一八頁、青山与平＝安倍治夫＝中島健蔵＝正木亮「有罪から無実へ──吉田翁再審無罪判決──」（座談会）社会改良八巻二号一三頁以下、正木亮「無実の罪──死刑制度を廃止せよ──」社会改良八巻二号一八頁以下、安倍治夫「無実・再審・死刑──吉田がんくつ王無罪判決の意味するもの」法律時報三五巻五号五三頁、藤野英一「刑事再審の動き──『昭和のがんくつ王』吉田石松老の再審事件に関連して」ジュリスト二六七号二四頁、藤木英雄「『日本の岩窟王』再審」ジュリスト二八八号一〇九頁、松尾菊太郎「がんくつ王再審事件に思う」法曹新聞一八〇号二頁。
(29)　一九七七年七月七日、広島高裁は無罪の判決を言渡した。原田香留美「加藤翁再審請求の意義」法と民主主義一〇一号四一頁、前坂俊之・前掲書二二頁以下にくわしい。林えいだい『絶望の門から──加藤新一翁の生涯』（一九七七年）、同「加藤老62年ぶり無罪」ジャーナリズム列伝」二〇一一年七月一三日付朝日新聞夕刊、安村弘『国家よ謝罪を──加藤新一再審事件──』（一九八一年）、澤地久枝「おんなの荒野」『烙印のおんな』（一九九五年）二一六頁以下。
(30)　東京高裁昭三一・一〇・二六高刑集一〇巻一二号八二六頁、判例時報一三九号四四頁。

(31) 判例時報三四〇号一七頁。
(32) 一九五〇年五月一〇日に静岡県で発生した強盗殺人事件であるが、捜査段階での自白調書の任意性が否定され、無罪が確定した冤罪事件である。佐藤友之『ドキュメント――警察捜査の恐怖』〔改訂版〕(一九八四年)、佐藤友之=真壁旲『冤罪の戦後史』(一九八一年)、大野正男「事実認定における裁判官の判断――幸浦・二俣・小島事件の実証的研究」『裁判における判断と思想』(一九六九年)に収録。
(33) 最判昭三八・九・一二刑集一七巻七号六六一頁、判例時報三四六号七頁、家永三郎「松川裁判の歴史的意義」法律時報三五巻一一号七〇頁、今井敬彌『私の松川事件』(一九九九年)、村井敏邦「戦後の冤罪事例(2) 松川事件と裁判批判」法学セミナー四五巻一〇号、一瀬敬一郎「広津和郎の松川裁判批判の今日的継承」法と心理四巻一号二頁以下、伊部正之『松川裁判から、いま何を学ぶか』(二〇〇九年)。なお、三原憲三『死刑廃止の研究』〔第六版〕(二〇一一年)四六九頁註(1)を参照。
(34) 一九四六年に八丈島三根村で老女(66才)が自宅で死んでいるのが発見され、被害者の家に出入りしていたKとその友人で精薄のYの二人が逮捕された。二人は、拷問と誘導により虚偽の自白をすることになる。拷問の事実は、警察官も認めざるをえない程、証拠が残っていたにもかかわらず、一審と控訴審は、この事実を無視して二人を有罪とした(『日本の冤罪』二七八頁)。上田誠吉=後藤昌次郎『誤まった裁判――八つの刑事事件』(一九六〇年)。
(35) 最判昭四三・一〇・二五刑集二二巻一一号九六一頁、判例時報五三三号一四頁、判例タイムズ二二六号二五〇頁。
(36) 広島高判昭四七・一二・一四高刑集二五・七・九九三、判例時報六九四号一六頁、判例タイムズ二八七号二八三頁。
(37) 本件は、「真犯人が時効の成立後になのりでてきた」ものである『日本の冤罪』二七七頁、井上安正「真犯人はつくられた」、後藤昌次郎『冤罪』(一九七九年)一四三頁以下、小田中聰樹『誤判救済と再審』(一九八二年)八五頁以下。なお、最近出版されたものとして、井上安正『冤罪の軌跡――弘前大学教授夫人殺害事件』(二〇一一年)を参照のこと。
(38) 本件は、「別の人物を真犯人として検察官が起訴した」ものである。『日本の冤罪』二七五〜二七六頁、二四回人権大会シンポジウム「刑事裁判と誤判原因」(基調報告書三五巻八号(一九八一年))、日弁連『再審』(一九七七年)三〇二頁以下、大野正男=渡部保男編『刑事裁判の光と陰』(一九八九年)一六六頁以下、田中輝和「米谷事件再審判決の問題点」ジュリスト六八二号五六頁以下、同〔解説〕「米谷事件再審判決に対する一弁護人の見解(檜山公夫「米谷事件再審判決について」)」東北学院大学論集・法律学一七号九三頁以下。
(39) 『日本の冤罪』一一四、二二〇頁以下参照、瀬戸内晴美=富士茂子『恐怖の裁判――徳島ラジオ商殺し事件』(一九七一年)、和島炭吉=原田香留夫編『富士茂子事件・再審入門』(一九七八年)、小林久三=近藤昭一『月蝕の迷路――徳島ラジオ商殺し事件』（一九七一年）、渡辺倍夫『徳島ラジオ商殺し事件』（一九八三年）、斎藤茂男「人権記者の哀歓――徳島事件を追って」世界一九五九年七月号、瀬戸内晴美「恐怖の判決」『婦人公論』一九六〇年二月号、開高健「片隅の迷路」毎日新聞一九六一年五月から一一月まで連載（後に『片隅の迷路』（角川文庫）一九七二年）、内田博文「徳島ラジオ商殺し事件再審無罪判決」法学セミナー六三号八二頁以下、青地晨『冤罪の恐怖』（一九七五年）。

(40)　三原憲三『死刑廃止の研究』〔第六版〕五〇二頁以下。

(41)　一九八九年（平成元年）一月二十七日に佐賀県杵島郡北方町（現在は、武雄市北方町）大峠で発生した事件で、裁判では死刑の求刑があったが判決では無罪となった。その結果検察は上告を断念したために二〇〇七年四月三日無罪が確定した、季刊刑事弁護五二・一四〇。

(42)　三原憲三・前掲書五〇四頁以下、三原憲三＝大矢武史『名張毒ぶどう酒事件に関する資料集（二〇〇九年）。なお、本件につき、二〇一三年一〇月一六日最高裁は奥西死刑囚から出されていた第七次再審請求は認めない決定をした。

(43)　三原憲三・前掲書五一一頁以下。

(44)　三原憲三・前掲書五一六頁以下。

(45)　一九七九年一〇月一五日に鹿児島県大崎町で男性の変死体が発見された「大崎事件」で、殺人と死体遺棄罪に問われ、一〇年の刑に服した原口アヤ子さん（85歳）が、「警察のきびしい取り調べで自白させられた」として、出所後に再審請求を二回申し立てたが、棄却されている。

(46)　三原憲三・前掲書五一八頁以下。

(47)　三原憲三『誤判と死刑廃止論』（二〇一一年）三五一～三五二頁。

(48)　大河内秀明『鶴見事件の真相　無実でも死刑、真犯人はどこに』（一九九八年）。

(49)　矢澤舁治「2『藤本事件』――ハンセン病患者の故に、死刑台送り」『冤罪はいつまで続くのか』（二〇〇九年）。

(50)　三原憲三・前掲書三三九頁以下。

(51)　一九八五（昭和六〇）年五月三十一日に発生した強盗致傷事件である。同年六月一日付四國新聞参照。

五　「誤判」は防止できるのか

しからば誤判は避けられるか。この誤判による処刑を防ぐための対応について、宮澤浩一博士は、「証拠法上特別な考慮をしようとする手段もあろうかと思うが、たとえ犯人が確かに自分がやったと自白した場合に、死刑の適用を限定するとしても、犯人の自由が強制されたもの或は他人を庇護するものでないという保証はないし、人的・物的証拠が完全に被告人の罪責を証明しうる場合に限るとしたところで、科学的捜査による物証蒐集とそれによる証拠固めの困難さもさることながら、証人として出廷し、はっきりした証拠たりうる証言をしたがらないわが国民性と併せ考えるならば、誤判が避けうるとは考えられないのである。我々は人間の認識能力に限りがあることを知っている。人間には間違いを避けることは出来ない（Irren ist menshlich）」[52]として、あらゆる場合を想定して、これを綜合的に判断しても絶対に死刑を科することは許されないし、また、現在すぐにでも立法者が死刑廃止を決断すべきであると主張するのである。

これに対して、植松正博士は、「死刑の誤判は回復できないというのは事実である。しかし、誤判の回復しえないのは、ひとり死刑に限るものではない」[53]とするとともに、さらに「現行制度上から見ると、他の刑におけるよりむしろ死刑においては、誤判ははるかに起こり難い。なぜならば、現に死刑事件の処理にあたっては、検察官も裁判官も期せずして一層慎重な態度を採っているし、法もまた、死刑の執行には、厳格を期して特に鄭重な手続きを置いているくらいだからである。啓蒙期において死刑の誤判が特に大きな問題にされ始めたのは、当時はまだ中世末期の封建的暗黒裁判が遺残していたという社会事情があったからである。[54]」と反論する。[55]しかし、他の刑罰とともに死刑においても誤判は、遥かに起こり難いのではなくて絶対に誤判は許されないといわなければならない。勿論、今日の訴訟手続における証拠法は一八世紀のそれとは比較にならぬほどの進歩はしているが、それでも人間の判断に誤謬がないとは誰も保証し得ない(56)。果たして、これまでに、無実の罪によって処刑された者がいなかったのだろうか(57)。死んだ人には口はないのである。したがって、自らが再審を請求することは不可能なのである。さきに紹介した免田事件(58)、財田川事件(59)、松山事件(60)、島田事件(61)等をいかなる理由によって、どのように説明すればいいのだろうか。

いずれにせよ死刑の判決の言渡しには慎重を期しているところから、絶対に誤判はないとされるが、万に一つの場合でも、罪なき一人の人間が死刑を執行されるならば、その死刑はもはや絶対に維持することは不可能であるといわざるを得ない(62)。その結果として、そのような刑罰は、これを廃止するのが妥当であるとの結論に到達せざるを得ない。

(52)　宮澤浩一・前掲八九頁。

(53)　植松正『全訂刑法概論Ⅰ総論』（一九六六年）三四三～三四四頁。八木國之博士は、「それは、一面においてその通りであるが、死刑といういかなる意味においても回復不可能な刑罰とその他の刑罰とでは質的な差異があることを十分認識しなければならない。」と主張する（「死刑制度の展望」『刑事政策の現代的課題』（一九七七年）一三四頁）。吉岡一男教授は、「確かに理論的にはそうであろうが、処刑後に真犯人が現れた場合のショックは大きく、誤判事件を契機にして死刑廃止運動が盛り上がる例も指摘される。誤判の問題は、死刑廃止の理論的根拠であるかはさておき、現実の廃止運動を動かす原動力の一つとはいえよう。」とする（『刑事学』（一九八〇年）一六九頁）。

(54)　植松正・前掲書三四四頁。さらに、同博士は、「法理論としてもっと重要なことは、誤判を前提として死刑の存廃を論議するのは、幼稚な書生論にすぎないということである。犯罪事件のうちには誤判の余地の絶無な事件も相当あることを看過してはならない。誤判を避けることは裁判技術の問題であるから、それは全裁判制度の問題として考慮すべきである。死刑問題の論議は、誤判の余地のない明白な事件についても、なお死刑を科すべきでないかどうかを出発点とすべきことなのである。」とする（前掲書三四四～三四五頁）、同『法典上では『存置』がよい――立法問題としての死刑――』（一九七〇年二月二五日時事解説六頁）。中野次雄元大阪高裁長官は、「どんなに調べてもわからないことが残るのは、いわば刑事裁判官の宿命でもある。」という（一九八四年三月一三日付朝日新聞）、他に、誤判はそんなに稀有なものではないとして、正木亮「死刑存廃論への一考察」法律のひろば九巻五号七頁が参考となる。

(55) 藤木英雄博士は、前註（4）で引用したように、「死刑を宣告する場合にかぎって全裁判官の全員一致の意見を要するというように刑事訴訟を改正することである。」と主張する（前掲書四〇一頁）。しかし、死刑の宣告の場合に、全裁判官の一致の意見を必要とする立場は、死刑存置を是認する立場に立ってのみ主張しうるものである。吉川経夫教授は、「死刑の言渡」には裁判官の全員一致を必要とするか、「死刑判決に対してはつねに上告を許すというような手続規定の面での考慮をあわせて行うことが必要であろう。」と主張する。（『改訂刑法総論』（一九七四年）二九四～二九五頁）。なお、藤木英雄博士の解決策の提案として、『刑法講義総論』三一八頁を参照。

(56) 木村亀二・前掲書五二頁。

(57) イギリス下院の死刑に関する特別委員会における報告のなかには、スレーター事件、ハブロン事件、ベック事件が指摘されている（木村亀二・前掲書五二頁）。

(58) 熊本地八代支判昭五八・七・一五判例時報一〇九〇号二一頁。

(59) 高松地判昭五九・三・一二判例時報一一〇七号一三頁。

(60) 仙台地判昭五九・七・一一判例時報一一二七号三四頁。

(61) 静岡地判平成元・一・三一判例時報一三一六号二一頁。

(62) 斎藤静敬「死刑存廃の理論と系譜」法律時報四二巻六号二三頁。この点について、植松正博士は、「要するに、誤判問題を死刑に特別に結びつけるのは、合理的なことではない。誤判の回復不能を理由とする廃止論は、故意か偶然か、焦点をずらしてしまっている。問題の焦点は、誤判のおそれを疑う余地の全くないほど明白な事案についても、なお死刑は許せないか、という点にあるのだということを看過してはならない。」と批判する（「研修」三七六号一八頁）。

六　むすび

1　誤判問題の本質

以上、死刑判決を受けたが死刑執行という最悪の事態が回避された事件も含めてを明らかにしたが、まだ、他にも相当数の事件があるのではなかろうか。いや、もうすでに死刑が執行されてしまったものもあるのではなかろうか。裁判は人間が行なうものである以上、誤判は絶対に避けられないことかもしれない。しかし、万に一つ、千に一つであっても、誤判が発生し、それがそのまま放置されるようなことになれば、もうそれは被告人にとって耐えがたいことであり、しかも死刑の場合には、一度執行されると回復されることは絶対にないという深刻な事態になるのである。従って、そうしたことから誤判を理由とする死刑廃止論が最も説得力のあるものとして強く主張されて久しいといえよう。

それでは、なぜ誤判は起こるのだろうか。その原因は何処にあるのだろうか。よく主張されていることとしては、長期間拘束のうえの自白偏重の捜査とそれを採用する裁判にあるということだろう。そこで、わたくしとしては、このことについての考えを明らかにしておかなければならない。まず、初めに前者であるが、法律上は被疑者に当事者としての主体的な地位と権利を保障し、安易な自白の追求は絶対に許されないようになっている。にもかかわらず確実な証拠のないままに別件で逮捕して、拷問、脅迫、誘導による執拗な自白の追求が繰り返されている。(63) これをなくするためには、被疑者の段階から弁護人の立会いを受けることができるようにして、警察の密室内での不当な取り調べを排除することである。この点については、現在では当然のように取調べは可視化すべきということになろう。そのことは、代用監獄の問題とも深い関連があることはいうまでもない。後者の問題としては、被疑者の強制による不当な取り調べによる虚偽の自白があった場合の裁判官の対応である。この点について、元東京高裁判事の三井明氏の主張が参考になるので、少し長いがそのまま引用すると、「誤判が問題となった事件には、強盗殺人などいわゆる重大事件が目立つ。犯罪が重大だから、死刑または無期懲役などの重い刑が言い渡されている。小さな軽微な事件にも誤判はあるが、刑が軽いために見過ごされて、あまり問題にならないのかも知れない。刑事事件全体から見れば、殺人、強盗殺人、放火のような重大事件は数が少ない。その中で、誤って有罪とされ、死刑や無期懲役のような重い刑に処されるものが比較的多いというのは、どういうことだろうか。偶然のことなのか。それとも特別の理由があるのだろうか。[64]」

「考えられるのは、事件そのものの持つ意味による裁判官の内心の圧力である。センセーショナルに報道された事件、社会に大きなショックを与えた事件、非常に残虐な殺人事件など、いわゆる重大事件を裁く裁判官の心理には、ありふれた窃盗事件などに対するのとは違ったものが、ないとはいい切れないように思われる。これは社会的影響の大きい重大な事件だ。軽々しく無罪にはできないというように、普通の事件の場合とは違った特別の意識が働く。それが内心の圧力となって、裁判官の証拠に対する判断に影響し、誤判を生み出す惧れがないとはいえない。重大事件の誤判の原因の一つが、そこにあるのではないかと思われる。[65]」と誤判の原因として重大事件の圧力と考えているのが注目される。次に三井氏と同じように元東京高裁判事であり、最高裁調査官でもあり、その後、法政大学法科大学院教授を務められた木谷明氏（現在は弁護士）が、同氏の編著である『刑事事実認定の基本問題』（成文堂、二〇〇八年）のなかで「冤罪の発生を最小限度に止めるために、どのような具体的方策を考えるべきか」についての記述があるので次に引用しておく。それは「事実認定をする裁判官にとって一番大切なことは、なによりも先ず被告人の言い分に率直かつ十分に耳を傾けることである。これは、余りにも当然のことであり、『基本中の基本』であるといわなければならない。しかし、まことに残念ながら、現実の刑事裁判においては、この当然のことが必ずしも励行されているとはいえない[66]」とし、さらには、後藤昌次郎弁護士の刑事裁判実務に対する批判を紹介すると、それは「弁護人サイドからこのような批判を受けることがないよう、十分自戒しなければならない」とし、その対策のまとめとして、「冤罪の発生を『何が何でも阻止するのだという気構えを持つこと』、そして「被疑者・被告人という弱い立場に置かれた者の気持ちを理解すること」にあるとし、そのまとめとして、「刑事裁判官は、自分たちのしている仕事の責任がいかに重いものであるかを再認識し、先に述べたような気持ちで裁判実務に当たるべきである。『冤罪発生の阻止』に必要なものは、最後は『刑事裁判の心』なのである[67]」と結んでいる。そこで、わたくしとしては裁判所に強く望むことは、安易に自白調書を採用することではなく、公判で当事者主義の方式による証拠の十分な検討をすること、さらには被告人の主張に耳を傾けることである。それを繰り返すことによって、誤判の発生を防ぐことが可能になってくるのである。そうしたなか非常に残念なこと、すなわち、前厚労省村木厚子局長（現事務次官）に対する虚偽公文書作成罪による逮捕・拘留のうえでの起訴[68]、そして無罪判決（大阪地判平成二二年九月一〇日）、その事件を通して大阪地検特捜部の前田恒彦主任検事の証拠品のフロッピーディスクの改ざんがあり、それが地検の特捜部長、副部長の幹部の逮捕に至り、検察に対する信頼は根底からくずれ去ったといえよう。

2　誤判と刑事裁判

わが国の現在の刑事裁判は、起訴前の警察・検察官調書を追認して処理するだけになっていると強く批判されて今日に至って久しい。いわゆる自白調書に依存した裁判に対する批判である。

官僚的で形骸化したわが国の刑事裁判の実態は、過去に発生したいくつもの誤判事件に象徴的に見ることができる。前述のように戦後死刑確定囚から無罪になった事件は、免田事件、財田川事件、松山事件、島田事件の四件にものぼり、死刑事件以外でも再審無罪となったものは枚挙にいとまがないことが明らかにされていることは、周知のとおりである。こうした誤りの最大の原因は、先に示したとおり自白中心の裁判であり、自白調書に依存した裁判である。裁判がそのような状況にあるからこそ、当然捜査当局はさらに自白の獲得に全力を挙げることになる。被疑者に対する二十四時間にわたる全生活・人格的管理を通じた「代用監獄」のシステムが自白獲得至上主義の捜査において重要な役割を果たしていることは今更確認するまでもないことかもしれない。その代用監獄（警察留場）は近時国際的にも人種を侵害するものと批判されてきている(69)。捜査主体と身柄の管理者が同じ機関によってなされる代用監獄のシステムは、それを利用した自白の強要を引き起こしやすいことから、必然的な批判といえるだろう。

死刑再審無罪事件に対し、それらが戦後の混乱期にあったためだとか、捜査の未熟な地方の警察によるものだったからだ、といった本質的な点を見落とした見解がしばしば聞かれるが、誤判は、わが国の刑事裁判及び捜査等刑事司法のあり方に深く根ざしているものである。

さらに、現行法上は起訴前の保釈が認められていないこともあって、ますます被疑者を虚偽の自白に追い込むことになり、起訴後の保釈も原則が逆転し、極めて厳しい状況になっている。起訴事実を否認しているときには、まず認められることはない。保釈を種に捜査機関から自白を迫られることまで起きかねない。

こうして、被疑者の取調べにあたっては、黙秘権は骨抜きにされ、弁護人の依頼権も実質的に確立していないまま、自白の獲得が目指される。

「裁判は所詮人間のするものゆえに過ちを犯すときがある」との認識では、誤判の本質的な部分を説き明かすことができない。誤判は、現代日本の刑事司法制度それ自体の中の問題である。それはいま現在も起こりつつある問題であることをわれわれは強く認識すべきである。

人身の自由を基本的人権として掲げる憲法とその趣旨を反映した刑事訴訟法が制定されて六十六年、その運用の状況すなわちわが国の刑事裁判は、「かなり絶望的である」[70]とまでいわれている。

被疑者の逮捕、拘留による身柄の拘束については、(1)逮捕後七十二時間、拘留及び延長に伴う一〇日から二〇日にもわたる身柄の拘束が、捜査機関のもとでなされ、(2)その身柄拘束に対してチェック機能を果たすべき司法の「令状主義」が形骸化しているといえる。取調べ目的の身柄拘束は認められていないにもかかわらず、自白獲得の手段として身柄拘束が日常化し、こうした状況を捜査官憲のみならず裁判官までもが容認するところから、結果的に自白の偏重と強要を助長している。裁判官の「勾留質問」が形骸化しているなかにあっては、逮捕・拘留令状請求は捜査機関にとっての司法的チェックの段階ではなくなっているといえよう。

また、捜査と身柄を同一の機関が管理する代用監獄は、取調べを担当するものにとって自白獲得と維持に最も効率のいい制度である。代用監獄は単に施設上の問題ではなく、被疑者の肉体と精神の全てを管理しつつ自白獲得に向けてフルに利用される。取調べと一体化したシステムの問題である。冤罪・誤判の深層の一つがここにあることを指摘したい[71]。

その後、マスコミの報道によると、二〇一三年五月二二日に開催された国連の人権条約に基づく拷問禁止委員の対日審査が行なわれた際「日本の非政府組織（NGO）によると、対日審査では拷問禁止委の委員から『日本の刑事司法制度は自白に頼りすぎており、中世のようだ』との指摘が出された。これに対して日本の上田秀明・人権人道担当大使は『日本の人権状況は先進的だ。中世のようではない』と反論したところ、場内から笑いが起き、上田大使は『何がおかしい。黙れ（シャラップ）』と大声を張り上げたという。この『シャラップ』は、公の場では非礼に当たる表現」として理解されている（二〇一三年六月一四日日本経済新聞夕刊 News & Data）。この発言に対しては、当然のように諸外国を含めて多くの批判が寄せられている。ところで、この点についての私見は、本稿の「むすび」の「2誤判と刑事裁判」のところで述べているので、ご批判いただければ幸いである。

(63) 冤罪を生んだ未熟な捜査について、内部資料で最高検が反省点を指摘している。「この資料は『起訴後真犯人の現れた事件の検討』と題し、三分冊あり全文六九九頁ものである。この資料によると、四六件の冤罪事件の大部分は、昭和二四年一月から昭和二九年五月までに起きており、このうちの一七件を最高検刑事部検事らが審査を終え、事件名、捜査の経過、問題点などを詳しく紹介している。それによると、冤罪事件を生んだ主な原因は『捜査官の心構えの未熟、捜査技術の拙劣さ』と判明した。誤認捜査の原因として、①取り調べに自白の誘導、強要があった。②見込み捜査で事件とは無関係で心神喪失の精神病患者を起訴した。③うその自白をうのみにした。④自白を誘導、不自然な供述を放置した」――などの問題を指摘している（一九八七年一二月一五日付朝日新聞）。野村二郎「冤罪と再審の歴史と構造」法学セミナー三三八号六八頁、村井敏邦「冤罪防止策――鑑定・上訴・再審を中心として」法律時報六一巻一〇号二九頁、田中輝和「わが国におけるえん罪の原因（試論）――東北三大再審無罪事件を中心にして――」『激動期の刑事法学――能勢弘之先生追悼論集』（二〇〇三年）二九五、三〇〇頁以下、日本弁護士連合会人権擁護委員会編『誤判原因に迫る――刑事弁護の視点と技術』（二〇〇九年）。

(64) 三井明「誤判と裁判官」判例タイムズ五二八号七頁、同「誤判と裁判官の責任」法学セミナー増刊『日本の冤罪』（一九八三年）二〇二頁以下。

(65) 三井明「誤判と裁判官」判例タイムズ五二八号七頁、同「誤判と裁判官の責任」法学セミナー増刊『日本の冤罪』二〇二頁以下、大竹武七郎「誤判の原因」社会改良五巻三号二三頁以下、谷口正孝「誤判を防ぐための一提言」『裁判について考える』（一九八九年）九六頁以下。

(66) 木谷明編著『刑事事実認定の基本問題』（二〇〇八年）一六頁。

(67) 木谷明・前掲書二四頁、後藤昌次郎『冤罪』（一九七九年）。

(68) 今西憲之＝週刊朝日取材班『私は無実です』（二〇一〇年）。

(69) 国際人権委員会で日本の報告に対する各委員からの厳しい質問等の様子については、福島瑞穂「国連人権専門委員会を傍聴して」法学セミナー四〇五号。なお、人権規約批准国はその実施状況に関する政府報告書を五年ごとに提出することになっており、日本は一九八八年に第二回政府報告書を提出している。この問題に関しては、五十嵐二葉「第二回政府報告書の検討」法学セミナー四〇六号、小山宏和「国連人権委員会への日本政府の政府報告書――その憲法的考察」憲法運動一七六号（一九八八年一二月三日）。

(70) 平野龍一「現行刑事訴訟の診断」『わが国の刑事司法』（団藤古稀）四巻四二三頁。

(71) 被疑者の中には一日一九時間~二一時間という取調べを受けた者や、五〇日、一〇〇日という取調べを受けた者もいる（東京三弁護士会合同代用監獄調査委員会編『ぬれぎぬ』五八頁以下）。

禁制品窃盗における保護法益
——近時のドイツ刑法学での議論から——

港　和夫

一　はじめに

禁制品窃盗の可罰性は、多くの学説によって肯定されている。しかし、禁制品に所有権ないしは占有権が成立するのか、あるいはいかなる積極的利益が成立するのかを論証する見解はほとんど見られない(1)。禁制品に所有権あるいは占有権が成立するかについて見解が対立する近年の鼎談(2)が示すように、禁制品に成立する窃盗罪の保護法益について、種々の見解が主張され、学説は対立し続けている。「所有権存続説(3)」、「所有権の成立可能性説(4)」、「所有者類似の支配説(5)」、「奪われない利益説(6)」と命名しうる見解など(7)が主張されている。

しかしながら、これらの見解においては以下のような問題が残されている。まず、所有権存続説にあっては、禁制品に所有権が成立しているとしても特別法による種々の「禁止規定」との関係で所有権のいかなる権能が保護されているのかが不明である。それにとどまらず、当該禁制品に所有者が確定できない場合、あるいはそれが無主物である場合を考慮しないのは、このような事態に対して、所有権の成立を擬制することになろう。つぎに、所有権の成立可能性説は、この可能性を指摘するのみで当該禁制品についての所有権の成否を問う必要が無いと主張するかのようであるが、しかし、所有権の成立可能性説は、また他の説にあっても、所有権の成否が違法性の程度（不法の程度）に、さらには正当化事由の成否にも影響する場合もありうることに対応できないことになろう。従って、禁制品に所有権の成立可能性があることを指摘するだけで、所有権の成否を考慮しないことは、犯罪の成立要件を十分に検討したとは言い得ない。

以上のような問題点とは別に、禁制品窃盗否定説が主張されている。神山敏雄によれば[(8)]禁制品は、「公法上も私法上も保護されない状態に置かれ、所持者はこれらを使用したり、売却したり、またはその物によって精神的欲望を満足させることについても法的に何ら保護されない」。一定の手続によって没収されるまでは、占有を侵奪することは許されないとしても、法的に保護された財産の侵害の論証は困難である。したがって、「この場合の奪取を財産犯として構成することは無理のように思われる。」奪取者は、銃砲刀剣類所持等取締法、あへん法などによって、所持罪で処罰できるのであるから、それによって秩序を維持することも考えられる。

この主張は、禁制品窃盗における保護法益の不存在を主張するものであって、禁制品窃盗の可罰性肯定説に対しては、禁制品所持者における所持の要保護性についてさらなる論証を迫るものである。

本稿は、このような問題意識から禁制品に所有権ないしは占有権が成立するか、これらが成立しないとすればいかなる法益が認められるかを、ドイツ文献を参照して考察する。

ところで、禁制品については様々な定義と理解が示されているが、[9] 本稿では、財産権の制限は多様なものがありうるので、「所有ないし所持、またはそれらから生じる権能の行使が法律によって禁止されたもの」と定義して、考察を進めていきたい。[10]

窃盗罪（奪取罪）の法益に関して、本権説、所持説（占有説）、修正説が対立している。[11] 本稿では、窃盗罪の法益は、所有権その他の本権だけではなく、所持も本権から独立した法益として理解する[12]（制限所持説）。

法益に関しても種々の定義があるが、本稿では、法益とは「法によって保護された利益」として理解し、法によって保護することが必要であると意味づけられる性質、理由、根拠を法益の「要保護性」、これに対応する客体・状態を「保護状態」として理解する。[13]

（1）判例においても同様である。最判昭和二六年八月九日裁判集刑五一号三六三頁では、「所有ならびに所持を禁じられている」と主張された「濁酒」を奪取した被告人について、刑法の財物取罪の規定は「事実上の所持」を保護する趣旨であるとの解釈から、所持者が「法律上その所持を禁じられて居る場合でも」、「社会の法的秩序を維持する必要上物の所持という事実上の状態それ自体が保護せられ」るとして、窃盗罪の成立が肯定されている。もっとも、「濁酒」が「禁制品」であるとの記述はない。

（2）川端博・西田典之・日高義博「《鼎談》財産犯の現代的課題」現代刑事法二〇〇〇年四月一二号一六頁。

（3）牧野英一『刑法各論　下巻』（一九五一年再版）五九二頁。瀧川幸辰『刑法各論』（一九五一年）一一八頁。瀧川春雄・竹内正『刑法各論講義』（一九八二年初版）一四九頁。大越義久『刑法各論』（二〇〇七年第三版）九九頁。「処分権能存続説」と称しうる見解は、大場茂馬『刑法各論上巻』（明治四二年初版・明治四四年増訂4版）五三〇―一頁。

（4）西田典之『刑法各論』（二〇〇七年第四版）一三二頁、一四四頁。

（5）江家義男『増補刑法各論』（一九七三年増補第八刷）二六八頁。同旨、熊倉武『日本刑法各論（上）』（一九七〇年）四〇七頁。

（6）川端博『刑法各論講義』（二〇一〇年第二版第一刷）二八〇―一頁。同旨、山口厚『刑法各論』（二〇〇五年補訂版）一八三頁。禁制品に「財物性」があることを理由とする見解も、同旨と思われる。大塚仁『刑法概説（各論）』（一九九六年第三版）一七六頁。三原憲三『刑法各論』（二〇〇六年第五版）一三〇頁。齊藤信宰『新版刑法講義［各論］』（二〇〇七年）一八〇頁。

（7）ほかに、「平和秩序維持説」（竹田直平『総合判例研究叢書　刑法（4）』（一九六四年初版第五刷）六八頁）、「平穏占有説」（内田文昭『刑法各論』（一九九六年第三版）二五七頁注一五）、「所有権に対する一般的危険性説」（藤木英雄『刑法講義各論』（一九八五年初版一四刷）二八六頁）と称しうる見解がある。

なお、日本民法の学説においても、禁制品と所有権・占有権との関係について様々な見解が見出される。多くの見解は「取引禁止説」を採用している。我妻栄『民法総則』（一九七六年第一四刷）二〇八頁。同旨、山本一郎「第三章　物」谷口知平『民法総則・物権法』（ポケット注釈全書・一九八六年新版第一刷）一二五頁、ほか。さらに、「所有所持禁止説」が主張されている。我妻・同書同頁。同旨は、小野幸二『民法総則』（一九八五年第二版）一一七頁、ほか。さらにまた、「取引客体能力制限説」がある。中島玉吉『民法釈義』（巻の一総則編・明治四四年初版、大正一四年改版増補一八版）三八〇―一頁、三八八―九頁。また、「所有権行使制限説」が、末川博『物権法』（一九五六年初版、一九六一年初版第五刷）二八〇―一頁、二八四―六頁によって主張されている。同旨、田山輝明『通説　物権・担保物権法』（二〇〇五年第三版）二三四頁、ほか。以上に反対する「所有権占有権不成立説」が、鷹巣信孝によって提唱されている。鷹巣信孝「所有権の内在的制約・外在的制約・政策的制約」（1）佐賀大学経済学論集第三一巻第五号（一九九九年）一〇四頁。

（8）神山敏雄「7講　詐欺罪および恐喝罪」中山研一・宮沢浩一・大谷実編『刑法各論』（一九七七年初版）一二二頁。同旨、安里全勝「財産犯の保護法益」『刑事法学の新課題――馬屋原教授古希記念――』（一九八〇年二版）一七二頁。

（9）禁制品の定義は法律には見あたらないが、禁制品を定めると解釈できる法律がある。しかし、その表現は様々である。「阿片法」（明治三十年三月二十七日法律第二十七號）の第三條では「所有又ハ所持スルコトヲ得ス」、改正前の旧「遺失物法」（明治三二年四月一三日法律第八七号）では、第一条第一項、第八条第三項において「私に所有所持することを禁じたる物件」、「あへん法」（昭和二九年法律第七十一号）第八条第一項では「あへんを所持してはならない」、「関税定率法」（明治四三年四月一五日法律第五四号、改正平成一六年法律第一五号）の第二一条の見出しでは「輸入禁制品」が用いられ、その第一項で「輸入してはならない」と規定されている。以上からすると、禁止の「内容」については、「所有」、「所持」という広い概念から、あるいは「輸入」という所有権の内容の一部まで、様々な禁止の仕方が示されていることが理解できる。なお、以下では条文の引用について「第」を省略して表記する。

判例では、禁制品の定義は見あたらないようであるが、「没収」に関して大審院以来「法禁物」の概念の下で「法律が何人の所有、所持をも禁止する物件」として理解されてきたようである。大判明治四一年一二月二一日刑録一四輯一一三六頁、など。参照、出田孝一『大コンメンタール刑法第二版　第一巻』（二〇〇四年初版）四二六―七頁。谷口正孝「法禁物の没収」ジュリスト三三八号（一九六六年一月一五日）四五頁。従って、禁制品に関しても、基本的に判例はこの意味で理解していると思われる。

　学説においては、禁制品の定義あるいは理解・説明には、種々のものがある。例えば、「法令の制限に違反して所有する」物（大場・前掲註（3）五二九頁）、法令が「所有乃至所持を禁じている」物（牧野・前掲註（3）五九二頁）、「法が所持を禁止している物（禁制品）」平野龍一『刑法概説』（一九七八年第四刷）二〇六頁）がある。

（10）　この定義では、「所有」「所持」という概念は、権利を認めるための前提としての事実、およびこれから通常であれば生じる「所有権」「占有権」という二つの意味を示すものとして理解されている。したがって、所有ないしは所持の禁止は事実・行為としての所有と所持の禁止、権利としての所有権および占有権の成立もしくはこれらの権能の行使の禁止という意味である。「禁止」の効果がいかなるものであるかは、それぞれの法域での解釈によって定まるものと考える。なお、「ないし」は、本文の冒頭でも用いたが、「または」と「及び」の意味を併せ持ったものとして使用する。「または／および」とも表記される場合と同じ意味である。「権能」は権利の内容・作用を示す意味として用いる。例えば、所有権の内容としての「使用」、「収益」、「処分」は所有権の「権能」である。占有権の権利内容を示すときにも権能は用いられる。参照、竹内昭夫・松尾浩也・塩野宏編集代表『新法律学辞典』（有斐閣・一九八九年第三版）三七四頁。

（11）　判例は、所持説を採用している。最判昭和三五年四月二六日刑集一四巻六号七四八頁以下。

（12）　窃盗罪の法益について、それが所有権およびその他の本権である（本権説）か、あるいは所持（占有権）も本権から独立して法益として理解する（所持説、または占有説）か、さらに刑法二三五条と同法二四二条との論理的関係をめぐって、見解が対立している。学説の分類については、港和夫「窃盗罪の保護法益」明治大学大学院紀要第二六集法学篇一九八九年二三五頁以下、参照。所持説を提唱したのは、牧野（前掲注（3）五八九、五九三頁）であるが、所持のみが法益であると主張する木村龜二の見解は、厳格所持説と言いうるであろう。木村亀二「窃盗罪」日本刑法学会編『刑法演習［各論］』（一九七九年初版第三五刷）一〇四頁、同著『全訂新刑法読本』（一九七二年全訂一四版）八四頁。牧野は所持「も」法益であると主張するので、制限所持説と称しうる。牧野・前掲註（3）五八八頁以下。修正説とは、一方で窃盗罪の法益は本権に限らないとし、他方ですべての所持が窃盗罪の法益であるとは限らないとして、法益としての所持と法益でない所持とに区別する見解として、理解する。修正説は「中間説」とも称されている。西田・前掲註（4）一四二頁。松宮孝明『刑法各論講義』（二〇〇八年第二版）一八五頁。私的自治の原理に基づいて、占有の要保護性を基礎づけるのは、伊東研祐『現代社会と刑法各論』（二〇〇二年合本第二版第一刷）一九四―五頁。

　刑法二三五条と同法二四二条との関係について原則―例外関係として捉える見解（瀧川・前掲註（3）一二〇頁）、同法二四二条は同法二三五条の「注意的規定」（木村龜二『刑法各論』（一九六七年復刊）一〇六頁）、「概念拡張規定」（駒澤貞志「窃盗罪と不法領得の意思」法学セミナー一九七一年九月号五五頁)、「窃盗罪の成立範囲を…拡張する規定」(山口厚『問題探求刑法各論』二〇〇一年第一版第二刷一〇四頁)、あるいは「処罰の範囲を拡張する例外規定」(最決昭和五二年三月二五日刑集三一巻二号九七頁)とする見解などがある。

(13) 法益の定義に関しては、「法」を「刑法」に関連させる見解がある。内藤謙『刑法講義総論(上)』(一九八三年初版)五一頁。「(刑)法」とする見解もある。曽根威彦『刑法総論』(二〇〇八年第四版)六頁。さらに、「利益」を「生活利益」に限定する見解がある。内藤・同書同頁。曽根・同書同頁。本稿の採用する法益の定義は、内藤によって「包括的・形式的法益概念」と特徴づけられて、批判されている。内藤・同書同頁。しかし、各種の法律、法域による保護客体を法益として議論の対象にしうること、刑罰法規による保護客体としての特性は、刑法外の法域における法益の要保護性とは別に議論しうること、また「法」には、憲法を初めとして、あらゆる個別の法が含まれ、他の法域の要保護性との対比で刑法的要保護性をも考慮しうることから、さらにまた「生活」は様々な内容を考え得るので、特に生活によって「利益」を限定する必要もないため、本稿では、「法益」は包括的・形式的概念として使用する。このような法益概念を近時も採用するのは、川端博『刑法総論講義』(二〇〇六年第二版)二頁。山中敬一『刑法総論』(二〇〇八年第二版第一刷)一六頁。

二 近時のドイツでの議論

近時、ドイツの文献でも、ドイツ薬物法[14]で占有等が禁じられた薬物の窃盗について、その可罰性が論じられた[15]。本章では、ドイツの文献を参照して、禁制品窃盗を検討する[16]。

ところで、禁制品(verbotene Sache, verbotene Gegenstände)の定義を、これらの論文は明示していない。エンゲルとヴィットは、薬物に特化して論じているためであると推測される。しかし、マルセッリにおいては、論文のタイトルが示すように、エンゲルの指摘する問題は、薬物だけでなく、食品、必需品、偽造通貨等においても当てはまる概念として受け取られている。そのため、禁制品の理解として、「取得すること、流通に付すこと、製造すること、その他の方法で取得すること、占有すること、あるいは事実上の力をその対象に行使することが禁じられる」物が、マルセッリによって示されていると解される[17]。この理解は、所有の禁止、所有権の不成立に触れずに、所有権の権能とこの制約を示し、さらに占有が禁じられた物であることを内容とするものである。

以下では、まずエンゲルの見解を要約し、これに対するマルセッリとヴィットの批判、さらにこの対立を検討したコットニクの見解を参照し、禁制品（主として薬物）に所有権・占有権は成立するのか、成立しないとすれば、所持が法益として保護されるのか、その要保護性は何かを探求したい。

1　所有権・占有権不成立説（エンゲルの見解）

エンゲルは、不適法に占有、あるいは所有する薬物について所有権・占有権が成立するかについて、「薬物所有権の許可依存性」(die Genehmigungsabhängigkeit des Eigentums an Drogen) によって、当局の許可の存否に所有権の成否を依存させている[18]。

エンゲルによれば[19]、まず禁制品以外の動産について、原則としてドイツ民法九二九条以下によって、法律行為による所有権取得 (der rechtsgeschäftliche Erwerb) は、許可を受ける義務を課されていない（許可取得義務無しの原則）。これに対し、薬物の譲渡については、所有権を取得しようとする者に、薬物の占有権と所有権取得について の連邦保険庁の許可があることによって、その者は所有権を取得することになる（薬物所有権占有権の許可依存性）、とされる。というのは、無許可で所有権取得を目指す者は、許可がないことにより薬物法二九条による禁止行為をなすことになり、その結果ドイツ民法一三四条によって薬物取得行為は無効になるからである[20]。従って、エンゲルの見解では、当局の許可があって初めて所有権および占有権は当該所有者・占有者に成立し、適法な所有者から不適法に薬物が移転する場合は、例えば許可を受けて薬物の所有権・占有権を適法に取得した医師、薬剤師が不適法に他者に売却したり、これらの者から許可の無い者が窃取する場合、許可なしに購入した者や窃取者には所有権、占有権は成立せず、所有権は医師、薬剤師に留まっている。(21)

薬物所有権の許可依存性から、不適法に材料を製造したり（Stoff herstellen）、不適法に麻薬を生産した（Drogen produktieren）者がいる場合、許可が存在しないのでこの製造者、生産者にも、この者から薬物を移転して占有する者にも、所有権も占有権も成立しないとの結論が導かれる。(22)

なお、許可依存性に関連して、所有権の内容とその制限との関係について二つの見解が紹介され、いずれの見解に対しても禁制品所有権の成立はエンゲルによって否定されている。すなわち、所有権を原則的に包括的な完全な権利（Vollrecht）として理解するが、それを制約する法規との関係を、一つには所有権の内容と限界は事例毎に定められ、限界の大小があっても所有権は成立しているとの見解（基本法一四条に基づく理解）、もう一つは所有権は常に包括的な権利であり、その行使のみが制限されるとの見解（民法九〇三条がとる見解）が紹介されている。(23)しかしながら、薬物法二九条は、ドイツ民法九〇三条が保障するあらゆる権限（Rechte）を、許可のない薬物占有について取り消す（zurückziehen）。従って、「所有権の内容は、無にまで減少している（der Inhalt des Eigentums ist auf Null reduziert.）」。あるいは、所有権の行使のみが制限されていると理解するとしても、これは「内容空虚な概念の器（die leere Begriffshülse）」にすぎない。従って、許可のない薬物には、所有権は成立し得ないのであり、そのような薬物は所有客体能力がない（eigntumsunfäig）。(24)

以上から、エンゲルにおいては、薬物窃盗における法益は、所有権、および占有権であり、許可を有する者の薬物所有状態、薬物占有状態に、所有権、占有権が成立し、この状態に対してのみ薬物窃盗による法益侵害が認められることになろう。従って、エンゲルの見解からすると、許可なしに薬物を製造した者、およびこれらの者から薬物を承継取得した者には、所有権も占有権も成立しないので、これらの者から窃取する者には窃盗罪が成立しないことになる。

2　所有権・占有権成立説（マルセッツリ／ヴィット説）

（1）マルセッツリの見解

マルセッツリがエンゲルに対して反対するのは、「薬物所有権の許可依存性」[25]、さらには禁制品のそれについてである。というのは、許可無しになされた禁制品の「原始取得」に所有権が成立するとマルセッツリは解釈するからである。マルセッツリによると[26]、ドイツ民法一三四条は、法律行為による承継取得の規定であって、所有権の原始取得（der originäre Eigentumserwerb）を否定していない。さらに、一定の対象を製造することの禁止は、禁止に違反して製造された対象について所有権が成立するかどうか、および所有権が誰に帰属するかという問いに対して、答えを与えていない。同法九四条および九五条によれば、芥子の実（Mohnsahmen）が播かれたなら、その草木は、土地所有者または借地人の所有に移転するからである[27]。従って、マルセッツリは、薬物の原始取得においては、薬物について所有権は成立する、とする。また、エンゲルによって「ゼロに縮減された」といわれる所有権であっても、それが絶対的ゼロであることはほとんど確定しえない。というのは、「所有者はやはりなお何らかのことを（irgendetwas）なしうる」ことは否定されえないからである、とする。また、違法な占有も、無権利ではない。というのは、窃取された窃盗犯にも同法八六一条によって返還請求権が与えられているからである[28]。

以上のように、マルセッツリにおいては、許可のない、不適法な薬物占有者には、その者が原始取得者である場合には、所有権が成立すると解されている。不適法な薬物占有に占有権が成立するかについては、返還請求権に関して、同法八六一条を理由とすることから推論すると、占有者に占有権が成立すると解していると思われる。

しかし、不適法薬物に所有権が成立しているとしても、所有者に残された「何らかのことをなしうる」とは何なのかは示されていないし、占有権に関しても返還請求権による訴えを裁判所が認めるかという問題が残るような薬物等の禁制品に関する請求権の行使の他に何を占有者はなしうるのかが、示されていない。この点についても言及しつつ、麻薬について所有権が成立することを論証しているのが、次に見るヴィットの見解である。[29]

（2）ヴィットの見解

ヴィットもまた、ドイツ民法の解釈から、所有権の成立を肯定する。実をなす植物（Erzeugerpflanzen）、およびその果実は（同法九三条、九四条一項二文、九九条一項）、土地所有者の所有であり、これは親植物（Mutterpflanzen）からの収穫物の分離にも妥当し（同法九五三条）、所有取得は事実上基礎づけられる。同様の考察は、麻薬の植物性粗製品（pflanzliche Rohprodukte）の収穫に引き続いてなされる加工（sich anschließende Verarbeitung）に関しても同様である。ドイツ民法九五〇条によって所有権の取得に至る加工も事実行為（ein Realakt）である。加工は権利の原始取得の形式として違法な、悪意ですらある行為にあっても、加工者の所有に至る。従って、当局の許可に依存せずに麻薬について物権法上の所有者である者が生産者の連なりの出発点にいる。そして、この事態は事実上、同法一三四条によって無効とされる、許可のない「譲渡」にも成立している。[30] [31] [32] [33] [34]

以上から、原始取得は法律行為によって媒介されず、従ってドイツ民法一三四条に影響されない。すなわち、「薬物所有権の許可依存性」は、薬物（麻薬）の原始取得には妥当しないという帰結が導かれる。というのは、ドイツ民法は、法的効果が取引をなす者の権限（Berechtigung）に依存しないで発生する、事実行為（Realakte）による所有権取得を規定している。従って同法は、形式的な法的地位としての「所有」を法的「許容」（rechtliche “Durfen”）に依存させることなく定義している。法律の禁止（gesetzliche Verbote）による法的諸制約は財物の取引客体能力なし（Verkehrsunfäigkeit）とすることもないし、所有権それ自体に影響することもない。[35]

以上のように、マルセッリと同様にヴィットもまた、所有権の成立を肯定する。さらに、ヴィットにあっては、麻薬の取引客体能力も肯定する。しかし、それに成立するのは、「形式的法的地位としての所有権」である。では、この地位にいかなる権能があるか。ヴィットによると、[36]不適法な薬物の占有に関して、「必要な許可（Genehmigung）の取得」あるいは「管轄を有する当局への引渡」が、残された行為の選択肢である、と例示している。なお、ヴィットにおいては、所有権と占有との関係について明示的な説明が見あたらないが、所有権の現象形態としての占有という理解、あるいは占有の正当化としての所有権という理解によれば、所有権としても占有権としても、このような選択肢が残されていると、解しうる。従って、ヴィットにあっては、禁制品に所有権も占有権も成立するが、いずれの権利の権能も制約されているということになろう。

（3）形式的制度的法益保護説（コットニクの見解）

コットニクは、従来の見解に対して、形式的制度的な法益を提示して、禁制品窃盗の可罰性を肯定する。コットニクは、[37]マルセッリとヴィットの見解を禁制品にも所有権が成立し、所有者に残された権能（Die Restbefugnisse des Eigentümers）があるとするものとして理解し（以下では、この権能を「残留所有権能」と、また占有権、その他の権利に残された権能を「○○権能」と称する）、この見解に賛成する。というのは、法秩序の統一性の要請からすると、法秩序の保護目的の実現に貢献する行動は、可罰的でなく、法秩序の各部分で禁じられていない行動の余地に対応する行動だからである。

従って、コットニクによれば、ヴィットが例示した、管轄を有する当局への引き渡し、あるいは必要な許可の取得は、ドイツ薬物法の保護目的である、国民の健康のための薬物の拡散の防止[38]に合致する行為であって、禁止されていない、ということになろう。禁止されているのは、これら以外の行為となる。

さらに、コットニクによれば、[39]ドイツ民法二二七条[40]により所有者には正当防衛権が認められるので、所有者は他者による財物へのあらゆる作用を排除することを許容される。これは所有権の消極的効果であり、奪取、破壊、損壊、使用のような他者による行為に当てはまる。正当防衛権が認められることは、所有権による、外部の者に対する尊重要求であり、所有権の内部に関する多様な負担と制約とは無関係であって、外部的尊重要求は存続するからである。

従って、所有権という法的地位の保有者に、所有権内容の規制を考慮した後に残されているものは、非常にわずかに許容された行動の余地であり、これは窃取の被害者または薬物法違反の行為者にのみ与えられた、「望まれる状態（der gewünschte Zustand）」、すなわち物権法秩序の回復のためのものであり、および物権法秩序の防衛である[41]（「物権法秩序の防衛・回復権」）。

さて、所有者自身にとっての個人的利益の成否について、コットニクはそれが成立する場合があることを認めるが、窃盗罪の成立要件としては考慮しない[42]。というのは、薬物取引の法的扱いと組織的薬物取引の実態を考慮して、所有者には所有権による利益が欠如すると考えるからである。まず、薬物取引の法的扱いは、次のように理解されている。取引を禁止された薬物は、ドイツ民法一三四条を通じて、債権法秩序にも、物権法秩序にも影響し、一連の法律行為を無効とする[43]。従って、一度所有者になった者に所有権が存続し続け、所有と占有とは分離するに至る。つぎに、組織的薬物取引の実態は、以下の通りである。様々な取引グループを経由する薬物の流れは、もはや遡及して追求し得ないようになされる。製造者が欲していることは、薬物がひとたび販売されたなら、薬物にもはや関わらないことであり、従って通常は薬物の配置に製造者が価値をもはやおくことはない。すなわち、製造者はなるほど経済的効用を欲しているが、しかし保護を伴った権利を欲していない。というのは、その権利は同時に製造者に対して刑罰を結びつけるからである。

禁制品に占有権が成立するか否かについて、コットニクは、ドイツ民法八五九条以下[44]における占有権の『法的平和「のみ」への貢献』機能を捉えて、占有権の成立を認め、占有権を法益として認める。その理由は、法治国家思考に基づいた暴力行使の禁止、自力救済の限定である。というのは、法的平和は、今日でも高く尊重されるべき財であり、法治国家は訴訟国家（Rechtswegstaat）でもあるからである、とされる。[45]

占有者に帰属する価値については、占有者の利益の保護価値性（die Schützwürdigkeit des Besitzers in seinen *Interessen*）の指摘は、疑わしいとする。その指摘は、ドイツ民法八五九条以下がそもそもいかなる個人的利益を保護するかについて、同法九〇三条一項[46]一文の場合と同様に、明確にされない問いを生じる。さらに、その都度の占有者の利益が決定的であるべきだとするならば、その利益に関する法秩序による承認（Anerkennung）についての問いをたてることになるが、刑罰をもって禁じられた利益を占有者が追求するために財物を獲得したならば、そのような利益も刑法上保護されるべきかは、疑わしい。なぜならば、その場合、一般刑法が隣接刑法（Nebenstrafrecht）、すなわち薬物法に矛盾して窃取者に対して刑罰を科し、かつ薬物法違反者を保護するからである。[47]

その場合、より当然と思われるのは、ドイツ民法八五九条以下が占有者の形式的地位を保護する、という見解である。この評価は、刑法に引き継がれるであろうが、それは同法同条以下が独自の刑法益（eigenständige Strafrechtsgüter）として承認される場合である。[48] なお、この占有の形式的地位は「法的平和に貢献する一時的な地位」である。[49] コットニクは、この地位を刑法二四二条の法益とする刑法の解釈論上の根拠については、「刑法二四二条の用語も指示する」とのみ説明しているが、おそらく「奪取する（wegnehmen）」という用語が、占有侵害を含意することを意味するからであると、推測しうる。

以上のコットニクの見解を要約すると、①所有者、占有者個人に帰属する要保護性のある利益は認め難いということ、②保護される法益は、制度的形式的な法益である、ということになろう。

4　小括

エンゲルの主張は次のように要約できる。①「薬物所有権・占有権の許可依存性」から、許可のない無資格者には所有権も占有権も成立しない。②これは、承継取得にも、原始取得にも当てはまる。③許可を有する所有者・占有者（有資格者）から、無資格者に薬物が不適法に移転する場合は、所有権は有資格者に留まっている。例えば、適法に所有占有している医師が不適法に無資格者に売却したり、あるいはその医師から窃取する無資格者がいる場合、所有権は医師に成立している。④有資格者で適法な許可を有する者の薬物所有状態、薬物占有状態に、所有権、占有権が成立し、この状態に対してのみ薬物窃盗による法益侵害が認められる。⑤許可なしに薬物を製造した者、およびこれらの者から薬物を承継取得した者には、所有権も占有権も成立しないので、これらの者から窃取する者には窃盗罪が成立しない。

エンゲルの主張に反対するマルセッリとヴィットは、次の二点を肯定することによって、エンゲルと対立している。第一に、原始取得には所有権が成立すると民法を解釈できること。第二に、原始取得者の所有権能のほとんどが特別法規によって制限されているとしても、所有者には「何らかのことをなしうる」権能が（マルセッリ）、所有者、占有者には「必要な許可の取得」、「当局への引渡」という権能が（ヴィット）成立すること。すなわち、エンゲルの主張の①と②と⑤の原始取得に関する部分について対立している。

この対立に対し、コットニクは、マルセッリとヴィットの見解を「残留所有権能」が禁制品に成立することを認めるが、その内容は個人的な利益を充足するものではなくて、物権法秩序の防衛・回復権であると主張する。占有権についても個人的利益は認めず、占有権の法的平和への貢献機能を刑法二四二条の法益であるとする。

以上のドイツでの議論から明らかになったことは、第一に、有資格者には禁制品に所有権・占有権が成立することでは一致しているが、原始取得による場合の原始取得者に所有権・占有権が成立するかが争われていることである。第二に、不適法な禁制品所有・占有については、ヴィットは残留所有権能、残留占有権能が成立するとし、マルセッリとコットニクは残留所有権能を明示的にみとめ、占有権についてはコットニクが法的平和機能のみを明示的に認めることである。

以上の対立点について、①禁制品の原始取得による物権の成否の問題、②残留権能の成否の問題として、第一章での考察成果をも参照して、次章において考察を加える。

(14)　「ドイツ薬物法」とは、正確には、薬物の取引に関する法律（Gesetz über den Verkehr mit Betäubungsmitteln）である。本稿では、この法律を原則的に「薬物法」と略称する。薬物法の取締薬物と、日本の薬物規制法（麻薬及び向精神薬取締法、大麻取締法、覚せい剤取締法など——以下では、各々麻薬法、大麻法、覚せい剤法と略称する。）での取締薬物とが一致するか否かの確認は出来ていないが、本稿で扱う、日本法における麻薬、覚せい剤、大麻などは、ドイツでの取締薬物と一致するものと仮定して論じる。但し、薬物法の取締薬物として、薬物法一条一項の麻薬の定義において指示される別表Ｉにはヘロイン（Heroin）が、別表IIには、覚せい剤（Anfetaminil）、大麻（Cannabis, Marihuna）が掲げられていることは確認できた。*Körner/Patzak/Volkmer*, BtMG 2012, 7. Aufl. S. 46, 50, 53. わが国の「覚せい剤法」で定義されている覚せい剤は、同法二条一項一号では、フェニルアミノプロパン、フェニルメチルアミノプロパンおよびその各塩類、同条項三号の、「前二号に掲げるいずれかを含有する物」となっている。フェニルアミノプロパンは一般名をアンフェタミン（amphetamine）、フェニルメチルアミノプロパンは同じくメタアンフェタミン（methamphetamine）と称される。川合述史『脳と毒物』（一九八九年初版）一六〇頁。さらに、船山信次『毒と薬の科学』（二〇〇七年初版）五八頁。従って、前記のように、覚せい剤もドイツ薬物法の取締薬物と判断した。

　なお、以下に言及するドイツ文献で登場する Rauschgift および Droge を「麻薬」と訳し、薬物（Betäubungsmittel）と訳し分けることにした。また、ドイツ民法典（以下では「ドイツ民法」）にある Besitz は、「占有権」、Eigentum は「所有権」と訳した。何れも、権利性を示すには、Besitzrecht, Eigentumsrecht という表記がなされるであろうが、ドイツ民法では Besitz についても Eigentum についても第三部物権（Sachenrecht）のなかで、その用語で権利の得喪が規定されているからである。但し、文脈により、事実状態を示していると判断した場合には、「占有」「所有」と訳す。なお、山田晟『ドイツ法概論II』（一九八五年三版）一九一頁では、「占有権（Besitz; Besitzrecht）」「所有権（Eigentum）」という語法が示されている。

(15)　薬物についての窃盗罪の成立を肯定した二つの判例に対して以下に見るエンゲルの論文（*Engel*, Die Eigentumsfäigkeit und

Diebstahlstauglichkeit von Betäubungsmitteln, NStZ. 1991. S. 520ff.）が否定的見解を述べたことを契機として禁制品窃盗の可罰性をめぐる論争が始まった。その契機となった判例は以下のものである。一つは、BGH NJW 1982, S708f. であり、その事案は次のようなものであった。被告人達は、アムステルダムからウイーンへの鉄道旅行で、二二五グラムのカンナビス樹脂をドイツ連邦共和国に輸入しようとしていたが、列車のトイレの水タンクの天蓋（Deckneklappe）の中に一五、二キログラムのカンナビス樹脂（Cannabisharz. インド大麻の樹脂で、マリファナやハシシュの原料となる。船山・前掲註（1）一〇九頁以下。）を発見した。列車がすでにドイツ共和国内にあったときに、彼らはハシシュ（Haschisch）を出来るだけ多く窃取してウイーンで有償で（gewinnbringend）売却しようと決意した。被告人は、トイレのそばに立っていた二人の男性をハシシュの所有者と錯誤した。実際は、すでに発見されたハシシュを監視していた税関職員（Zollbeamte）であった。被告人達が、あいついで――Kは五キログラムのハシシュをポケットに入れて、Bは約一キログラムのハシシュをシャツの中に入れて――トイレを去ったとき、彼らはさらに同じ車両の中で監視していた税関職員によって逮捕された。これに対して、原審は被告人達をカンナビス樹脂の輸入と、カンナビス樹脂の商業活動（Handeltreiben）および窃盗未遂との観念的競合により有罪とした。上告がなされ、連邦最高裁判所は、カンナビス樹脂の商業活動とされた行為は「商業活動」にはあたらないが、既遂の窃盗罪が成立するとして、破棄自判した。

もう一つの判例は、BGH NJW 1982, S.1337f. であり、事案は次のとおりであった。Bは共同被告人Gと共に、トルコ国籍人Tが自分のために用意した隠れ家から、二度の機会に合計一七〇〇グラムのハシシュを窃取した。これから、二人は後に一四〇〇グラムをTに返還した。というのは、かれらはTによって脅迫され、また共同被告人Mによって返還を説得されていたからである。原審はBを二件の窃盗と薬物の放棄の理由で、併せて二年と三ヶ月の自由刑で有罪とした。上告審で、ドイツ薬物法における「放棄（Abgabe）」概念と「商業活動（Handeltreiben）」概念が検討され、有罪宣告の変更がなされ全ての宣告刑が破棄された。

エンゲルの論文に対する応答として、*Marcelli*, Diebstahl "verbotener Sachen" NStZ 1992, S. 220. f.; *Vitt*, Nochmals: Zur Eigentumsfäigkeit und Diebstahlstauglichkeit von Betäubungsmitteln, NStZ 1992, S. 221f. この対立を検討するのは *Kottnik*, Der Diebstahl "verbotener" Sachen, 1996.

(16) ドイツの学説ではエーザーによれば、窃盗罪の法益は所有権であり、また支配的見解は所持も独立した法益であるとする。*Eser*, S/S/Eser, Stgb Kommentar, 2006, 27Aufl., S. 2039, Rn. 1. 同旨の見解は、*Rengier*, Strafrecht Besonderer Teil, I, 13. Aufl. 2011, S. 6. これは、（かつての）支配的見解（(vormalig) hM）であるとし、所持はドイツ刑法二四二条の法益でないとするのは、*Schmitz*, Münchner Kommentar zum Stgb. B. 3, 2003, S. 1033f., Rn. 5, 8. 禁制品窃盗について、シュミッツによると、支配的見解は禁制品に所有権の成立を認めて窃盗罪を適用する。*Schmitz*, a. a. O. S. 1036. Rn. 14.

(17) *Marcelli*, a. a. O. (Anm. 15) S. 220.

(18) 許可を与える「当局」は、一九八一年七月一日公布、一九八二年一月一日施行、一九八四年八月六日改正の薬物法三条一項では連邦保険庁（Bundesgesundheitsamt）であったが、一九九四年五月一日公布の薬物法三条では医薬品連邦機関（Bundesinstitutes für Arzneimittel und Medizinprodukte）である。*Körner*, BtMG. 2. Aufl. 1985, S. 7, 11.; *Körner/Patzak/Volkmer*, a. a. O (Anm. 14), S. 21.　一九八一年公布の薬物法三条一項は、連邦保険庁の許可を必要とする者とは、一号として、「薬物を栽培し、製造し、薬物の商業活動をし、商業活動をすることなしに薬物を輸入し、輸出し、放棄し、引渡し、その他の方法で流通させ、取得しようとする者」である、とする。同法二九条一項は、同法「第三条第一項第一号の許可なしに、栽培…をした者」を四年までの自由刑または罰金刑に処している。この法定刑は一九九四年薬物法では、五年までの自由刑または罰金刑に変更された。*Körner*, a. a. O, S.11.; *Körner/Patzak/Volkmer*, a. a. O. (Anm. 14), S. 24.

(19) *Engel*, a. a. O. (Anm. 15), S. 521.

(20) ちなみに、ドイツ民法九二九条は、第三編物権　第三章動産所有権の得喪　第一款譲渡の最初の条文において、譲渡の要件として、所有権譲渡の合意と引渡（Einigung und Übergabe）について、「動産所有権の譲渡のためには、所有者が財物を取得者に引渡し、両者が所有権が移転することについて合意していることを要する。取得者が財物の占有をしているならば、所有権の移転についての合意で足りる。」と、同法一三四条は、「法律の禁止に反する法律行為は、法律から有効とする趣旨が認められない場合には、無効である」と規定する。以上のドイツ民法の翻訳にあたっては、また以下においても、山田晟『ドイツ法律用語辞典』（一九八一年第一版）の該当する用語の翻訳と解説を参照した。

(21) *Engel*, a. a. O. (Anm. 15), S. 521.　不法原因給付と所有権の移転等について本稿で検討した文献は触れていない。その理由は、禁制品についての所有権の成否のみを問題にしたからであると推測される。不法原因給付についてドイツ民法八一七条は「給付の目的が、受領者が受領によって法律の禁止または善良の風俗に反するようにさだめられた場合、受領者は返還義務を負う。返還請求は、給付者に同様にそのような違反が成立する場合には、認められない。ただし、給付が債務の履行からなる場合はこの限りでない。そのような債務の履行のために給付されたものは、返還請求できない」と規定する。参照、磯村保「不法原因給付に関する一つの覚え書き」神戸法学年報第二号（一九八六年）一〇五頁、山田晟前掲註（14）一六三頁。

(22) なお、エンゲルは占有権の成否について明言していないが、所有権の許可と同様に、占有権の許可がない場合は権利として成立しないことになると、推測される。「麻薬の占有権について当局の許可が所有者としての権利者を正統化する」と説明しているからである。*Engel*, a. a. O. (Anm. 15), S. 520f.

（23） *Engel*, a. a. O.（Anm.15）, S. 520. 基本法一四条一項は所有権の内容と制約について「所有権および相続権は保障される。内容と制約は、法律でこれを定める」と規定する。宮沢俊義編『世界憲法集』（一九八一年第三版）一六六頁、参照。ドイツ民法九〇三条前段は所有者の権能（Befugnisse）について、「財物の所有者は、法律又は第三者の権利に対立しない限り、財物を任意に処分し、他者をあらゆる作用から排除できる。」と規定する。

（24） 薬物法二九条一項三号では、許可のない薬物占有を禁じ、罰している。しかし、所有権の内容・権限・権能としての、使用、収益などの禁止は、同条項に見いだしうるが、所有、所有権を禁じるとの規定は見あたらない。エンゲルは、明文による「所有・所有権禁止」規定の不存在を指摘していないが、禁制品所有権の成否に関して、所有権の内容とその制限との関係について言及する必要があった、と思われる。

（25） 前権利者の意思に基づいた権利の取得が承継取得（abgeleiteter, derivativer Rechtserwerb）であり、これに依存せずに、特定の取得原因によって生じる権利取得が原始取得（ursprünglicher, originärer Rechtserwerb）であり、先占、加工などがこの例である。vgl. *Crefields*, Rechtswörterbuch. 1992, S. 931 “Rechtserwerb”.

（26） *Marcelli*, a. a. O.（Anm. 15）, S. 220

（27） *Marcelli*, a. a. O.（Anm. 15）, S. 220, なお、ドイツ民法九四条一項は、土地または建物の本質的構成部分を定める規定であり、「土地の本質的構成部分に属するのは、土地（Grund und Boden）と堅く結合された物であり…。」と規定し、この第一文に続いて第二文で「種（Samen）は播かれることによって、草木は植えられることによって、本質的に土地（Grundstück）の本質的構成部分となる」と、またドイツ民法九五条一項は、一時的だけの目的で土地に結合された物についての規定であり、「次の物は、土地の構成部分に属するものではない。一時的な目的でのみ土地に結合された物。……」と、定めている。

（28） *Marcelli*, a. a.O.（Anm. 15）, S. 221. もっとも、マルセッリは、実務上盗品が禁制品である場合、裁判所が被窃取者に返還請求の訴えを許すか否かについては、理論的関心が乏しいとする。なお、ドイツ民法八六一条一項は、占有侵奪を理由とする請求権に関する規定であり、「占有が法の禁じる私力によって占有者から侵奪される場合、占有者は、占有者に対して瑕疵ある占有をなす者に占有の返還請求をすることができる」と規定する。

（29） *Marcelli*, a. a. O.（Anm.15）, S. 221.

（30） *Vitt*, a. a. O.（Anm. 15）, S. 221f.

（31） ヴィットによれば、麻薬は外国で生産され、しばしば外国の取引の一団によりドイツへ運ばれることが通常であるので、国際法関連の問題が生じる。しかし、ヴィットは問題を指摘するだけに留めている。*Vitt*, a. a. O.（Anm. 15）, S. 221.

（32）ドイツ民法九三条は、物の本質的構成部分（Bestandteile）についての規定であり、「二つ以上に分離され、あるいはその本質において変更されることなしに、相互に分離され得ない物の構成部分（本質的構成部分）は、特定の権利の対象ではありえない。」と規定する。同法九四条一項第二文については、前出註（27）参照。同法九九条は果実についての規定であり、一項は「物の果実とは、物の産出物であり、物からその性質に従って獲得されるその他の収穫物である」、二項は「権利の果実とは、権利がこの性質に従って与える収益である。特に、土地の構成部分を獲得する権利においては、獲得された構成部分である」、三項は「果実は、ある物またはある権利が法律関係によって与える収益である」と規定する。

（33）*Vitt*, a. a. O. (Anm. 15), S. 221.

（34）ドイツ民法九五〇条は、加工に関してその一項で「一つまたは幾つかの素材の加工または改造により新たな動産を製造する者は、新たな財物の所有権を獲得する。ただし、加工物または改造された物の価値が素材の価値よりも著しく低くない場合にである。…」とし、その二項で「新たな財物についての所有権の取得により素材について成立していた諸権利は消滅する」と規定する。同法九五三条は分割された製造物と構成要素についての所有権に関する規定であり、「製造物と一つの物のその他の構成要素は、分割の後でも九五四条から九五七条によって別の財物が発生しない限り、財物の所有者に帰属する。」と定める。

（35）*Vitt*, a. a. O. (Anm.15), S. 222.

（36）*Vitt*, a. a. O. (Anm.15), S. 222.

（37）*Kottonik*, a. a. O. (Anm. 15), S. 36.

（38）*Kottonik*, a. a. O. (Anm. 15), S. 28.

（39）*Kottonik*, a. a. O. (Anm. 15), S. 37.

（40）ドイツ民法二二七条一項は「正当防衛によってなされた行為（gebotene Handlung）は違法ではない」とし、その二項は「正当防衛とは、現在の違法な侵害を自己または他者から回避するために必要な防衛である」と規定する。

（41）*Kottonik*, a. a. O. (Anm. 15), S. 37.

（42）*Kottonik*, a. a. O. (Anm. 15), S. 29f.

（43）薬物法三〇条一項一号は「薬物を許可無く栽培し、製造し、またはそれらの取引をし（二九条一項一号）、かつその際、そのような行為の継続的遂行のために結合した団体の構成員として行為する者は、二年以上の自由刑に処する」と規定し、取引行為が不適法であることを示している。ドイツ民法一三四条については、前掲註（20）。

（44）ドイツ民法八五九条は、動産占有者の自力救済について、一項で「占有者は法の禁じる私力に対し実力をもって防衛することを許される」、二項で「動産が占有者から法の禁じる私力によって奪取される場合、現場にいる、または追跡されている行為者から占有者はその動産を奪還することを許される」と規定する。参照、明石三郎『自力救済の研究』(一九八八年増補版第一刷) 一二二頁。さらに、同法八六〇条は占有補助者の自力救済、同法八六一条は占有侵奪を理由とする請求権について規定する。

(45) *Kottonik*, a. a. O. (Anm. 15), S. 47. コットニクは、占有の要保護性の解明を、財産に対する犯罪に関する議論を参照して検討している。なお、ドイツの、「所有権に対する犯罪」と「財産に対する犯罪」との区別およびそれらについての議論の展開については、林幹人『財産犯の保護法益』(一九八四年初版) を参照。

(46) ドイツ民法九〇三条前段については、前掲註 (23)。

(47) *Kottonik*, a. a. O. (Anm. 15), S. 47. f.

(48) *Kottonik*, a. a. O. (Anm. 15), S. 48.

(49) *Kottonik*, a. a. O. (Anm. 15), S. 49.

三 禁制品に成立する権利(所有権と占有権)の制限と所持の要保護性

1 禁制品に成立する権利の制限

(1) 原始取得の成否

日本の刑法文献では、無資格者による禁制品の原始取得の成否について触れるものは見あたらないようであるが[50]、前章で考察したドイツ文献ではエンゲルの否定説と他の見解とが対立している。

この対立については、所有権の制限の考察方法の観点と、日本国憲法一三条および二九条の観点から肯定説を採用すべきである。前者の観点によれば、所有権と禁止規範との関係について、各種の法律による制限は、法的処理の便宜と簡明さから「所有権という包括的な権利を認め」、それを個別具体的に「法律が規制」することによって所有権の内容を定めると解する(包括的権利の個別具体的制限[51])。この考察方法はエンゲルによって否定的評価を受けるが、後者の観点がこの包括的権利の個別具体的制限という考察方法を支持する。すなわち、この考察方法は

「個人の最大尊重」を要請し、個人の財産権の最大限の保障を要求する現行日本国憲法一三条および二九条の趣旨に合致するからである。[52] 従って、麻薬法などの特別法は「包括的な権利」である所有権に対する個別具体的な制限を規定したものとして位置づけられる。[53] 例えば無資格者が薬物の原材料となる植物の栽培から薬物製造までをなした場合、無資格者は各種の禁止に反しているが所有権を取得しているという結論が導かれる。さらに、原始取得は成立しないとの明文があっても、禁制品についても原始取得により所有権が成立することを前提として、[54] 取得された所有権の権能の制限を考察することになる。

（2）所有権能・占有権能の成否　特別法の規定形式が「所有禁止」、「所持禁止」、あるいは「所有権の成立を認めない」もしくは「占有権の成立を認めない」という包括的規制をとった場合、これらの「禁止規範」または「権利否定規定」と原始取得によって成立した所有権能との関係が問題である。この規制もまた、包括的権利の個別具体的制限の観点から、特別法の立法趣旨と民法その他の法律、さらに憲法の趣旨と照らし合わせて、個別具体的に各種の権能、さらには権利に伴う諸々の義務の成否が解釈されるべきであろう。以上の解釈の結果、当該禁制品占有者に所有権も占有権も認められない場合、例えばコットニクが指摘した麻薬取引の実情からは所有権者の確定は困難であること、またマルセッリが指摘した占有権に基づく返還請求権の主張が裁判所によって認めてもらえるかという問題があることから、所有権ないし占有権の成立が否定される場合もあれば、あるいはコットニックが指摘する物権法秩序の防衛・回復権あるいは占有権の法的平和機能から所有権ないし占有権が肯定される場合もあろう。いずれの結論を採用すべきかは筆者の能力を超える問いであるが、所有権と占有権が禁制品に成立している場合であっても、成立していない場合であっても、禁制品窃盗において常に必要とされる所持についての要保護性を検討することが重要となる。

2 所持の要保護性

所持自体の要保護性を探求する方向性も、マルセッツリ、ヴィット、コットニクに見られる、残留所有権能思考が示している。[55] 法秩序の保護目的を実現する行動は、可罰的でなく、法秩序の各部分で禁じられていない行動の余地に対応する行動であるとの思考である。このような行動を支えるのは残留所有権や残留占有権だけではなく、所持もまた物的事実的領域における基盤としてその様な行動および権利を構成し支持するものであると、理解することができる。また法秩序の保護目的として、法益保護・維持、法益侵害の危険の減少および消滅または回避を想定しうるが、所持もまたこのような事態に貢献しうるものである。このような所持は、「違法状態から合法状態への転化」、あるいは「違法状態における法益侵害の危険状態から減少状態への変更」を目指す行為であり、禁じられていない行動として要保護性を認められると解する。その例として、次の行為が理解できる。

銃砲刀剣類所持等取締法（以下では「銃刀法」と略称）三一条の五における、けん銃等の所持罪に該当する者がなす「けん銃等の提出・自首目的」での当該けん銃等の所持である。[56] この所持が、同法一条の「危害予防上必要な規制」という同法の目的に一致する限りで、同法等の要件をみたす場合には、この者は必要的減免を受けることになる。この所持は、刑事法上の利益享受（刑罰の必要的減免という自由の享受）の要件であるので、要保護性を有し、法益として解釈されるべきであろう。

翻って、刑法による財産の保護は、「自由と生存の経済的前提および成果としての財産を保護するもの」であるとする見解[57]からすれば、禁制品所持に成立する「事実上の支配」は、それが侵害されないことに関しては財物についての「自由」として要保護性を有すると言えるであろう。[58] というのは、所持それ自体は法的（占有権の要件として）にも事実的（占有権としてではなく占有の事実の構成要素として）にも、適法状態（有資格者の所持）にも違法状態（無資格者の所持）にも、ないしは適法状態あるいは違法状態への転化の場合にも成立するものである。適法状態あるいは違法状態をも構成しうるという意味で、両義的な価値を有しうるものとして保護に値するか、あるいは何らかの適法状態への傾向（適法状態への転化の可能性、あるいは法益侵害の危険状態から減少状態への変更の可能性）を有するものとして、保護に値するかは、各種の特別法の目的と所持の意義との検討・調整によって定まると考える。また、この所持は民法七〇九条の「法律上保護される利益」に該当するとも解しうるので[59]、所持に成立するこの利益は、さらに刑法によっても保護しうるであろう[60]。

以上から、禁制品「所持禁止」ないしその「所持否定」規定が存在するとしても、各種の法律における保護目的、保護法益から、禁制品所持の要保護性を基礎づけうる場合が存在すると、理解しうる。法秩序の統一性の観点からしても、「所持禁止」「所持否定」規定は、包括的禁止規定ではなくて、個別具体的制限規定であることを前提として解釈すべきと考える。

(50)　もっとも、所有権存続説は所有権の成立を前提として禁制品についての支配を論じるので、明示的言及が無くとも所有権の原始取得を前提していると解される。なお、民法学では鷹巣・前掲註（7）一〇四頁が、禁制品についての所有権の成立を否定するので、原始取得についても所有権の成立を否定すると解される。

(51)　参照、川井健／川島武宜・川井健編『新版　注釈民法（7）物権（2）』（二〇〇七年初版）三〇一頁。野村好弘・小賀野晶一・同書三一五頁。

(52)　津田重憲「第二部第二項財産と法」三原憲三編著『市民のための法学入門』（二〇〇八年第二版第二刷）一二五頁によれば、「憲法二九条の精神を受けて個人の財産権は最大限に保障される」。さらに禁制品所持が財産権として保障されないとしても、憲法一三条による「一般的自由権」あるいは「人格的利益」としての保障を受けられると思われる。参照、橋本公亘『憲法』（一九七八年改訂版第八刷）一七九―一八〇頁、芦部信喜『憲法』（二〇一二年第五版第四刷）一一九―一二〇頁。

(53)　民法上の分配命題により所有権の成否が確定され、特別法としての薬物法による禁止規範によって所有権ないしは所有権能の限界が確定される、あるいは所有権の成否までも確定されるという論理的関係になる。規範と分配命題については、増田豊『規範論による責任刑法の再構築』（二〇〇九年第一版）五六―七頁。

(54) なお、権利の成否に関しては、権能とは別に権利に伴う諸々の義務の発生という観点も重要であると思われる。権利に内在する義務として、「保安・衛生」の観点から、所有者に種々の「不作為義務」あるいは「作為義務」が発生すると理解することも可能だからである。しかし、これは本稿の課題を超える。参照、末川・前掲註（7）二八〇―二八一頁、二八四―六頁。

(55) わが国でも、大場の見解に「処分権能」の残留思考が認められる。大場・前掲註（3）五三〇頁以下。

(56) 必要的減免の根拠は、「殺人や発射罪（銃刀法三条の一三、同法三一条――筆者註）といった、より重い罪を未然に防止する意味もあるため」であると説明される。警視庁 Web「銃刀法の自首減免規定について」、http://www.keishicho.metro.tokyo.jp/seian/kenjyuha/jisyu.htm。この趣旨からは、けん銃等の所持罪が成立する状態から、さらに重大な法益侵害またはその危険性を回避、減少させる「法的に望ましい状態」の形成に見い出される価値から、けん銃等の提出をともなう自首目的での所持は法的保護に値する、と解される。

(57) 平川宗信『刑法各論』（一九九五年初版）三二〇頁。

(58) この場合の自由は、いわゆる「干渉を受けない」という意味での消極的自由のみならず、「への自由」としての積極的自由の観点からも要保護性を基礎づけうる。すなわち、本文で言及した「けん銃等の提出・自首目的」での当該けん銃等の所持は、銃砲等の所持罪よりも重い罪の防止という「法的価値」実現の観点から基礎づけうるので、一層要保護性が基礎づけられると解される。消極的自由と積極的自由については、I・バーリン／小川晃一・小池銈・福田歓一・生松敬三共訳『自由論』（一九七九年新装版一刷）八五―七頁、三〇四頁、三一一頁、三一七頁。

(59) 所持に「権利」構成が与えられないとしても、自由の基盤としての意味があることを利益として捉え、さらにその利益が民法七〇九条における「法律上保護される利益」に該当すると判断されるならば、それは民法上保護される利益と認められる、と思われる。参照、加藤雅信『新民法大系V 事務管理・不当利得・不法行為（第二版）』（二〇〇五年）一六八頁。

(60) 民法に対する「刑法の補充性」が要求される（西原春夫「刑法における財産の保護」中山研一・西原春夫・藤木英雄・宮澤浩一編『現代刑法講座』（一九八二年初版）二一二頁）としても、刑法による「要保護性」を民法七〇九条によって保護される利益について認めうるであろう。あるいは、この民事法上の利益が認められず、同法の法的効果が生じない場合であっても、刑法二三五条とは別の銃刀法によって要保護的とされた利益を、唯一の法的制裁によって保障するものとして刑法二三五条が機能すると解すことができる。

四　おわりに

本稿では、禁制品窃盗における保護法益について、所有権の成否、占有権の成否を検討し、包括的権利の個別具体的制限という考察方法から、禁制品の原始取得に所有権・占有権の成立を基本的に肯定する結論を導くと共に、肯定されない場合における所持自体の要保護性を肯定する観点を提示した。

所持自体の要保護性は、禁制品の所持について「違法状態から適法状態への転化」あるいは「法益侵害の危険状態から減少状態への変更」の中に見い出された。そしてこれは、禁制品所持に限らず、所持一般について、「適法状態」ないし「法益侵害の危険減少状態」の形成可能性を含んだ、またこの可能性を保障する物的対象的領域における自由として、所持一般の要保護性を基礎づけるものと理解する方向性を示している。この方向で、自由と財産とを関係づけるためには、なお説得力のある基礎づけが必要と考える。また、窃盗罪における事例問題として最重要である、窃盗犯人からの自己財物の取り戻し事例について以上のような所持の要保護性からの積極的検討も必要であるが、これらは今後の課題である。

プロバイダによるブロッキングと他人のための緊急避難（緊急避難救助）

赤岩順二

一　はじめに

電気通信事業法が規定する通信の秘密の侵害の罪（電気通信事業法四条一項、その刑罰規定同一七九条）に該当するインターネット・ソフトウェア・プロバイダ（以下、プロバイダ）による情報通信のブロッキングを、犯罪不成立とする根拠として緊急避難概念が参照されることがある。本論文は、ガイドライン化をめぐるプロバイダ関連団体による議論を、緊急避難論の観点から検討することで、問題の所在を明らかにすることを目指すものである(1)。

(1) 本論文の内容の一部を情報処理学会・電子化知的財産・社会基盤（EIP）研究会第六二回研究報告会（二〇一三年十一月二十一日）において報告し、有益な示唆を多くいただいた。記して感謝申し上げる。

二 プロバイダ責任制限法とガイドライン

1 サイバー空間とプロバイダ

コンピュータ・ネットワークは、社会のさまざま利用局面へと浸透し、ひとびとにとって「サイバー空間」といっても違和感のない隣接性をもちつつある。現在（二〇一〇年をまたぐ数年）の動向として「スマートフォン」の利用拡大[2]、にみられるように常時接続可能なデバイスを市民ひとりひとりが携帯することが増えその日常に様々な機能やコンテンツが届きやすくなっていること、他方で「サイバー空間」において提供される機能は、「クラウド・コンピューティング」という標語に代表されるように、どこに所在するサービスかを意識することなく（国境という概念も超えて）必要に応じて組み合わせて提供する形態が広がっていることが挙げられる[3]。

サイバー空間と人々との接点と、そのサービス形態は相互に影響しあって変化していく。サイバー空間といっても、その空間は人間の生命・身体・自由のすべてがそこに属しているという意味での空間ではなく、主として情報の発信・流通・受信という経路としての空間である。また、クラウドサービスといっても、これまでまったく不知の要素技術が用いられているのでもない。そこで、サイバー空間において、なんらかの政策目的を実現しようとするとき、利用する人間（発信元、受信先）と何らかの接点をもち、要素技術と提供サービスを組織するプロバイダの役割に注目が集まることになる。サイバー空間に関わる犯罪についても、コンピュータ・ネットワークの環境の変化に伴って変わる部分と変わらない部分への適切な切り分けによって対応していくことが求められており[4]、そこでもプロバイダの活動の自由と責任範囲が重要な問題となっている。[5]

2　プロバイダ責任制限法とガイドライン

プロバイダの法的責任分界について、いわばその基本法としての位置を占めるのが、平成一三年（二〇〇一年）に成立した、特定電気通信役務提供者の損害賠償責任の制限及び発信者情報の開示に関する法律（平成十三年十一月三十日法律第百三十七号、以下「プロバイダ責任制限法」）である。[6]プロバイダ責任制限法は「情報の流通によって権利の侵害があった場合」について「損害賠償責任の制限」及び「発信者情報の開示を請求する権利」について定めるもの（同法第一条）である。

プロバイダ責任制限法の枠組を前提として、プロバイダ団体、著作権関係団体などの参加を得た「プロバイダ責任制限法ガイドライン等検討協議会」が設立され、実務上の基準と手順がガイドライン化されてきている。[7]「プロバイダ責任制限法名誉毀損・プライバシー関係ガイドライン」（初版平成一四年五月、第二版平成一六年一〇月、第三版平成二三年九月）、「プロバイダ責任制限法著作権関係ガイドライン」（初版平成一四年五月、第二版平成一五年一一月）、「プロバイダ責任制限法商標権関係ガイドライン」（平成一七年七月）、「プロバイダ責任制限法発信者情報開示関係ガイドライン」（初版平成一九年二月、第二版平成二三年九月）が作成された。これらのガイドラインは、プロバイダ責任制限法三条の「相当の理由」にあたるかどうかについての解釈指針として位置づけることができる。もとより、プロバイダ責任制限法三条における「相当の理由」に該当するかの判断は、法律の解釈問題であるから最終的に裁判所が決定すべきであることはいうまでもない。とはいえ、判例法が形成されるまではもちろんのこと、その後においても、「相当の理由」の解釈において具体的な行動規範として法的責任の分界を明らかにするためのガイドラインとして、なんらかの意味で解釈指針として位置づけられる[8]程度の具体的基準をプロバイダに提供するものでなければならない。

侵害される権利侵害の領域の違いは、ガイドラインへの策定段階、運用段階での状況に違いをもたらす。ガイドラインの策定段階についてみると、著作権侵害や商標権侵害については、著作権および商標権の権利者団体が参加した協議会によりガイドラインが作成されており、「ある意味では、その権利を侵害しているとされる（加害者）側と権利者（被害者）側とが対立する構造になっている」[9]。これに対して、名誉毀損やプライバシーについては潜在的な被害者があらかじめこのようなガイドラインに参加することは難しいといえる。これに対応して、ガイドラインの運用という点でも異なる。すなわち、著作権侵害・商標権侵害の場合は、「信頼性確認団体」により送信防止措置の申出があった場合には、プロバイダは申出書の形式的な審査を行うだけで直ちに送信防止措置を行い、信頼性確認団体以外からの申出の場合にはプロバイダ自身が該当性の判断を行う[10]。これに対して、名誉毀損・プライバシー侵害の場合には、このような信頼性確認団体は想定されてない[11]。

3　考察

プロバイダ責任制限法において免責に該当しない場合には実質的に責任が推定されるという懸念[12]も存在するようである。媒介する情報についてプロバイダが責任を問われるのであれば、技術的可能性と容易性を斟酌しつつ、情報を選別して遮断することも許容されなければならないだろうが、情報の選別による遮断は通信の秘密の観点から無条件に許されるものではない[13]。とするとプロバイダはなおも進退窮まる状況におかれてしまう。どの法主体であっても、あらかじめ進退窮まる状況におかれることを想定した定常的ルールを定めることは望ましくない。したがって、プロバイダ責任制限法の枠組を前提とすると、免責の条件を満たしていないからといって、不法行為責任の要件を満たしていることを推定すべきではない。

プロバイダ責任制限法は、民事上の権利侵害を前提としているが、「民事責任が認められない事例に刑事責任が認められるのは適当ではないから、この規定は、刑事責任にも基本的に妥当すると考えるべき[14]」であろう。もちろん、この反対解釈は成り立たない。すなわち、民事責任が認められるがゆえに、刑事責任が認められる、と推定すべきでない。

ガイドラインによる規制、協議会形式によるガイドラインの作成は、ハードローに対するソフトローによる法の継続的形成という観点からこれからも必要とされる規制形式であるといえるが[15]、権利侵害領域の特性によってソフトローとハードローとの関係は異なってくるだろう。たとえば、信頼性確認団体について、著作権及び商標権侵害の場合には想定され、名誉毀損およびプライバシー侵害の場合には異なった担い手を必要としたことにその相違が現れている。

この点で、次に確認する自殺予告をめぐるガイドラインや、児童ポルノ流通総合対策におけるプロバイダのブロッキングにおいては、協議会によるガイドライン形式をとるというアプローチにおいて変わらないようにみえるが、通信の秘密の侵害罪とその違法阻却事由となる法益保護が直接衡量されている。プロバイダ責任制限法のもとでのガイドラインが「相当の理由」の解釈指針という位置づけを確保していることと対照的であるともいえよう。

（2）　ＭＭ総研によれば、二〇一二年三月で契約端末契約数のうちスマートフォンの占める割合は二二・五％を占めており、二〇一四年には半数以上がスマートフォンにかわると予想されており（デジタルコンテンツ協会（編）『二〇一二デジタルコンテンツ白書』（二〇一二）三三頁参照）、出荷台数ベースでは二〇一三年度：三、一六〇万台（七六・三％）、二〇一四年度：三、四三〇万台（八〇・三％）と予想されている（ＭＭ総研「二〇一三年三月二八日ニュースリリース」（http://www.m2ri.jp/newsreleases/main.php?id=010120130328500）。ただし、

（3）　クラウド・コンピューティング概念については拙稿「クラウド環境における違法ダウンロードについて」『法とコンピュータ

No.31』（二〇一三年九月三〇日）八三―九七頁に譲りたい。

（4）ウルリッヒ・ズィーバー（甲斐克則・田口守一監訳）『21世紀刑法学への挑戦―グローバル化情報社会とリスク社会の中で』（二〇一二年）三八一以下では、「サイバー犯罪の歴史」を次のようにまとめている。一九六〇年代のコンピュータ犯罪に関する最初の議論は主としてプライバシー侵害に関するものであった。一九七〇年代にあらゆる産業部門にコンピュータが一般的になるにつて、焦点は経済犯罪へと移行する。一九八〇年代には、知的財産の保護がプログラムにおよんだことにも示されるように標準的ソフトウェアパッケージが一般化するとともにその違法なコピーが問題となりさらに二〇世紀末にいたるまでにあらゆるデジタル・コンテンツ（特に映画や音楽）にまでそれが拡がっている。そしてコンピュータ・ネットワークに接続しているユーザ数の急速な増大によって、一九九〇年代には違法もしくは有害なコンテンツ（児童ポルノ、嫌悪的言辞、違法ギャンブルの広告、テロリストのプロパガンダ）も提供されるようになった。それと同時に民間・政府・軍のサービスに対する、「サイバーテロリズム」「サイバー戦争」が論じられるようになっている。さらに現在では、情報技術は、ビジネス・コミュニティだけでなく、多くの人々の私的な日常生活に重要な役割を果たしており、そこでは伝統的な犯罪（詐欺、違法薬物の取引等）を援助するツールとなっているという（前掲訳書三八三―五頁）。ズィーバーは、「コンピュータ犯罪およびコンピュータ関連犯罪は、コンピュータ・データに関するあらゆる犯罪を含む」とし、「サイバー犯罪は、コンピュータ・ネットワークで行われた犯罪」「グローバルなサイバースペースに関連する犯罪を含む」とに二分する（前掲訳書三八五―七頁）。ただしいずれも、コンピュータ・システムとコンピュータ・ネットワークの「高度のリスク」の創出、「コンピュータ・データ」の無形性と監視し難さ、コンピュータ・ネットワークのグローバルという特徴を反映した犯罪類型となっているとする（前掲訳書八七―九〇頁）。

（5）プロバイダ刑事責任については、渡邊卓也『電脳空間における刑事的規制』（二〇〇六年）八四ページ以下（「接続業者の不作為責任」）とそこで参照されている文献を参照。

（6）同法の立法当初の解説としては、松本恒雄「違法情報についてのプロバイダの民事責任」ジュリスト一二一五号（二〇〇二）一一三頁以下、大村真一他「特定電気通信役務提供者の損害賠償責任の制限及び発信者情報の開示に関する法律」ジュリスト一二一九号（二〇〇二）一〇一頁以下を参照。その後の展開については、総務省総合通信基盤局消費者行政課『改訂版プロバイダ責任制限法』（二〇一一、第一法規）、堀部政男（監修）『プロバイダ責任制限法　実務と理論―施行十年の軌跡と展望―（別冊NBL No.一四一）』（二〇一二）を参照。

（7）前掲『改訂版プロバイダ責任制限法』八頁、九四―三一七頁。

（8）森田宏樹「ソフトローとしてのプロバイダ責任制限法ガイドライン」（前掲『プロバイダ責任制限法　実務と理論』一二八～

九頁以下）。
（9）森田宏樹・前掲「ソフトローとしてのプロバイダ責任制限法ガイドライン」一二八頁。
（10）プロバイダ責任制限法ガイドライン等検討協議会著作権関係ＷＧ「プロバイダ責任制限法著作権関係ガイドライン第二版」（平成一五年一一月）一一頁以下、同「プロバイダ責任制限法商標権関係ガイドライン」（平成一七年七月）一二頁以下など。
（11）ただし、「プロバイダ責任制限法　名誉毀損・プライバシー関係ガイドライン」は第二版（二〇〇四年）以降、法務省人権擁護機関（各法務局長および地方法務局長ならびに法務省人権擁護局長）を要請主体とする手順を追加した（参照、同第三版三七頁以下）。この点について、森田宏樹・前掲「ソフトローとしてのプロバイダ責任制限法ガイドライン」一二九頁註（7）参照。
（12）丸橋透「発信者情報開示制度の課題」『法とコンピュータ』二一号（二〇〇三年）一三頁以下。
（13）小向太郎『情報法入門第二版』（二〇一一年）一五九頁。
（14）佐伯仁志「プロバイダの刑事責任」前掲『プロバイダ責任制限法　実務と理論』一六一頁。
（15）森田宏樹・前掲注（8）「ソフトローとしてのプロバイダ責任制限法ガイドライン」参照。

三　児童ポルノ対策[16]におけるブロッキングと緊急避難論

1　プロバイダと「通信の秘密」を侵す行為

（1）迷惑メール対策とブロッキング

プロバイダによるブロッキング手法に焦点があてられたものとして迷惑メール対策におけるブロッキングがある。迷惑メールに対する規制は、二〇〇二年に「特定電子メールの送信の適正化に関する法律」（特定電子メール法）が成立するとともに、「特定商取引に関する法律」（特定商取引法）が改正され、オプト・アウト方式の規制が導入された。そして、さらにその後二〇〇八年の改正ではオプト・イン規制が導入された[17]。

この迷惑メール対策のために、送信側で用いられる技術としてＯＰ25Ｂ（アウトバウンド・ポート25ブロッキング）、受信側で用いられうる技術として、送信者ドメイン認証およびＩＰ25Ｂ（インバウンド・ポート25ブロッキング）がある。ＯＰ25ＢとＩＰ25Ｂはいずれも、迷惑メール送信者が、契約先のプロバイダのメールサーバを経由させずに、動的ＩＰアドレスを割り当てられた自前で設置するサーバから直接メールを送ることが多いということから、プロバイダのメールサーバを経由しない動的ＩＰアドレスからのメール送信を行わせないようにし（ＯＰ25Ｂ）、または他ネットワークの動的ＩＰアドレスから送信されたメールの受信を規制する（ＩＰ25Ｂ）ものである。

これらのブロッキングについて、（1）特定の通信に関する発信元ＩＰアドレス及びポート番号という通信の秘密を知得し、かつ、当該通信の秘密を、当該メールの接続拒否という送信者の意思に反して利用していることから、当事者の同意を得ない限り、「通信の秘密を侵す行為」に該当する。（2）動的ＩＰアドレスからの送信についての送信制御・他のネットワークの動的ＩＰアドレスからの受信についての受信制御を行う正当性・必要性が認められる。（3）侵害する通信の秘密は、送信元（及びあて先）ＩＰアドレスとポート番号であり、目的達成のために必要な限度にとどまり、正当業務行為といえることから、当事者の同意の有無に関わりなく、実施可能と説明されている。(18)

（2）自殺予告に関するガイドラインと緊急避難論

サイバー空間におけるプロバイダの責任範囲の検討のなかで、刑法上の緊急避難概念が特に参照されることがある。その一つが、ネット上自殺告知された事例について、電気通信事業法が規定する通信の秘密の侵害の罪（電気通信事業法四条一項、その刑罰規定同一七九条）に該当する削除を正当化（違法阻却）する基準と手順を提案するガイドラインである。

「インターネット自殺予告事案への対応に関するガイドライン」（二〇〇五年一〇月）は、自殺防止対策の一環として策定された。誰でも容易にアクセスすることが可能な電子掲示板に自殺の決行をほのめかす書き込みや他人に対する集団自殺を呼びかける書き込み（自殺予告）の増加がみられたことを背景にしている。(19)

自殺予告が疑われる書き込みがあった場合、人命保護の観点から緊急に対応することが求められ、電子掲示板における自殺予告の書き込みや自殺予告を内容とする電子メールについての発信者情報の取得が必要となる。その行為が通信の秘密の侵害（電気通信事業法第四条、第一七九条）に該当することが問題とされているのである（前掲ガイドライン二一―三頁）。通信の秘密の侵害は、憲法上保障される基本的人権を背景とする（憲法二一条二項「検閲は、これをしてはならない。通信の秘密は、これを犯してはならない」）。自殺予告と隣接する事象として殺害予告があるが、殺害予告の場合は、脅迫罪（刑法二二二条）、威力業務妨害罪（刑法二三四条）の犯罪を構成しうることが明らかであるため、警察からなされる開示要求が令状に基づくことができる。これに対して、自殺予告事案ではそのようなことが考えにくい。また正当防衛でもない。そこで、緊急避難概念が参照されることになった（前掲ガイドライン七―九頁）。具体的には、緊急避難による犯罪不成立の要件を、「1．現在の危難の存在」「2．補充性（やむを得ずにした行為であること）」「3．法益の権衡」に分節して、自殺予告事例において通信の秘密侵害罪が不成立となる要件を整理している（前掲ガイドライン一一―一二頁）。

2　児童ポルノ流通防止関連ガイドラインにおけるブロッキングと緊急避難論

（1）児童ポルノ流通防止総合対策

「児童買春、児童ポルノに係る行為等の処罰及び児童の保護等に関する法律（平成十一年五月二十六日法律第五十二号）」は、「児童に対する性的搾取及び性的虐待が児童の権利を著しく侵害することの重大性にかんがみ、あわせて児童の権利の擁護に関する国際的動向を踏まえ、児童買春、児童ポルノに係る行為等を処罰するとともに、これらの行為等により心身に有害な影響を受けた児童の保護のための措置等を定めることにより、児童の権利を擁護することを目的とする」（同法第一条）ものである。

その後、約十年経て、「児童ポルノ排除総合対策」が犯罪対策閣僚会議において決定された（平成二三年七月、第二次平成二五年五月）。児童ポルノ対策の実効性をより高めるために、官民一体となった総合的対策が求められたのである。

そして、サイバー空間上の児童ポルノの流通防止に向けた方策の一つとしてプロバイダに求められたのが、平成二二年度中に実効性あるブロッキングを自主的に導入することであった[20]。このような自主的導入の具体化として、プロバイダの民間団体である児童ポルノ流通防止協議会が「ブロッキングに関する報告書」（平成二二年三月）（以下「流通防止協報告書[21]」）を、安心ネットづくり促進協議会が「法的問題検討サブワーキング報告書」（平成二二年六月[22]）（以下「安心ネット協報告書」）をとりまとめたのであった。

（2）流通防止協報告書

「流通防止協報告書」では、ブロッキング手法（HTTPサイトへの一般的なアクセス、DNSブロッキングアクセス遮断、パケットドロップアクセス遮断、URLフィルタリングアクセス遮断、ハイブリッドフィルタリングアクセス遮断）の特質を確認したうえで（同五―一一頁）、ブロッキングに係る問題点をDNSブロッキングおよびハイブリッドフィルタリング、パケットドロップ、URLフィルタリングについて整理している（同一二―七頁）。しかし「いずれの技術的方法を選ぶにせよ、通信の秘密の侵害になる」と結論づける。

電気通信事業法上の通信の秘密との関係について、法令・正当業務行為（刑法三五条）、正当防衛（刑法三六条）、緊急避難（刑法三七条）の違法性阻却事由、特に正当業務行為と緊急避難が検討される（同一七頁）。

正当業務行為について。電気通信事業者の一般的解釈においては、「通信をその内容に関知せずそのまま媒介すること及び安定かつ確実な提供を維持すること」であるとし、相当な手段の範囲で後者を目的とする例として、サービス品質を維持するための帯域制御や、迷惑メール送受信上の支障を防止するためのOP25B等があたる（同七―八頁）。これに対して（一）児童ポルノブロッキングにはそのような目的はなく、手段としても相当でない懸念があるとする見解と、（二）刑法三五条の解釈として、①目的の必要性、行為の正当性、②手段の正当性が充足されることが必要とされるところ、児童ポルノブロッキングについては、①目的の必要性・行為の正当性が認められることは明らかであり、また②の目的達成のために必要な限度の手段であるという理論上対立する評価が紹介される。

緊急避難について。（一）被写体とされる子供のプライバシーが著しく侵害されていることと児童ポルノ送信行為がそもそも違法であるから刑法三七条の要件を満たすという意見があった一方で、（二）①現在の危難、②補充性、③法益権衡のそれぞれについて検討が必要であり、国民の表現の自由や通信の秘密という重大な人権と「人命に比肩する侵害」といわれる児童ポルノによる深刻な侵害を受ける児童の人権という重大な問題等について結論を出すまでには至らなかったとしている（同一八―九頁）。

（3）安心ネット協議会報告書

「安心ネット協報告書」は協議会の法的問題検討サブワーキンググループによるものである。

第一に、通信の秘密が日本国憲法に保障される人権であることを確認したうえで、電気通信事業法の該当条文の示す要件に照らして確認し、「電気通信事業者の取扱中に係る通信の秘密」に該当するとする（同二一―六頁）。当事者の意思に反して行われる場合、通信の秘密の構成要素等を「知得」し、かつ「窃用」（利用）するものであり、通信の秘密の侵害該当行為である[23]。

第二に、その際「通信当事者の同意」があれば侵害とはならないが、単に約款に記載しただけでは通常は有効な同意とはいえないとする。

第三に、刑法三五条の法令行為にあたるかについては、憲法二一条二項への違反の問題の検討が別途必要と留保したうえで、裁判官の令状に基づいて行われる場合には法令にもとづく正当行為となるとする（同六頁）が、それとの対比で令状に基づかない場合には法令にもとづく行為にはならないことが確認されている。

第四に、刑法三五条の正当業務行為にあたるかを検討する。他の事由で正当業務行為性が肯定されているケースとして「課金・料金請求のために通信履歴を利用する行為」、「通信ヘッダーを知得して経路を制御する行為」、「ネットワークの安定的運用のために必要な措置（ＯＰ25Ｂ[24]、帯域制御、サイバー攻撃への対処など）」がある。否定されているケースとして「会員の個人情報や機密情報の流出を防止するために、特定のアプリケーションの利用を検知・遮断する措置」を挙げている（同八頁）。課金・経路制御・帯域制御、大量通信対策、ＯＰ25Ｂ・ＩＰ25Ｂなどネットワークの安定的維持運用のための措置は、通信の秘密を侵害するものの、電気通信事業者の事業の維持・継続に必要ないし有用であり、刑法三五条のもとで正当業務行為として認められている類型である取材活動・弁護活動・牧会活動と比較しても、正当業務行為と解する余地がある（同九頁）。これに対して、違法有害な通信を監視・遮断することは、通信の秘密を侵害し、電気通信事業者の事業の維持・継続に必要ないし有用とはいえない（同九頁）。結論としては、ブロッキングについては、「電気通信役務の提供とっては必ずしも正当・必要なものではなく、電気通信事業者の事業の維持・継続に必要ないし有用な利益をもたらすものとも言い難い」とし正当業務行為とみることは困難とする（同一〇―一一頁）（なお、「利用者の保護を理由として正当業務行為を肯定できないか」については、現行法ではウェブ上で児童ポルノを閲覧すること自体は違法でないため利用者保護の観点から正当業務行為になることは考える余地はない」とする。「一般的違法性阻却として正当化できないか」についても検討し、認める場合には「緊急性・補充性」が必要と解されるとする（同一一―一二頁）。

第五に、正当防衛と緊急避難について検討する（同一三―二〇頁）。正当防衛については、ブロッキングは、直接アップロードした者に向けられたものではないから防衛行為とは言い難い。また侵害を個々のユーザーのアクセスと捉えれば防衛行為といい得るが、常時監視するという行為との関係で侵害の急迫性は満たしがたいとして該当しないと評価する（同一三頁）。

以上の検討から、刑法三五条、刑法三六条による違法阻却には該当しない又は課題が残るとし、刑法三七条による緊急避難による違法阻却について要件を検討し、基本的にそれを採用するのである。

3　安心ネット協報告書の緊急避難要件論

緊急避難の成立要件は、緊急避難状況に関する要件と、その状況のもとで行われる緊急避難行為に関する要件とに分けることができる[25]。この分類のもとで、「安心ネット協報告書」の表現に適合させつつ、確認したい。

（1）　緊急避難状況

「安心ネット協報告書」は、「現在の危難」要件について、（ア）「現在の危難」の意義、（イ）「児童ポルノ公然陳列罪の保護法益」、（ウ）「児童ポルノの公然陳列による「危機」はあるか、（エ）危難に「現在性」はあるか、に分けて論じている。

（ア）「現在の危機」の危難の発生原因は制限がない：判例を参照し、現在性とは法益侵害の危険が緊迫していることをいい被害の現在性を意味するものではないが、行為者の主観的予測では足りずその存在は客観的に判断されるとする（同一五頁）。

（イ）児童ポルノ公然陳列罪の保護法益：児童ポルノ公然陳列罪の保護法益は、個人的法益と社会的法益の侵害という側面を併せ持つとするのが相当とする。個人的法益の側面とは主に当該児童への有害な影響と、その成長への重大な影響等から保護することであるとし、社会的法益の側面とは、児童一般が健全な性的観念を持てなくなるなど児童の人格の完全かつ調和のとれた発展が阻害されないようにすること及び児童を性欲の対象としてとらえる風潮を抑止することであると解している（同一五頁）。

（ウ）児童ポルノの公然陳列による「危難」はあるか：児童ポルノの公然陳列による「危難」はあるかについて、児童ポルノをWEB上で誰でも容易に入手しうる事態になった状況で、児童の権利に対する法益侵害の蓋然性が客観的に発生していると認められるとしている。そして成人した後で流通したとしても同様であるとする（同一六頁）。

（エ）危難に「現在性」はあるか：通信の秘密を常時行う措置については「現在性」を認めることができないが、児童ポルノについては流通しうる状態に置かれた以降それが継続している限り現在性を認めうるとしている（一七頁）。

（2）緊急避難行為　次に、（ア）「止むを得ずにした」の意義、（イ）他に採るべきより侵害性の少ない手段の有無をブロッキングの手法との関係で論じ、さらに別項目として（ウ）法益の権衡について論じている。

（ア）「やむを得ずにした」の意義：当該避難行為をする以外に他の方法がなく、かかる行動に出たことが条理上肯定しうる場合を意味するとする最高裁判例を挙げている（最大判昭和二四年五月一八日刑集一〇巻二三一頁）。補充性、すなわち他に採るべき侵害性の少ない手段が存在しないことは、この「止むを得ずにした」の内容をなすと解されているとしている（同一七頁）。

（イ）他にとるべきより侵害性の少ない手段の有無：ブロッキングより他に方法はないことが必要となる。この点、ウェブ上に児童ポルノを流通させた者を検挙することは、もっとも侵害性の少ない手段で抜本的な対策である。流通する児童ポルノ画像を削除するという手法もより効果的な対策である。これらの検挙および削除は、ブロッキングに比べて侵害性が少なく、効果の面からみてもより適切な手段であるから、これらの手段が取り得る場合にはまず検討すべきとしている（同一八頁）。ブロッキングの個々の手法との関係では、過剰ブロッキングを避ける手段の選択への配慮が必要なことに注意を喚起している（同一八―九頁）。

（ウ）法益の権衡：質的にみれば、法益の権衡を満たしうる。量的観点からは権利侵害の程度も問題となるとしている（同一九―二〇頁）。

4　考察

迷惑メール対策のガイドラインでは、ブロッキングの手法として、SMTPプロトコルで通常使われるサービスポート25を送信側ないし受信側でコントロールすることが想定されている。これに対して、児童ポルノ流通対策では、これまでの主流は、DNSブロッキングであるとされている。(26) ブロッキングの運用（その対象の認知、認定、ブロッキング実施等）が重要であるから、その手順の例を確認しておこう。インターネット・コンテンツ・セーフティ協会の説明資料によれば、次のようになされるという（図「アドレスリスト作成作業について」参照）。

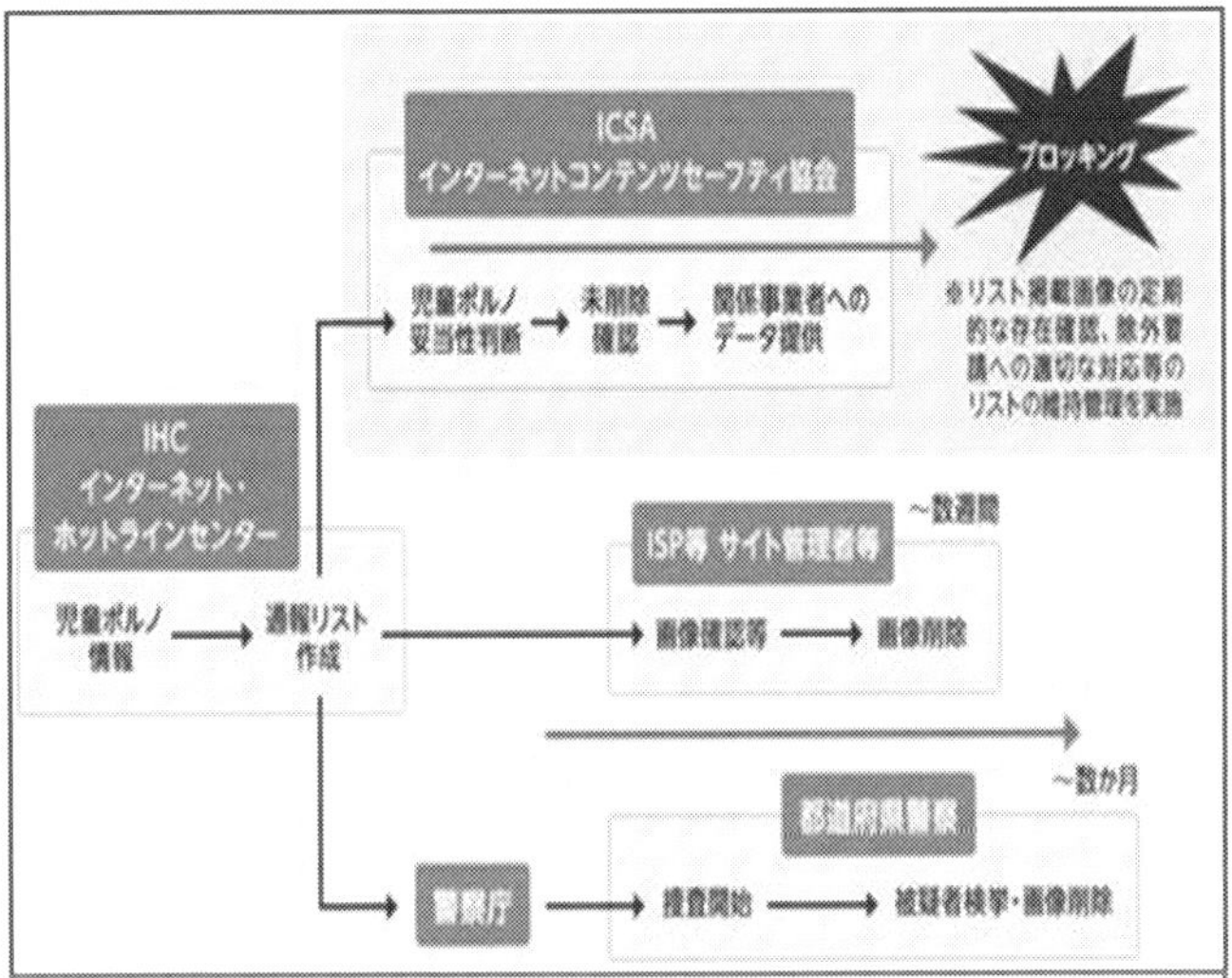

インターネット・コンテンツ・セーフティ協会
「アドレスリスト作成作業について」
(http://www.netsafety.or.jp/blocking/index.html)

(ア)インターネット・ホットラインセンター(27)が、「広くインターネット利用者の協力」も得て、また警察からの連絡なども含めて、集まった児童ポルノ情報から、通報リストを作成する。

(イ)通報リストは、インターネット・コンテンツ・セーフティ協会、プロバイダ等のサイト管理者等、警察庁に連絡される。

(ウ)インターネット・コンテンツ・セーフティ協会では、児童ポルノの妥当性判断を、未削除の確認をする。妥当性判断にあたっては、弁護士等も含めて客観的判断に行われるとされる。

(エ)リストを関係事業者に配布する。

(オ)プロバイダ等は、リストを参照してブロッキングを行う。

サービスポートを利用したブロッキングは、ＳＭＴＰプロトコルの性質を利用したものであり、あるプロバイダにとってみればいったん手順を確立しそれに従って設定すれば、その点についてその後の運用や判断が求められるという性質は少ない。これに対して、児童ポルノ流通対策におけるＤＮＳブロッキングは、先に確認した手順にあらわれているように、児童ポルノを流通させるネットワーク上のアドレスについて児童ポルノ流通に用いられていないかを監視することによって、また疑いのあるアドレスが知らされた場合にその事実を確認判断したうえで、ネットワーク上の名称・アドレスの処理機構（ＤＮＳ）を使ってブロッキングするものであり、より直接に情報通信の核心部分に関わるものであるといえるだろう。

逆にいうと、児童ポルノ流通総合対策におけるブロッキングにおいては、より直截に情報通信の核心部分に関連しているだけに、流通防止協報告書も安心ネット協報告書も、通信の秘密の保護の重要性も含めて考え、業界の自主的な規制としてそれを正当業務行為として違法性阻却することについては課題が残るという判断に傾いたのではないかと思われ、そのことから、緊急性のある行為として例外的なものとして位置づけるという判断に傾いたのではないだろうか。それでは、安心ネット協報告書が採用した、緊急避難による違法性阻却の議論に問題ないだろうか。

緊急避難は、刑法典上規定された、正当防衛とならぶ緊急行為の一種である。緊急行為が犯罪不成立事由として位置づけられるのは、他の手段（国家や民事手続など）による救済を待っていたのでは暇がない急迫または現在の法益侵害に対して、それぞれの性格に応じた要件のもとで自救的行為を自ら（または「他人のために」）行うことを犯罪不成立事由とすることを法制度として認めたからである。他の手段による救済を待っていたのでは暇がない急迫または現在の法益侵害の危殆化は確かに存在しうる。それが典型的にみられるのは、コンテンツが発生する時点、コンテンツがネットに投入される時点であろう。たとえば、自分の子供を家のベランダで水浴びさせていたところ、デジタル画像でとられそうになっていることに気づき、それを防止するためカメラめがけてマンションの庭部分にいた人間に持っていた洗濯用バケツを投げたところ、まったくそのカメラ撮影に関与していない隣家のガラスにあたってガラスを壊した、という場合が前者である。また喫茶店で、ネットにまさに投稿しようとしている人のキーボードめがけて読んでいた本を投げたところ、喫茶店のコーヒー茶碗を損傷した、といった場合が後者である。

刑法三七条が「自己又は他人の生命、身体、自由又は財産に対する現在の危難」と規定していることの関係についても再度確認が必要である。たしかにこの規定で列挙された法益は例示にすぎず、名誉や貞操などに対する危難の場合にも許されると解すべきであるが、そこに社会的法益の側面も含まれるかは争いがあるからであり、基本的には緊急避難が第三者の正当な法益を侵害するという性格からは本来的には個人的法益を対象として設計された制度であると解すべきと考えるからである。この点で、自殺予告については、緊急行為によって保護を目的とする法益がその当人の生命であり、それに対する切迫性が（もし本当に自殺に直結するのであれば）あるといえる。もちろん、児童ポルノについても、児童の大切な性的自由や人格的法益を侵害することは明らかである。しかし、本総合対策において直接対象となる行為は、児童ポルノ公然陳列罪に該当する行為であって、それが緊急避難の対象とならないというのではないが、法益侵害行為の構造としてやや異なっていることは否定できない。ガイドライン化によって想定されている状況は、投入された違法コンテンツを何らかの形で認知しそれを放置するという形態である。そして、ガイドライン化とは、日常業務として平均的に行い得るレベルまで手続化していくことを伴うといえるだろうから、あくまで、緊急避難制度のもつ「法理」を参照してガイドライン上参考にするという程度にとどまると考えるべきであろう。これにもちろんあらためて言うまでもなく、ネットにおける権利侵害がこの場合には常態的性格を少なくとも併せ持ちうることから緊急避難の前提とする現在性の認定の点で考慮すべき点があるとしているのであって、そのまま放置してよいと述べているのではないし、ガイドライン化を控えるべきであるという主張をしているわけではない。

緊急避難の法文およびその法理を参照したのは、侵害手段の比較が要件上の文言として存在すること、法益の権衡（害の権衡）について条文上述べられており、その点で参照すべき条文とされたという面もあるだろう。たしかに、緊急避難の法理および一般的違法性を考えるうえで参照すべきものであることは間違いない。しかし、なお考えるべき点がある。一つは、緊急避難の法的性質については、違法性阻却事由としてのみ位置づけることが適切かである。また、また緊急避難行為の構造としては、「他人のための緊急避難（緊急避難救助）」の構造となっていることの検討が必要である。

(16) 児童ポルノに限らずサイバー空間上のポルノについての刑事規制について、永井善之『サイバー・ポルノの刑事規制』（二〇〇三年）参照。また、サイバー空間における刑事的規制について、場所的適用範囲、サイバ空間上の行為論、犯罪結果、接続業者の不作為責任、共犯論、罪数など犯罪論体系全体にわたる研究として渡邊卓也『電脳空間における刑事的規制』（二〇〇六年）、とくに児童ポルノについて第七章「仮想児童画像の客体性」が保護法益論もふくめて参照されるべきである。また、Hilgendorf. Valerius, *Computer-und Internetstrafrecht*, 2. Auflage, 2012, pp. 79-98, も参照。本論文は、緊急避難論を経由してこれらの先行研究にサイバー空間上の刑事的規制において犯罪論上の違法性論が持ちうる意味を検討することを目標としたものともいえるがなお限られた論点にとどまるものであり今後もこれらの先行研究を踏まえて検討していきたい。

(17) オプト・アウト規制は、受信を拒否する意思表示をした者へのメールの再送信を禁止するものであり、オプト・イン規制は、メール送信に事前に同意していない者へのメールの送信を禁止するものである。

(18) 総務省総合通信基盤局電気通信事業部消費者行政課「特定電子メール等による電子メールの送受信上の支障の防止に資する技術の研究開発及び電子メールに係る役務を提供する電気通信事業者による導入の状況」（平成二一年二月）（総務省ウェブサイト http://www.soumu.go.jp/main_content/000153549.pdf, 二〇一三年一〇月一日閲覧）。

(19) 同ガイドラインは（社）電気通信事業者協会・（社）テレコムサービス協会・（社）日本インターネットプロバイダー協会・（社）日本ケーブルテレビ連盟の連名となっている（テレコムサービス協会該当ホームページ http://www.telesa.or.jp/consortium/suicide/pdf/guideline_suicide_051005.pdf、二〇一三年一〇月一日閲覧）。

(20) 内閣府・共生社会政策統括官・青少年育成・児童ポルノ排除総合対策ホームページ（http://www8.cao.go.jp/youth/cp-taisaku）（二〇一三年一〇月一日閲覧）。

(21) http://www.iajapan.org/press/pdf/siryou5-20100325.pdf（二〇一三年一〇月一日閲覧）。

(22) http://good-net.jp/usr/imgbox/pdf/20110411182444.pdf（二〇一三年一〇月一日閲覧）。

(23) プロバイダを通信の一方当事者とみなす見解について特に検討が加えられている。通信の秘密の保護の趣旨は、物理的な電気通信それ自体の保護ではなく、通信の意味内容を保護することにあり、物理的な通信過程のみに着目することは一般的に妥当な解釈ではない。また、プロバイダを通信の一方当事者と解すると電話やメールなどへの不当な拡大可能性もある。以上からその解釈は採用できないとしている。

(24) 特定電子メールの送信の適正化に関する法律（平成十四年四月十七日法律第二十六号）の手段として、送信側のプロバイダーには送信の25番ポートをブロックする運用がここでは念頭におかれていると思われる。

(25) 基本的考え方について、筆者「刑法における緊急避難論の再構築」（博士学位論文（明治大学）二〇〇八年度）で検討した。

(26) 安心づくりネット促進協議会ホームページ資料（http://blocking.good-net.jp/mechanism/、二〇一三年一〇月一日閲覧）。

(27) 二〇〇六年開設（http://www.internethotline.jp/index.html、二〇一三年十月一日閲覧）。

四　緊急避難の法的性質とブロッキング

1　緊急避難の法的性質と対抗行為の刑法的評価

緊急避難の法的性質として、違法と責任を分けてその順番で問責対象行為を刑法的に評価する犯罪論体系を前提として、概ね、違法阻却一元説・責任阻却一元説・二分説（二元説）に分けて論じられてきた[28]。その際、緊急避難の法的性質は、緊急避難行為に対する対抗行為の刑法的評価と関連させて論じられている。すなわち、緊急避難の本質を違法阻却とみれば緊急避難行為は正当防衛にいう「不正な」侵害とはなりえないからそれに対する正当防衛行為は認められず、責任阻却とみれば「不正な侵害」となりうるから正当防衛となりうる場合があるという構図がそれである[29]。

責任阻却説に立脚して、緊急避難行為に対する対抗行為について特に言及する説明として以下がある。「緊急避難行為の不罰理由がもし違法性阻却にあるとすれば、避難行為は元来適法なものとなるから、これに対して正当防衛をすることはできないが、もし、それが責任阻却にあるとすれば、これに対して正当防衛の成立する余地があることになる」。さらにこのことは「法益権衡の極限場面にかぎってあてはまることではない。たとえ大きな法益を保護するために小さな法益を犠牲にする場合であっても、なんらの責任なくして犠牲にされようとする法益が防衛されないでよいとは思えないからである」。「自己の責任または不運によって危難に直面した者を保護するよりは、なんらの理由なくしてその危難を転嫁されようとする第三者をこそ、いっそう厚く保護すべき」だからである[30]。

緊急避難の本質を基本的に違法性阻却とする立場から一定の場合に緊急避難行為に対する忍受義務を認める見解も存在する。「第三者の側のわずかな損害で避難者の命が救われる場合にまで、正当防衛による対抗を認めるのも妥当」ではなく、「社会連帯つまり助け合いの要請から、事後の損害賠償を条件として正当防衛権が『買い上げられ』る。完全に適法な緊急避難とは、このように、危難を転嫁される第三者に「社会連帯」を理由とする危難甘受義務が認められる場合をいう」とするものである。この見解のばあい第三者が正当防衛を行う可能性も一定の条件のもとで（法益同価値の場合）認めるという広がりをもたせた説明を採用している。[31]

違法阻却説のなかでも、緊急避難行為に対する忍受義務といったものを認める必要がないことを明言するものとして以下がある。「緊急避難は「一〇〇の利益が失われようとする場合、五〇の利益を犠牲にしても、差し引き五〇の利益が守られるほうが社会全体の観点からや有用であるという社会功利主義的観点から違法阻却を認めるもの」であり「緊急避難行為は刑法上正当化される」。毀損被害者である第三者は、毀損行為を「甘受する義務はないから」」、毀損行為を「避けて逃げることは可能」だが「緊急避難として正当化される以上、これに対する正当防衛は認められない」」。さらに一定のばあい緊急避難行為者もしくは危難を生じさせた者（民法七二〇条一項但書）に対する損害賠償請求が可能である（民法七〇九条）と付言する。[32]

違法阻却である緊急避難と責任阻却となる緊急避難をと二元的に分ける見解もある。これには、①緊急避難を原則的に違法阻却事由と解しつつ、保全法益と既存法益とが同価値の場合などには責任阻却事由になるとするもの[33]と、②原則的に責任阻却事由としながら、保全法益が毀損法益に比べて著しく優越ないし質的に異なる場合には違法阻却を認めるとするものがある。[34]

この百年にわたる日本の刑法学における議論に限ってもさらに多くのバリエーションがあり、以上にあげた分類で、第三者の対抗行為の刑法的評価に関する学説を網羅しているわけではない。[35]しかし、緊急避難における第三者の態度の刑法的評価の検討という観点からは、正当防衛による対抗が可能だとしかつそれは保全法益と侵害法益の差があるばあいにも同様にあてはまるとする見解（上記の責任阻却説）、違法阻却説のなかで保全法益と侵害法益に一定の差があるばあいには事後の賠償をもとに第三者の危難甘受義務を認める見解（上記の違法阻却説の1）、緊急避難における利益の衡量を割り切って考えつつも対抗行為については正当防衛は許されないものの緊急避難その他の回避行為および事後の賠償も認める見解（上記の違法阻却説の2）、そしてそれらを一定の条件もとで二元的に捉える見解（二元説）によってここでの検討に必要な範囲で一定の選択肢が示されていると考えよう。

2 プロバイダのブロッキングへの対抗行為の法的評価

緊急避難の法的性質と緊急避難行為に対する対抗行為の刑法的評価をめぐる議論は、プロバイダの責任分界をめぐる議論とどのような関係をもつか。

どのようなブロッキングを選ぶとしても過剰ブロッキングの可能性はある。日本の利用者に対するサービスを提供するプロバイダであっても、そのサービスを複合化し様々な他のプロバイダと連携するなどの形態をとっている。クラウド・コンピューティングの標語で表される複合的なサービス形態にそれは代表される。そのような環境においては、もし、通信の秘密の侵害が正当化はされないが責任阻却されるだけであり、侵害の違法性は残るとすると、それに対する対抗行為も正当とみることができる可能性を残すことになる。安定的なルールを考える場合には、この場合の犯罪不成立たる法的性質は基本として違法阻却（正当である）とする必要があるだろう。

ところで、先に述べた法的性質の2分説は、ドイツ法の（Notstand）も参考にしたものである。ドイツ法では、現在、免責的緊急避難と正当化する緊急避難の二つの制度を用意し、成立要件および法的性質を異なるものとしている。また英米法における類似概念としての Necessity についても、ルールとして一般化してみると、正当防衛（self-defence）と対比したときに違いがある。過去に行われたある特定の行為について犯罪の不成立という効果という問題を超えて、それを一般化したルールの通有性という意味で、対抗行為として正当防衛が許されるか（ここでは、ブロッキングを止めさせるために、対抗して攻撃をすることが許されるか）が一つの試金石となっていると考えられる。

このように考えると、ガイドライン化にあたっては、緊急避難の法理を参照する意義はあるが、より違法阻却（正当化）性を確保するための側面が重視されるべきであるといえよう。そして手続的な整備も含めてそれを実現しようとしたときには正当業務としての性質を備えるものとすべきであると思われる。現状のままで業務行為として位置づけ難いのであれば、手続上、認定・ブロッキング段階での反証可能性や後の検証可能性を担保したうえで行うべきであるし、そこまで手続上整えるのであれば、児童ポルノの検知をした段階から認定したうえで削除を徹底して行うなど、ブロッキング以外の手法もより効果的にとりうるのではないかと思われる。(36)

3　ブロッキングと「他人のための緊急避難」

プロバイダによるブロッキングを緊急避難行為と捉える場合、その緊急避難行為は「他人のための緊急避難（緊急避難救助）」の構造をとっているといえる。つまり、プロバイダが行う通信の秘密の侵害罪の該当行為が、児童ポルノ画像によって侵害される危険にさらされている児童のために避難行為を行うという構造をとっているのである（刑法三七条は「自己又は他人の」生命、身体、自由又は財産に対する現在の危難、と規定している）。「他人のための緊急避難」が規定されていることは、日本国刑法における緊急避難の法的性質が違法阻却であることの条文上の根拠として挙げられることが多い。(37)

他人のための緊急避難においては、「他人」の範囲が問題となる。免責的緊急避難と正当化緊急避難の制度を持つに至ったドイツ一九七五年刑法典では、正当化緊急避難においては「自己または他人」とし他人のための緊急避難に何ら制限を設けておらず、他方で危難の自招については何ら触れることがない（同法三四条）が、これに対して同法三五条の免責的緊急避難においては、「近親者またはその他の自己と密接な関係のある者」に他人の範囲を限定している。日本の刑法三七条はそのような区別はしていない。しかし、前節でのべた緊急避難の法的性質論と対比して考えると、緊急避難の法的性質としてなんらか責任阻却的側面を含んでいる見解のもとでは、ドイツ法における「他人」の範囲についての条文上の根拠と何らか同等の差異を設ける考え方が成り立ちうるだろう。(38)

いま一つの緊急行為である正当防衛においても、「他人のための正当防衛（緊急救助）」と「自分のための正当防衛」との関係をどうとらえるかについて、正当防衛の違法阻却根拠の理解も含めて検討が加えられてきている。(39)正当防衛権の根拠についての学説分類も区々であるが、近時の代表的な分類として、ここでは、ドイツ刑法学の議論も参照した、①個人の自己保存、②法秩序の防衛、③個人の自己保存と法秩序の防衛、の三つに分ける分類を前提としよう。(40)たとえば、この分類のもとで①個人の自己保存に自分のための正当防衛の根拠を求める見解にたった場合においても、「他人のための正当防衛（緊急救助）」が違法性阻却される根拠としては、①自分のための正当防衛は個人の自己保存のためであるが、緊急救助は個人の自己保存のためのものではない、②不正の侵害をうけている者と一定の生活関係にある者は広い意味で自己防衛にあたる、③社会を構成する人はおたがいに結びついているので、不正の侵害は、社会を構成するほかの人にも向けられているので個人の自己防衛のためといえる、などの考えがありえるとされている。(41)また、歴史的には、他人の権限にもとづいて行為することが認められた場合、とか、急迫不正の侵害を受けた者のために事務管理を行っているという性格をもっているといった説明も加えられたこともあり、(42)さらには義務としての側面に焦点をあてる見解も存在したとされている。(43)

以上のような「他人のための」緊急行為としての性質をめぐる議論は、プロバイダのブロッキング行為とどのように関連するであろうか。第一に、ブロッキング行為が「他人のための緊急避難」の構造をとっていることから、違法阻却の根拠として「自分のための緊急避難」の場合と同様に考えてよいかが問題となるだろう。正当防衛の場合においても、「自分のための正当防衛」を個人の自己保存によって根拠づける見解のなかでも、「他人のための正当防衛」については異なる根拠を加える見解が存在したからである。歴史的・学説史的にみてもその見解は異説として退けることのできるようなものではないように思われるからである。第二に、その違いが、犯罪不成立とする要件に影響を与えないかが問題となる。他人のための緊急行為をめぐる議論を考えたとき、自分のための緊急行為と同様な根拠で犯罪不成立の根拠を考えたとしても、緊急行為の構造としての違いが要件に影響を与えることは考えられる。そうすると、第三に、そもそも、他人のための緊急避難による違法阻却（正当化）を根拠づけることが適切か、参照するとしてどのような性質の参照であるかが検討されなければならないと考える。

(28)　川端博『刑法講義総論』三五九―六二頁。
(29)　緊急避難への対抗行為については、赤岩順二「緊急避難への対抗と毀損忍受～ヘーゲル緊急権論の再解釈を中心に～」（明治大学社会科学研究所紀要四五巻二号、一九五一―二一一頁）でより詳しく論じた。
(30)　植松正『再訂刑法概論Ⅰ総論』（一九七四年）二二二―三頁。
(31)　松宮孝明『刑法総論講義第三版』（二〇〇四年）一四六―七頁。
(32)　西田典之『刑法総論』（二〇〇六年）一三〇―一頁。
(33)　たとえば、佐伯千仭『四訂刑法講義（総論）』二〇六―七頁。木村亀二（阿部純二増補）『刑法総論』（一九七八年）二六九―七頁は、緊急避難規定の文言も活かし「生命対生命」「身体対身体」という関係においてそのいずれかを救うためになされた緊急非案の場合にかぎり責任が阻却されるとする。
(34)　森下忠『緊急避難の研究』（一九六〇年）、井田良『講義刑法学・総論』（二〇〇八年）三〇二頁。
(35)　現行刑法の成立以後の緊急避難の法的性質をめぐる議論については、赤岩順二「刑法における緊急避難論の再構築」（二〇〇九年三月、博士学位論文（明大））に譲る。
(36)　もちろん、緊急避難の法理を参照する意義が損なわれるものではない。生命に対する侵害が切迫したような状況があれば、緊急避難規定がそのまま適用されるべきであるといえるが、いまなおサイバー空間が空間としては比喩的なものにとどまり、われわれの生命身体との密接度が高くなっているとはいえなお距離を保ち得ている状況では、その間にあって「より少ない侵害の手段」を選択していく技術的な叡知が求められているともいえよう。したがって、様々な機器（たとえばリハビリ用ロボット）等のなかに組み込まれたコンピュータをネットワーク経由で直接に操作可能な状態が生まれるなどしたときに、より直接に緊急避難法理を参照しなければならないかもしれない。そこでも、およそそのような可能性がある場合にはネットワーク接続をあらかじめ制限するなどの技術的工夫は設計されるべきである。これらについては今後検討課題としていきたい。

(37) 山口厚『刑法総論』［補訂版］（二〇〇五年）一二八頁、川端博『刑法講義総論』［第二版］（二〇〇六年）三六三頁など。

(38) 責任阻却する緊急避難の場合に他人の範囲を限定することを明言するものとしてたとえば、井田良『刑法総論の理論構造』（二〇〇五年）一八七頁）がある。「法益同価値の限度で責任阻却を肯定する」とき「他人一般の法益の保全の場合すべてに認めるべきではなく、行為者と危険に遭難した人との間に特別な関係がある場合にのみ限定すべきである」とする。

(39) 齊藤誠二『正当防衛権の根拠と展開』（一九九一年）一九三～三四八頁「いわゆる「他人のための正当防衛（「緊急救助」）」、津田重憲『緊急救助の研究』（一九九四年）、同『正当防衛と緊急救助の基本問題』（二〇一二年）。

(40) 前掲・齊藤『正当防衛の根拠と展開』三一九頁、前掲・津田『正当防衛と緊急救助の基本問題』二頁脚注六。

(41) 前掲・齊藤『正当防衛の根拠と展開』三二〇－一頁。また、この点についての津田教授の見解は、正当防衛は「自己の法益の保護によって、法秩序を保護し、緊急救助は他人の法益の保護によって法秩序を保護する」するものであり、これを「両原則止揚説」としていた（前掲・津田『正当防衛と緊急救助の基本問題』一九～二〇頁）。なおこの点について、Armin Engländer, *Grund und Grenzen der Nothilfe*, 2008, pp. 7-98が扱っている。その要旨として、アルミン・エングレンダー（増田豊訳・解説）「正当防衛を法秩序の防衛として捉えることは可能か―ドイツ刑法解釈学における二元的正当防衛モデルに対する批判―」法律論叢第八六巻第一号（二〇一三年七月）三〇七～三一一頁。また、正当防衛の個人主義的根拠づけと超個人主義的な根拠づけについては、カント・ヘーゲルの正当防衛論に遡った検討について、ミヒャエル・パヴリック（赤岩順二・森永真綱訳）「カントとヘーゲルの正当防衛論（一）（二）（三・完）」甲南法学五三巻一号、三号、四号（二〇一三年）参照。

(42) 前掲・齊藤『正当防衛の根拠と展開』三一七、三二二頁。

(43) 教会法（前掲・齊藤三〇二頁）、グロティウス（前掲・齊藤三〇四頁）。なお、法史的・法思想史的検討については、緊急避難・正当防衛も含めて、別途あらためて検討したい。

自殺予告については、法益が生命であり生命の危機への切迫した危険がありうる状況も多いと考えられ、したがって、緊急避難法理をより直接に参照する動機があったと考えられる。とはいえ、自殺予告についても、その後の運用実態等を検証し、いったん定められたガイドラインの提示する手順をあらためて見直してみるならば、他のとりうる手段の整備をすすめることで、緊急避難法理のもっている緊急行為としての性質は必ずしも現在の段階として必要かどうかが再検討される必要がある。

五　おわりに

正当業務行為を根拠とする場合と、緊急避難を根拠とする場合とでは、今回のブロッキングがプロバイダによる自主的なガイドラインによる運用という性格を持つことを考えると、通信の秘密の保障という要請との関係で、正当業務行為の業務性についての疑念を払拭することができないことへの理解も必要である。プロバイダ責任制限法とその枠組のもとでのガイドラインがソフトローとして適切に機能するためには、ハードローとの関係についての原則が確かなものである必要があった。プロバイダ責任制限法による免責要件を満たさないことは一般不法行為の成立要件を満たすことを推定させるものではないと理解すべきであり、ましてや刑事責任について反対解釈は許されない。そのような原則的理解は、迷惑メールや児童ポルノ流通防止のためのガイドラインにおいても守られるべきであると考える。

児童ポルノ排除総合対策のなかで要請された手法としての「ブロッキング」は通信の秘密とより直接に関連している。ブロッキング手法自体は、迷惑メール対策でもみられるものであるが、そこでは、通信の品質保持という観点からも正当な目的についての必要な手段と判断されていた。児童ポルノ排除総合対策におけるブロッキングについてはそれに比べて正当業務行為性が不足しているといえる。そこで緊急避難の法理が参照されているが、「危難の現在性」という点で、一般的違法性の法理を示す参照条文としてはともかくとして、ガイドライン化し手順化する時点で、その要件への適合性は低下するように思われる。

緊急避難の法的性質については、違法阻却一元論以外の学説も根強く、それには、相応の根拠があると思われる。比較法的にみて相応するドイツ法のNotstand、英米法のNecessityについても、正当防衛（Notwehr、self-defence）との比較において、違法阻却性（正当化性）についてなお性質上通用性において留保が必要である。ブロッキング行為による対抗行為自体を正当防衛として許容しないためには、その行為に正当性の通用的付与が必要であると考える。そうすると「法益権衡」の判断においても、保護法益と侵害法益との間に質的に異なった著しい違いがあることが必要であると解することも故なき提案ではないように思われる。その提案を受け入れたときには、今度は「通信の秘密」の保護法益としての重要性が軽んじられるものではないことが問題とされることになるだろう。プロバイダ間の国際連携においてガイドラインを論じる場合には、該当性についての反証可能性、検証可能性も含めた手続的側面についての補強を必要とする。また、ブロッキングの行為構造は、緊急避難として捉えるとしても、他人のための緊急避難の構造となっていることにも留意しなければならない。自分のための緊急行為と他人のための緊急行為を同様の根拠と要件で考えてよいかについてはなお検討すべき点があるからである。

もちろん、児童ポルノ流通対策が重要であることはあらためていうまでもない。本稿は、その手段としてのプロバイダのブロッキングをめぐる議論において用いられた緊急避難論について検討を加えることで適切で通用性の高い対策を検討する一助になることをめざしたものにすぎず、なお検討すべき課題は多い。

第一に、プロバイダ責任制限法における諸論点をふまえた比較検討が必要とされる。プロバイダ責任制限法の枠組のなかにはいるかどうかは別として、プロバイダ自体の犯罪成立要件（たとえば不作為による成立要件）も含めて総合的に検討が必要となる。ガイドライン化するということは、「緊急行為性」がなくなるとし手続的な正当性の確保がより必要としたが、そうすると司法令状による通信傍受の場合の要件とも比較していくことが求められることになるだろう。

第二に、通信の秘密侵害罪の法的性質と成立要件についてそもそもの制度趣旨も含めて検討しなければならない。その際には、近時のスマートフォンの利用の拡大にともなう利用技術の変化の動向も考慮しなければならない。たとえば、二〇一三年の夏に解禁されたインターネット選挙運動をめぐる多くの論点のなかで(44)、選挙運動用電子メール（SMTPプロトコルによる電子メール）による選挙運動用文書図画の配布が候補者・政党等に限られる一方で、「フェイスブックやLINEなどユーザ間でやりとりするメッセージ機能は、SMTP電子メールを利用する方法ではない」とされ当該規制の範囲外とされたが(45)、そこでもコミュニケーション技術の変化にともなった対応の難しさが浮き彫りになった。コミュニケーション技術の進展にともなって、ブロッキングという手法自体をとる場合にはさらに通信の中身に入り込まざるを得なくなる可能性がある(46)。

緊急避難論は、正当防衛論とならんで、刑法上の違法性論の展開の礎となってきた制度である。サイバー空間において緊急避難論が問題となりうるのも、サイバー空間における違法性、逆にいうと正義とは何かが問題とされていると考えられる。津田教授の正当防衛・緊急救助の歴史的・理論的研究に学びつつさらに検討を加えていきたいと考える(47)。

(44)　従来から、選挙にともなう活動をめぐって発生してきた刑事的規制をめぐる課題があらためて問題となっている。たとえば、正当な表現行為と名誉棄損の限界づけである。そしてその際、プロバイダ責任制限法の特例として、選挙運動等に用いる「文書図画の流通に係る情報の流通により自己の名誉を侵害されたとする候補者・政党等からプロバイダ等に情報削除の申出があった場合」の情報発信者への削除同意紹介期間が通常の七日から二日に改正されたことも規制方式としての特色といえよう。これに関して、プロバイダ責任制限法ガイドライン等検討協議会による『プロバイダ責任制限法　名誉棄損・プライバシー関係ガイドライン別冊「公職の候補者等に係る特例」に関する対応手引き』（二〇一三年四月三〇日）がある。そこでは、手続ガイドライン、候補者・政党等からプロバイダへの名誉侵害情報の通知書、プロバイダからの情報流通者へのメール文例の書式などまで掲載されている（http://www.telesa.or.jp/consortium/provider/Internet_election.html, 二〇一三年五月一五日照会）。「文書図画に記載され又は表示されているバーコードその他」「であってこれを読み取るための装置を用いて読み取ることにより映像面に表示されるもの」は「当該文書図画に記載され又は表示されているものとする」（改正公職選挙法二七一条の六）も技術の規制境界として興味深い。

(45)　ウェブサイト等を利用する方法による選挙運動用文書図画の頒布（改正公職選挙法第一四二条の三第一項）、電子メールを利用する方法による選挙用文書図画の頒布（改正公職選挙法第一四二条の四第一項）が解禁された。他方、電子メールについては送信主体が候補者・政党等に限定され（ＳＮＳ・ＬＩＮＥなどはウェブサイトに扱われ限定されないと解説されている）、メール受信者が送信の同意・求めをした、ないしメールマガジン等の継続的な受信者のみに限定されており、これらへの違反は従来どおり禁固二年・罰金五〇万円以下、公民権停止の罰則が設けられている（改正参照、総務省「インターネット選挙運動の解禁に関する情報」、http://www.soumu.go.jp/senkyo/senkyo_s/naruhodo/naruhodo10.html, 二〇一三年五月一五日閲覧）。

(46)　この点における問題提起として、林・田川「心地よいＤＰＩ（Deep Packet Inspection）」と「程よい通信の秘密」情報セキュリティ総合科学第四号（二〇一二年一一月）三―五二頁、を参照。また、通信の秘密侵害罪についての刑法学の立場からの検討として、石井徹哉「通信の秘密侵害罪に関する管見」千葉大学法学論集27巻4号121-141頁も参照。

(47)　津田重憲教授は、刑法における正当防衛論および緊急救助論を歴史的・理論的に追求されてきた。緊急救助（他人のための正当防衛）と緊急避難救助（他人のための緊急避難）とは、一方で「他人のための緊急行為」として構造を同じくする点と、他方で前提となる正当防衛状況と緊急避難状況の差違があるなど、その異同が問われなければならない。現世で直接ご教示を賜る機会はいまは残念ながら失われてしまったけれども、先生とそのご研究の成果との対話を今後も続けていくことを誓い、まことに拙いものであるが、本論文を故津田重憲先生に捧げたい。

修復的司法における〈責任〉の一断面

長谷川　裕　寿

一　「ゆるし」空間への隘路

象徴的には、「私」と「汝」を焦点とする楕円の世界である。それは「私」を中心とする世界でもなければ、「汝」を中心とする世界でもなく、またそうした二つの円がたまたま交錯する領域でもない。

円の中心から発した線は、どこに向かって延びようと、円周にぶつかって正確に円の中心に戻ってくる。自己に発して自己に戻る行為である。

だが楕円の一焦点から発した線は、楕円の周にぶつかって、
いま一方の焦点に収斂する。
楕円の焦点から周に向かって無数の線が引けるように、
「汝」に対する応答もまた、同一の状況において、さまざまな形で可能である。
応答の道はいずれの方向に向かっても開かれている。
重要なのは、私の応答が「汝」に収斂するかどうかということなのである。

（宇都宮芳明「相互主体性とその世界」より）

本稿を、宇都宮芳明の言葉[(1)]で始めるのは、かねてから私が漠然と抱いていた自他関係の構想に、はっきりとした「輪郭」を与えてくれる可能性を見いだすからである。すべてが「私」に収斂する主観性の構想――いわば「円」の構想とも理解できる――に強く魅かれながらも、この構想には「他者」の入り込む空間が用意されていないのではないかとの疑念をぬぐいきれず、別の道を模索してきた私にとって、宇都宮の言葉は他の選択肢があり得ることを強く確証させてくれるように思うのである。向き合うものどうしで形成する「楕円」はその焦点を中心に幾重にも重なり、網の目のようにはりめぐらされる。そしてそれらが次第に全体（つまり、社会）を形作っていく。そうした私の構想の、一つの重要な基盤ともなりうるかもしれない。そうした予期が他者への応答の方途について、私にもう一度吟味し直すよう促すのである。

応答の道がいずれの方向に向かっても開かれているならば、加害者が自ら被害者に向き合い、応答する道筋も――無数の線とは言わないまでも――複数あってもよいのではなかろうか。自己の犯した加害行為に真摯に向き合い、また被害者に向き合おうとする加害者の応答を、唯一刑事司法 Criminal Justice という道に限る必然性は乏

しい。[2] そう思うのは、ひとり私だけであろうか。赦し／赦される。私の構想が大過を犯すものでないならば、従来の刑事司法の枠組みでは、決して語られることのない、いやおそらく語られ得ないであろう――癒しとともにもたらされるかもしれない――この感情に、正当な地位を与えることにつながるであろう。

もっとも、「赦し」をめぐってはさまざまな思い・理念が渦巻くのも、また事実である。フランスの哲学者ジャック・デリダは、赦しという概念の謎を解き明かそうとして、一つの逆説にたどり着いている。赦しはただ赦しえないもののみを赦す、と。[3] 世に赦すべきものがあるならば、唯一赦しえないものだけであり、赦しの歴史は赦しえないものとともに始まるのである。デリダにとって、「私は君を赦す、君が赦しを求め、したがってすでに変わり、もはや同じではないという条件で」という〈条件つきの〉「赦し」は赦しではなく、赦しという言葉の濫用以外の何ものでもないのである。すなわち、過ちが意識されていること、罪人が変わったこと、悪の再来を回避するためあらゆることをするという、少なくとも暗黙の誓約がなされたことが同時に認証されるような改悛の場面のなかで赦しが求められたという条件においてしか赦しを考慮することはできない。これが、たとえ広く一般に流通した「赦し」の命題であったとしても、ここにあるのは、エコノミー的な商取引でしかないと診断し、デリダは異を唱えるのである。[4] 彼が言うには、純粋で無条件的な赦しは、その固有の意味を持つためには、どんな「意味」も、どんな「合目的性」も、どんな理解可能性さえ、持ってはならないのである。[5] 赦しが〈狂気〉と見なされるゆえんは、ここにある。「赦しがあるためには、過ちと罪人を、それ自体として、その両方が、悪と同じほど取り返しのつかないような仕方で、悪そのものとしてとどまり、赦しえないような仕方で、変化もなく、改善もなく、改悛も約束もなく、反復されうるようなところで、赦されなければならない」からである。[6] デリダが射程に置く赦しは、カントの言葉を借りるならば、まちがいなく定言命法の圏域に属するものであろう。

他方で、同じフランスの哲学者であるウラジミール・ジャンケレヴィッチは、デリダによって論難されることとなる〈条件つき〉「赦し」の立場を代表する論者といえるであろう。彼は第二次大戦におけるドイツの大罪について、その「赦し」の可能性を語るにあたり、怒りを込めてこれを拒絶している。ジャンケレヴィッチをして、そのような結論へ至らしめるその思いは、極めて人間的な、ある意味、〈自然的〉とも〈理性的〉ともいえる基盤を持つものである。「われわれがそれを語らなければ、だれがそれを語るだろうか？ まさにだれがそのことを考えるだろうか？ 殺人者たちは長らく前から与えられた、世界規模での倫理観に基づく恩赦の流れの中では、被収容者たち、銃殺された者たち、大量殺戮された者たちには、もはやわれわれしか彼らのことを考える者はいない。もしわれわれがそのことを考えるのをやめたならば、われわれはかれらを完全に抹殺し終えることになり、それにより彼らは永遠に無に帰されてしまうだろう。」と。罪人の悲嘆と見放された状態こそが、赦しに意味を与えるものであり、赦しを切望する者は、留保なく自らに罪があることを認めなければならないのである。彼らは祈ること、赦しを乞う権利しか持ち合わせず、すべての場合において、あとは口をつぐむことを、ジャンケレヴィッチは求めるのである。(7) そして、赦しを乞わない者に、どうして赦しがあり得ようか。赦しの可能性は、ジャンケレヴィッチにおいても、ここで閉ざされることになる。

とはいえ、ここですべての「ゆるし」の可能性が否定されているとみるのは、早計である。たしかに、条件つき赦し、過ちを語り、改悛し、赦しを乞うことで与えられる赦しは、デリダが正当にも指摘している通り、ゆるされるのは、もはや、罪人それ自体ではない。すでに罪人より改心している分だけよい人になっている別の人である。この仮言命法的な「赦し」は本来的な赦しではなく、これを計算ずくで赦しと呼ぶことはできないし、また呼ぶべきではないにしても、ここから論理一貫して、世間・世俗における和解等の〈合目的的な〉「赦し」の空間、「ゆるし」の可能性が否定されることにはならないのである。事実デリダ自身、「和解の命法には、本来誰もあえて反対などしないでしょう。犯罪行為や引き裂かれた状況には終止符が打たれた方がよいのです」と語っているところである。(8) デリダ論文の主眼は、むしろ、世俗の〈赦し〉が増殖したやすく語られる風潮を戒める警句として、私たちは受けとめるべきではなかろうか。赦しは、たとえ狂気の圏域に属するものであったとしても、人間的な可能性の圏域で別の方途を模索することをも封殺する意図は、デリダにはないといえる。かたやジャンケレヴィッチにおいても、赦しを乞う言葉、犠牲者の心情を理解し、共感してくれる言葉こそが「赦し」を生む契機となりうることは、明白である。私は、この世俗的な〈合目的的な〉「赦し」の空間へといざなう隘路として、修復的司法 Restrative Justice の可能性を見るのである。(9)

ところで、修復的司法においては、従来の刑事司法の枠組みではかなり違和感を覚えるようなことばが重用される。赦しや癒し、和解、エンパワメントなどは言うに及ばず、修復的司法という専門用語の中に用いられている「修復」それ自体が、「応報」を中軸とする刑事司法においては非常にすわりの悪い言葉といえるのではなかろうか。刑事司法の方略と修復的司法の方略との間で何らか調停を試み、両者を並置・並存させる形で、このすわりの悪さを昇華させるのか、刑事司法の理念ないしは修復的司法の理念のいずれかを上位において統一的なシステムとして観念するのかなどについては、種々のアプローチがありうるところである。(10)

私は拙稿「加害者の責任とは何か」において、二人称責任を追及する修復システムと、三人称責任を追及する刑事システムとは分析的には区別しうることを、またすべきことを主張した。加えて、両システムを混同することを戒め、この混同こそが、両システムが十全に機能し得ないという批判を招く一因になっていることを指摘した。こうした主張は、つまるところ、両者が並存・併存するシステムを構想することにつながる。もちろん、これは〈静態的〉なシステム設計の構想であり、それぞれのプロセスを経る中で、〈動態的〉には加害者が被害者らに対する二人称責任、コミュニティ等に対する三人称責任を果たす状態が生じ得ることを否定するものではない。むしろそうした事態が生じることが望ましいとさえいえる。

このように前稿は、修復的司法システム、刑事司法システムの関係、責任のあり方・とり方のアウトラインを、人称というパースペクティヴの助力をえて描き出したつもりである。しかしながら、二人称に対する責任、三人称に対する責任、これらは観念的には理解できたとしても、実際に二人称と三人称との区別は相対的なものであり、それらを連続体として語るならば、その境界線には必然的に曖昧さが残る。言語に常に付きまとう問題だと諦念するのもよいが、できる限り明確化する必要がないとはいえまい。

二つのカテゴリーを区別するには、一般的にいって、一方のカテゴリーの特徴を明らかにし、その特徴に合致しないものがもう一方のカテゴリーに帰属するといえば、いわゆる〈コウモリ問題〉を生ずることなく区別することは可能である。そうであれば、三人称・三人称責任の特質を指摘して、それ以外を二人称・二人称責任に帰属せしめることは、論理の問題としては何らおかしな話ではない。刑事システムは、男性とも女性とも判別できない／判別しない「中性」的存在としての「人」に照準を合わせて、システムが構築されている、との私の見方からは、これを裏返して、「中性」的存在として捉えることができない具体的な他者、代置不可能な他者こそが二人称を形成するということになるであろう。いささか結論を急いだ感が否めないが、いずれにせよ、二人称と三人称とを区別することは、一人称をも包含する人称世界の構造全体を解き明かすよう私たちを促すことであろう。本稿はこの課題を、わが国でも進展しつつある、自己と他者の関係への考察を顧みながら、その他者――主として二人称的他者――への責任の取り方について少しく立ち入った考察を加えてみたいと思う。本稿は、その意味で、前稿の摘み残した問題のうち、人称というパースペクティヴを深めようとするものでもある。

(1) 宇都宮芳明「相互主体性とその世界」田島節夫ほか編『講座・現代の哲学②人称的世界』(岩波書店、一九八五年)九七頁以下を参照。同論文は後に『人間の哲学の再生に向けて・相互主体性の哲学』(世界思想社、二〇〇七年)に所収されている。なお、本稿冒頭で掲げた宇都宮の文章は、長谷川が適宜、改行、省略した旨を付記しておく。

（2）　厳密な意味で、加害者が被害者に応答する、被害者が加害者に応答するシステムが、現行刑事司法の中に実現されているかは極めて疑わしい。その限りにおいて、「当事者」が互いの声に応答し合う方途は、いまだ存在しないというのが実情であろう。刑事司法は、国家という「被害者」からの―威嚇的でもある―語りかけに応答するにすぎないのである。この点に関しては、拙著「加害者の責任とは何か―責任の人称性からのアプローチ―」西村春夫ほか編『修復的正義の諸相――細井洋子先生古稀祝賀論文集』（成文堂、近刊）を参照。

（3）　ジャック・デリダ〔鵜飼哲訳〕「世紀と赦し」現代思想二〇〇〇年十一月号九二頁以下。もっとも、そこに見られる「赦しえないもの」とは何かをつぶさに検討してみると、デリダには若干の混乱が見られるように思う。というのも、赦しの対象となりうるのは、「宗教的な言葉遣いで、大罪〔死に値する罪 pêché mortel〕」であると、かなり限定的に解する一方で、すぐ後の箇所において「すさまじい犯罪の数々（すなわち「赦しえないもの」が）」という形で、含みを持たすことのできる表現を用いているからである。

（4）　デリダ・前掲注（3）九三頁。

（5）　デリダ・前掲注（3）九九頁。

（6）　デリダ・前掲注（3）九六頁。

（7）　ウラジミール・ジャンケレヴィッチ〔吉田はるみ訳〕「われわれは許しを乞う言葉を聞いたか？」現代思想二〇〇〇年十一月号七八頁以下を参照。吉田訳における「許し」は、フランス語の Pardon の和訳である。本文中ではデリダの議論と同じ土俵にのせるため、「赦し」という訳を当てた。もっとも、Pardon を「許し」と訳すか「赦し」と訳すかで、若干ニュアンスの違いが生じるように思う。後者の訳を採用する場合、聖書がそうであるように、宗教的な意味合いが込められることが多い。デリダは、この言葉がアブラハム的な遺産に属することを指摘しているところから推察するに、赦しとは宗教的な赦しの次元で論ずべきものであると観念しているのであろう。この点については、デリダ・前掲注（3）九七頁以下を参照。

宗教的文脈全般で通用するわけではなかろうが、プロテスタントの一派、アナバプティストの流れを汲むアーミッシュの赦しについて考察したものとして、ドナルド・B・クレイビルほか『アーミッシュの赦し―なぜ彼らはすぐに犯人とその家族を赦したのか』（亜紀書房、二〇〇八年）がある。その「はしがき」において、forgiveness, pardon, reconcilation の区別をはっきりさせておくことの重要性が語られている。forgiveness は被害者が復讐権を放棄すること、pardon では加害者が一切の罰から解放されること、reconcilation とは、被害者と加害者の関係を修復、ないし、関係を新たに創造することが指摘されている。さらに

「reconcilation は forgiveness の必要条件ではなく、また、当事者の双方が信頼関係の構築を望んでいることが前提になるので、つねに可能というものではない。しかし、多くの状況においては、被害者と加害者が reconcilate することは最終目標であり、赦しは、和解に向かうその過程での重要なステップである。」という指摘は、修復的司法にとっても重要な示唆となるように思われる。

（8）デリダ・前掲注（3）一〇二頁。

（9）もっとも、修復的司法の目的が、被害者による加害者への「ゆるし」であるかどうかは、これまたもう一つの問題である。このような想定はむしろ、被害者を、ゆるしのための道具化するものではないかという疑念を抱かせ、ひいては修復的司法への拒絶を招くだけであるように思われる。この点は、他日を期して詳細に論じたいと考える。ここでは、刑罰に関して〈刑罰目的論〉があるように、修復的司法においても〈修復的司法目的論〉ともいうべきものを主題化させる必要性のみを指摘しておきたい。

（10）Van Ness, Daniel W., and Strong, Karen Heetderks, eds. (2010), *Restorative Justice, An Introduction to Restorative Justice*, LexisNexis を参照。特に同書の Chapter 9 には現代刑事司法における修復的プロセスの利用が詳細に分析され、五つのモデルが提示されている。Domenig, Claudio (2010), *Restorative Justice und integrative Symbolik, Möglichkeiten eines integrativen Umgangs mit Kriminalität und die Bedeutung von Symbolik in dessen Umsetzung*; Kanyar, André (2008), *Wiedergutmachung und Täter-Opfer-Ausgleich im schweizerischen Strafrecht, Einwicklung eines Modells unter Berücksichtigung des deutschen und österreichischen Strafrechts* は、その書名の通り、ドイツ、オーストリア、スイスにおける修復モデルが比較されている。

二 「愛情」というメディア

楕円の一方の焦点を占める「他者」と、楕円内には描かれない――楕円の網の目の中にいる――「他者」とを分ける境界線は、いったいどこにあるのであろうか。楕円の世界はいわば「我―汝」の世界である。この「我―汝」の世界を、かりに密着するほどの人間関係と捉えるならば、それらをつなぐ一つのメディアとして「愛情」を想定することは、あながち突飛なことではないであろう。そうであれば、愛情メディアによって結ばれる「家族」こそ、二人称的他者の典型として吟味の対象とみるのも、理由なきことではない。「家族」になぞらえてこの関係を解き明かそうとする説明ストラテジーは、また、私たちの多くの者にとって経験可能な事実、イメージしやすい事実として、有用な戦略でありうる。

ところで、この「愛情」メディア・家族・楕円を併せ考えるとき、具体的な議論の枠組みを提供しくれるもの、それは〈親密圏〉というコンセプトではなかろうか。

周知の通り、この〈親密圏〉に関して、庶民の大家族的共同生活や都市貴族の生活形態と対比しつつ、親密圏の淵源たる家父長的小家族の特徴を浮かび上がらせたのがユルゲン・ハーバーマスである。ハーバーマスは、その著書『公共性の構造転換』の中で、公共圏の発生及びその起源を探る過程において、「市民的家族」について論究しているが、まさにこの市民的家族こそが、「小家族的な親密の圏」のアイデアを具体化してくれるものである。

ハーバーマスによれば、親密圏を担う小家族を特徴づけるものは、フマニテート（人間形成）の概念へ結集する三つの契機、すなわち自由意識・愛の共同体・教養である。この家族は、自由意思にもとづき、自由な個々人によって創始され、強制なしに維持されているように見えるし、それはまた二人の男女の持続的な愛の共同体にもとづいているように見え、さらには教養ある人格性の特徴をなすすべての性能の非打算的な発展を保証するように見えるからである(11)。

しかしながら、ハーバーマスも慎重にも留保しているように、これらの理念は資本主義的変革という現実との間に葛藤を引き起こす。なぜなら、自由だと見えながらも、その実、市民的社会もそれ以前のいかなる社会におとらず強制下におかれていたのであって、家族もむろんこの強制――つまりは資本主義的変革に伴う強制――を免れてはいないからである。市場と自家経営における財産所有者（家父長）の自立性には、家父長に対する妻子の従属関係が対応しているのである。家父長に対する私的自律は、妻子において権威と転化し、標榜された個々人の自由意思は幻想に帰する。他方、家族が資本の担い手であるかぎり、資本の維持・増殖への配慮から脱却することはできようはずもない。これによって愛の共同体という理念は金銭結婚や身分結婚のような「理性的」分別からの脅威を受けることになる。人格形成としての教養も労働という社会の要求により技能伝達へと変容をとげる。こうして親密に形成されるフマニテートの圏としての家族の自己理解は空洞と化してしまう[12]。

ここで私たちの問題関心との関連で重要なのは、変容を被っているとはいえ、〈親密圏〉を形成する、少なくとも一つのメディアとして「愛情」が語られている点である。ただし親密性と愛情とを連結させる理解の仕方は、ひとりハーバーマスの専売特許ではない。セクシュアリティやジェンダーをその視界に収めながら、親密性の変容について詳細な考察を加えているイギリスの社会学者アンソニー・ギデンズにも共有されている視点である。

ギデンズは、親密性をとり結ぶ「愛情」を情熱恋愛、ロマンティック・ラブ、ひとつに融け合う愛情とに類型化しながら、順次変容をとげていく様を描き出している。そこにおいて、「愛情」メディアの内実は、生活の糧に困ることのない貴族どうしの、現実逃避的な——つかの間の相手の理想化を果たす——情熱的恋愛から、相手の人柄の直観的把握へ、すわなち「自分の人生を、いわば『申し分のない』ものにしてくれる人に魅了されていく過程」たるロマンティック・ラブへと、その席を譲る。ロマンティック・ラブは、確かに二人の感情的没頭に由来するという意味で、平等主義的傾向を有してはいる。しかし、《現実には》ほとんどの場合、女性の家庭生活への容赦ない隷属をもたらすものでしかなかったのである。ジェンダーの観点でつねに釣り合いを欠いていたといえる[13]。

これに対し、ひとつに融け合う愛情は、ギデンズによれば、(相手に自分をさらけ出していくという意味で)能動的な、(「永遠」でも「唯一無二」でもないという意味で)偶発的な愛情である。これは、対等な条件のもとでの感情のやり取りを当然想定しており、そうした想定が強まれば強まるほど、個々の愛情のきずなは純粋な関係、つまり、「社会関係を結ぶというそれだけの目的のために、つまり、互いに相手との結び付きを保つことから得られるもののために社会関係を結び、さらに互いに相手との結びつきを続けたいと思う十分な満足感を互いの関係が生み出していると見なす限りにおいて関係を続けていく、そうした状況」へと限りなく近づいていく[14]。それは、自分たちの感情や関係を不断に吟味しながら、相互に利益をもたらす関係を構築することを志向しながらも、どのような努力をしようとその関係が利益をもたらしはしないと診断したとき、関係を解消しようとする冷徹な感情でもある。ギデンズによる親密性は、このような「愛情」に支えられた圏域として想定されているのである。

以上から、ユルゲン・ハーバーマスとアンソニー・ギデンズとによる親密圏の歴史物語りには、一つの特徴を読み取ることができるように思われる。それは、すなわち、親密圏＝家族＝愛情という、いわゆる《常識的な》理解の枠組みである。敢えて言うまでもないことであろうが、ここで私が指摘しようとしているのは、愛情こそがまさに家族をつなぐ唯一のメディアであるということではない。そのようなことを主張するつもりもない。かりにそう想定するならば、現代「家族」の実相について無知をさらけ出すことになるであろう。また家族を「愛の共同体」としてのみ捉えることにも問題がある。「家族愛」という美名のもとに、特定の成員に一方的な献身を要求するというイデオロギー性に目をつぶることにもなるからである[15]。

こうした批判を意識しながら、「親密圏」の精力的な描き直しを遂行しようとしているのが、齋藤純一である。彼は、その著書『公共性』において、「親密圏」を「公共圏」と対比しながら、次のような分析的な規準を提出している。すなわち、「公共圏が人びとの〈間〉にある共通の問題の関心によって成立するのに対して、親密圏は具体的な他者の生／生命への配慮・関心によって形成・維持される」という規準が、これである[16]。かような規準は、同書においてのみ提出されたわけではない。それに続く刺激的、否、挑発的ともいうべき編著書『親密圏のポリティクス』においても、はっきりとその輪郭は維持されている。そこでは、親密圏は、さしあたり、「具体的な他者の生への配慮／関心をメディアとするある程度持続的な関係性」として定義されている[17]。前者の規準に比して、後者の定義には「ある程度持続的な関係性」であることへの明示的な言及がなされている点において、その違いを読み取ることもできるかもしれないが、その要諦において変わるところはない。実際のところ、前者の「維持」の中にこれを読み込むことは、むしろ自然なことである。そこで、ここでは、斎藤がこの定義に込めたと思われる三つの含意を、丁寧に拾い出してみることにしよう。

まず、親密圏を形成・維持しているのは〈具体的な他者〉であるという点が指摘できる。これは、すなわち、見知らぬ一般的な他者、敷衍すれば、単なる数字としてしか把握され得ない抽象化された他者、などではないという意味であろう。かつて死の人称性の問題に取り組んだジャンケレヴィッチが、三人称態としての死を特徴付けるにあたって描き出した他者、「他の対象と同様な一対象、人が医学、生物学、社会、人口統計の観点に立って記述し、ないしは分析する一対象[18]」としての他者とはおよそ対極をなすものである。こうしたジャンケレヴィッチを意識したわけではなかろうが、齋藤も、具体的な他者は人称性を帯びた他者であることを示唆しているところである。親密圏の関係性は、間-人格的（inter-personal）であり、そうした人称性を欠いた空間は親密圏とは言い得ない、と[19]。

そうであれば、〈具体的な〉他者との関係性は間-人格的であるがゆえに、「他ならぬ」という代置不可能性を含み込むことになるはずである。親密圏を形成・維持する自己及び他者を「一人」「二人」という具合に数字で把握したり、「X氏」「Y氏」のように匿名で把握したりすることは、親密圏の関係性を捉え損ねるものであろう。いかなるものもそこに入ることのできる「容器」のような捉え方は、入ったもの（他者）の個性・具体性を要求するはずもないからである。まさにこの点に、間-主体性、そしてそこから帰結する代置不可能性の意味を吟味する必要性が生じることになる。

では、「この人」という具体性をもって指標される他者であれば、親密圏の他者といえるのであろうか。この点について、齋藤は、〈生への配慮／関心〉が人びとの関係をつなぐメディアでなければならないと指摘し、関係を取り持つメディアにも注目する。となれば、親密圏内の他者は――濃淡の違いはあるにせよ――〈配慮〉〈関心〉というメディアで結合され、お互いに配慮しうべき「生」を有する他者である。したがって、そのほとんどが身体性・物質性を備えた存在者ということになる。

私たちはそうした他者との関係を生きることによって、お互い、その生の欲望や困難に否応なく曝されるようになる。お互いの生の一部をお互いに引き受けあっていると表現することも許されよう。このことは、親密圏＝私的領域＝近代家族という根深い等式のもとに観念されてきた「家族」を想起するならば、看取するに難くない。親密圏＝家族内における個人の自立的な生は、同じ親密圏＝家族内における具体的な他者への自立的な生へ依存を前提としてしかありえないのである。親密圏が持つ相対的に安全でありながらも、相対的に危険である性格、親密圏の両義的な性格が指摘されるゆえんである。

最後に、親密圏の関係性が〈ある程度持続的なもの〉であるという点である。これは、親密圏が他者への愛着や被縛性から完全に自由ではありえないことを意味している。かかる事態は、親密な関係を創出することによってその関係に被縛されていくという私たちの経験的事実にそくしてみても容易に推察しうるところである。親密圏＝近代家族という――問題ある――等式のもと、家族という親密圏が短期間のうちで綻ぶことが少ないのは、生への配慮（愛情とは限らない！）というメディアによって結合・被縛されているからにほかならない。だからこそ、〈リベラルな〉親密圏を構想する者たちによって、自己の帰属する親密圏から離脱する「自由」を確保する方途が模索されているのである。これは、ある意味で、〈持続的なもの〉の裏返しの議論であるともいえるのである。

（11） Jürgen Habermas, *Strukturwandel der Öffentlichkeit, Untersuchungen zu einer Kategorie der bürgerlichen Gesellschaft*, 1990, S.107ff.（ユルゲン・ハーバーマス〔細谷貞雄ほか訳〕『公共性の構造転換』（未來社、一九九四年）六四頁）

(12) Habermas, a. a. O., (Anm.12), S.111f.（ハーバーマス・前掲注（11）頁以下）を参照。とはいえ、これらを単なるイデオロギーと見ることはできない。そうハーバーマスは指摘する。自由・愛・教養の理念は、「現実の制度の形態の中へとり入れられた客観的意味として、その主体的妥当性を承認しなければ社会の再生産も不可能になるのであるから、やはりそれなりの実在性をもっている」からである。
(13) アンソニー・ギデンズ〔松尾精文ほか訳〕『親密性の変容―近代社会におけるセクシュアリティ、愛情、エロティシズム』（而立書房、一九九五年）六一頁以下、九六頁。
(14) ギデンズ・前掲注（13）九〇頁、九四―九九頁。
(15) 親密圏＝家族＝愛情という常識的理解の枠組みに潜む問題性について簡潔にまとめたものとしては、齋藤純一『思考のフロンティア・公共性』（岩波書店、二〇〇〇年）九三頁以下を参照せよ。
(16) 斎藤・前掲注（15）九二頁。
(17) 齋藤純一編『親密圏のポリティクス』（ナカニシヤ出版、二〇〇三年）における「まえがき」vi頁。
(18) ウラジミール・ジャンケレヴィッチ〔中澤紀雄訳〕『死』（みすず書房、一九七八年）二五頁。
(19) 斎藤・前掲注（15）九二頁。もっとも、齋藤のいう「人称性」の意味が、本稿及び前稿の採用する人称性の意味と同一であるかは、必ずしも分明ではない。

三 「親密圏」と人称性の交差点

さて、齋藤らによる「親密圏」を描き直す試みは、「二人称的他者」、「我―汝」という関係性に着目しつつ、修復的司法の責任のあり方・とり方を深化させようとする私の企てに対し、どのような新しい道を用意してくれるのであろうか。まず被害者（遺族）と加害者との関係を親密圏と把握することの妥当性について検討しなければなるまい。というのも、「親密圏」は元来、主として政治学や社会学の領域で取り上げられ、（司）法の領野で論じられることはまれであったからである。また「親密」という言葉の持つイメージからしても、紛争当事者は「親密」な関係からもっとも遠い存在のように思えるからである。そうであれば、それらの近さと遠さとを踏まえながら、その近さから学ぶべきことを学ぶという姿勢が必要である。ここではこれを少しく実践に移してみたいと思うのである。

親密圏は、「愛情」メディアを一つの形成契機としていることは、すでに見てきたとおりである。ここで愛情を、〈慕い、いつくしむこと〉と理解するならば、被害者と加害者の関係を、なるほど「愛情」というメディアで媒介されるような関係であると想定することは、宗教実践を別にすれば、およそ不可能であろう。しかしながら、齋藤の描き直しの中でも示唆されていた通り、「愛情」の内実を「配慮／関心」として再構成したならばどうであろうか。責任を負っている具体的他者のニーズをすくい上げ、それに応答しようという意味では、「ケア」ということもできるかもしれない[20]。こうした私の見方が大過を犯すものでなければ、自己の犯した加害行為を振り返り、真摯に被害者に向き合おうとする加害者には、すでにこのケア、相手方被害者を具体的に〈私の〉被害者として同定し、その生に関心／配慮を示す関係にあると見ることもできるであろう。こうして私は、修復的司法を支持する者たちによって主張される「具体的被害者への眼差し[21]」を「親密圏」と交差する場として捉え、被害者と加害者の関係が「我―汝」の楕円関係に類するものであることを見いだすのである。

では、親密圏と見る、「我―汝」の楕円関係と見るとはいったいいかなる帰結をもたらすのであろうか。ここでもう一歩踏み込んで吟味しておきたい。

世界を「我―汝」と「我―それ」とを二つの根源語として見る地平を、私たちに切り拓いてくれるのがオーストリア出身のユダヤ系宗教哲学者マルティン・ブーバーである。彼の「我―汝」は、人間関係に制約されず、広く万物に開かれた関係、究極的には「永遠の汝」、いわゆる「神」との関係をも視界に収めるものであることには、確かに留意する必要がある。しかし、その一方で、植田重雄がブーバーの著書『我と汝』*ICH UND DU*、『対話』

ZWIESPRACHE の訳書解説において正当にも指摘している通り[22]、デカルトに始まる近代的自我は、「『われ』『なんじ』『それ』『彼ら』『なんじら』等々の代名詞で表現される個々の人称の結びつきによるもの」でしかなかった。これはブーバーの観点に引き寄せるならば、「われ―それ」関係であり、その「関係からのみ、『なんじ』の世界を理解し、経験しようとしてきたのである」。これに対してブーバーは、「『われ―なんじ』の相互性、出会いの相互性においてこの世界の存在が成り立っている」と見るのである。「『われ』という抽象化された中心点から見る世界存在、人間の社会ではなく、〈われ〉と〈なんじ〉を中心にしてその相互性による関係の中に一切を見直す」という彼の構想は、世界を楕円の網の目と理解する私にとって、極めて有用な示唆を与えてくれる。本稿では紙幅の関係上、彼の根本思想に触れて論じることは差し控えなければならない。さし当り、本稿の文脈で私たちが学ぶべきは、「汝」とか「それ」とかいう対となるものが存在しないような「我」それ自体はあり得ないこと、かりに「汝」を知らない〈個我〉が存在するとして、その個我が主張する自己の絶対性は、空虚な自己同一性にすぎない、という点のみを指摘しておけば十分であろう[23]。この限りにおいて、他者は自己を構成する要素となりえていると表現してもよいのかもしれない。

被害者と加害者の対面・対話の場は「親密圏」を形作る（べきである）。この構想によれば、被害者という「我」、加害者という「我」は、加害者という「汝」、被害者という「汝」にそれぞれ互いに向き合うということを意味する。被害者／加害者は、「私」である被害者／加害者に向き合う他者、加害者／被害者を「汝」と呼び、そうした「汝」としての他者、加害者／被害者に対して〈行為〉する。ここで注意すべきは、私たちのいう「汝」は単なる呼びかけ以上の意味を持つし、また持たねばならないということである。さらに「汝」という表現は、ここでは、一人称の「私」でも三人称の「彼」「彼女」「それ」でもないというだけでなく[24]、「私」や「彼」によって指標される存在とは代置できない価値を有する存在を指示するものとして用いられている点である[25]。被害者が「私だけしか、この苦痛を語ることができない」というとき、加害者が「私しか、この罪をあがなうことができない」というとき、加害者にとっての被害者も、被害者にとっての加害者も、もはや他の他者、三人称的他者とは代置不可能な存在としてお互いに立ち現われているはずである。[26]

親密圏を親密な圏域たらしめる愛情という一つのメディアは、関心／配慮というメディアへと構築し直されるべきである。このことは、すでに吟味したとおりである。では、ここでいう関心／配慮の対象は何であろうか。加害者の関心・配慮が被害者へ、被害者の関心・配慮が加害者へ向いてさえすれば、即、相互に二人称的他者の資格を得るのであろうか。

親密性は、あえていうまでもなかろうが、関心・配慮もその一部を構成するところの〈感情〉を基礎としている。そして、感情は身体の技法と密接に結びついている。親密圏の構築は身体の技法と密接に関連しているのである。[27]ここにおいて、近代以降、軽視されがちな身体性への立ち返りが求められていることを読み取るのは、ひとり私だけではなかろう。このような捉えかえしが正しければ、関心・配慮は二人称的他者の「身体性」、それをもって営まれるところの生への関心・配慮こそが求められているといえよう。具体的な他者の生への配慮をメディアとする関係、いまやこれをわれわれは二人称的他者のメルクマールとすることが許されるであろう。真摯に向き合おうとする被害者と加害者との〈間〉には、お互いの生（人生）への配慮を看取することは可能であり、ゆえに修復的司法は、二人称的他者への責任を果たすシステムとして構築されうるのである。

なお親密圏でのつき合いは一種の互酬、交換の関係を基礎にしていることもまた否定すべからざる事実である。したがって、その互酬関係が崩れると親密性もまた失われるおそれなしとはいえない。したがって、具体的他者の生への配慮がいずれか一方当事者から失われるとき、親密圏としての修復的司法も立ち行かなくなるであろう。修復的司法が被害者・加害者との間にウィン・ウィンの関係をもたらすという言説は、この点を端的に示したものであるといえる。

（20） 本稿で論及している修復的司法 Restorative Justice も司法・正義 Justice の問題圏であることに疑いを入れる余地はない。正義は、その象徴である女神ユスティティアの姿―多くの場合、目隠しをし、左手に天秤を、右手に剣を持つ女性として表現されてきた―から想像されるように、少なくとも従来は剣（強制のメタファ）を一つの特徴としてきた。そこに「ケア」の視点を持ち込むことには、少なからず違和感を覚える者も多いと思われる。実際、異なる文脈ではあるが、ギリガンは、コールバーグとの論争を通じて、正義とケアに働く論理の違いを見いだしている。この点については、ギリガンの主著『もうひとつの声』を参照。もっとも、修復的司法は、私の見る限り、女神の右手にある「剣」を「錨」（信頼のメタファ）に持ち替えさせようとする試みであると理解できる。こうした見方からすると、正義とケアとは、存外、近い位置にあるのかもしれない。

（21） この点に関しては、高橋則夫『修復的司法の探究』（成文堂、二〇〇三年）や同『対話による犯罪解決―修復的司法の展開』（成文堂、二〇〇七年）などを参照。

（22） マルティン・ブーバー（植田重雄訳）『我と汝・対話』（岩波書店、一九七九年）の最後に掲載されている訳者の解説を参照せよ。

（23） これは、宇都宮・前掲注（1）でも指摘されている。「我―汝」の関係を構成する「我」（自己）と「汝」（他者）の〈間〉をどのように構想するかについては、フォン・ヴァイツゼッカーの影響を受けながら独自の思索を展開している木村敏の仕事が興味深い。個別的自己の主体性と先天的な集団的主体性がともに作動して環境との折衝に当たっているという木村の人間観は、個と全体との関係につき、一つの見方を示してくれる。

もっとも森有正は、わが国においては「我―汝」よりも「汝―汝」という相互嵌入性という特徴をなすと指摘する。森有正「経験と思想（I-4）―出発点　日本人とその経験（c）」思想五七一号（一九七二年）一〇三頁。森の指摘から四〇年を経た現在でも、なお相互嵌入性が日本人の特色であるといいうるのかについては、更なる吟味が必要であるかもしれない。

（24） こうした一人称、二人称、三人称の言語使用は、かなり厳密性を欠く点については、拙稿・前掲注（2）を参照していただきたい。

（25） たとえ向き合う者に丁重に「汝」「あなた」「君」と呼びかけみても、カントが言うように、その相手をたんに手段としてのみ扱うような場合には、その呼びかけた相手を代置不可能な価値を有する「汝」としてではなく、他の多くの「彼」「彼女」「それ」

と代置可能な存在として扱っているといえる。したがって、このような場合、親密圏の圏域を構成する「汝」ではない。
(26)　この意味で、修復的司法の一形態として位置づけられることもあるパネルは、この被害者・加害者の代置不可能性の側面を、システム設計の中に組み込み損ねている点で、純粋に親密圏の圏域で語ることはできないように思われる。
(27)　親密性における身体の位置づけに関しては、花崎皋平「身体、人称世界、間身体性―親密圏の基礎を問う―」齋藤純一編『親密圏のポリティクス』（ナカニシヤ出版、二〇〇三年）から学んだことを付言しておく。この問題意識は齋藤純一「親密圏と安全性の政治」にも共有されている。同書二一六頁を参照。

四　刑事司法の倫理的な基盤

最後に、修復的司法の可能性を探ることが、従来の刑事司法の存在意義を失わせることになるのかという点について、若干触れておきたい。

リベラルな親密圏構想では、そこから退出する自由が保障されるのと同様に、修復的司法の圏域からも退出する自由が保障されなければならない。退出の理由には種々あろうが、被害者が退出を望むことも、また加害者が退出を望むことも許されなければならないであろう。

ところで、修復的司法の圏域からの一方当事者の離脱、とりわけ加害者の離脱は、二人称責任の履行を回避・放棄することを意味する。二人称責任を果たせない／果たそうとしない加害者に対しては、三人称責任を果たさせることとなろう。すなわち従来の刑事司法の手続へのせることになる。これは同じ社会に暮し、そこに構築された諸制度を利用する――自己の自由と安全とが保障されているのは国家・社会の諸制度の存在を看過することはできない――者のミニマムの責務といえる。

私のような構想に対しては、同種の犯罪行為・加害行為について二人称責任を果たすことで完結する場合と、三人称責任とを果たす場合とで法的処理、とりわけ制裁あるいは修復活動の軽重に違いが生じるおそれがあるのではないかとの疑問が生じる可能性がある。しかし、刑事法学者が口をそろえて言うように、刑法の謙抑性をその言葉通りに解すならば、被害者・加害者という本来的当事者が真摯に向き合い、導出した結果であれば、それを超えて、刑罰を用いる必要があるであろうか。私たちの健全な法的確信・規範意識を動揺させることがあるとは、私には思えない。刑罰を復讐と等置せず、日本人の規範意識の高さを信ずるが故である。

帮助犯における因果関係の意味
——必要条件公式の適用可能性を契機として——

小島秀夫

一　はじめに

今日、帮助犯の罪責をめぐる問題では、いわゆる中立的行為が「流行のテーマ」[1]として取り上げられている。わが国でもウィニー提供事件を契機に議論が更に深化しており、とりわけ客観的帰属論の枠組みの中で解決を図る見解が支持を広げつつある。[2]こうした現状は、「古典的なテーマ」として扱われている帮助犯の因果性について、客観的帰属論の観点から捉え直す構想が好意的に受け止められていることを示唆するものであろう。

ところで、正犯行動規範とは異なる固有の規範であると解すべき帮助行動規範は[3]、一般的に刑法の目的とされている法益の保護と、刑法の機能の一つとされている自由保障機能、さらに刑罰権の謙抑性・断片性・補充性との調和に鑑みれば、正犯行動規範の存在を前提とする規範である。そのため、幇助者の行為無価値は、正犯と同様の法益侵害結果の惹起を志向する幇助行為に求められ[4]、そのような行為が幇助者の実行行為である。幇助者の実行行為は、むろん事後従犯は認められないが、正犯にとって予備段階でも実行行為の段階でも遂行されうる。つまり、幇助者の行為無価値は、必ずしも正犯の行為無価値と同時に成立するわけではない。

一方、幇助者の結果無価値は、惹起説の観点から、正犯によって惹起される法益侵害結果である。それゆえ、幇助犯の既遂結果は正犯と同時に成立する。また、幇助犯の未遂結果も、行動規範論の観点から、正犯の未遂結果と同時に成立すると解すべきであろう。確かに、別稿で論じたように共犯従属性の意義や機能を処罰条件に見出すならば[5]、正犯が実行に着手した段階で、幇助者にとって中間結果である正犯行為が惹起されているため、幇助犯の（未遂としての）処罰条件は満たされるようにも思える。しかし、正犯が実行に着手した段階は、離隔犯を想定すれば明らかなように、常に客観的危険事態が認められるとは限らない。したがって、幇助者の結果無価値（事態無価値）は、正犯の結果無価値（事態無価値）と同時に成立する、と言えよう。

このように考えれば、幇助犯が成立するためには、幇助者が、法益侵害結果に至る因果性（危険性）を認識していなければならず、因果関係の認定に際しても、幇助行為と法益侵害結果との間に因果関係が認められなければならないだろう[6]。もっとも、幇助行為と、既遂結果・未遂結果との因果関係をどのように捉えるかについては、「古典的なテーマ」として問題になっている。すなわち、幇助犯における因果関係の意味を条件説の意味で捉えるべきか、問われてきたのである。この点、客観的帰属論に活路を見出して、条件関係が認められない場合でも危険増加原理に基づく帰属関係が認められれば因果関係の存在を肯定しうる、との見解が今日広がりつつある。

因果性と帰属性が少なからず関連性を有していると理解するならば、こうした見解を因果関係不要説と結論づけるのは早計である。しかし、帮助犯の因果性を認定する際、条件関係は果たして不要なのだろうか。また、危険増加原理についても慎重な検討を要すると思われる。本稿では、このような問題意識に基づいて、帮助犯における因果関係をいかなる意味で捉えるべきか、論究することにしたい。

（1）*Kristian Kühl*, Strafrecht Allgemeiner Teil, 7.Aufl., 2012, S.846.
（2）例えば、山中敬一「中立的行為による帮助の可罰性」関西大学法学論集五六巻一号（二〇〇六年）一一八頁以下、豊田兼彦『共犯の処罰根拠と客観的帰属』（成文堂、二〇〇九年）一七四頁、永井善之「『中立的行為による帮助』について」浅田和茂ほか編『刑事法理論の探求と発見　斉藤豊治先生古稀祝賀論文集』（成文堂、二〇一二年）一三四頁以下等。
（3）拙稿「正犯者概念と帮助構成要件」法学研究論集二九号（二〇〇八年）一三九頁以下参照。
（4）私見によれば、このような行為が帮助犯の処罰根拠となる。拙稿「共犯の処罰根拠―共犯従属性の観点から―」明治大学社会科学研究所紀要四八巻二号（二〇一〇年）二二三頁以下参照。
（5）拙稿「犯罪論における共犯従属性の意義と機能」法学研究論集三一号（二〇〇九年）一一七頁以下参照。
（6）拙稿「帮助犯における因果経過の齟齬―規範論的アプローチ―」法学研究論集三四号（二〇一一年）八一頁以下参照。

二　条件関係必要説の再検討

1　従来の認定方法

帮助犯の因果性を認定する際、正犯の因果性と同様に条件関係の存在を必要と解するならば、まずは必要条件公式の適用可能性について、従来の学説を検討しなければならないだろう。次のような事例（ハンマー事例）を想定したい。

帮助者は、住居侵入窃盗を計画している正犯に、侵入を容易にするハンマーを提供した。犯行当日、正犯は提供されたハンマーを携帯して空き巣に侵入したが、侵入する際、提供されたハンマーよりも性能の良いハンマーが庭に置かれていたため、正犯は、提供されたハンマーの代わりに性能の良いハンマーを使って住居侵入窃盗を行った。提供したハンマーを正犯が使用せず、より有効な手段を選択したことについては、帮助者にとって織り込み済みであった。

必要条件公式（condicio-sine-qua-non-Formel）によれば、結果が具体的な形で成立している以上、消去することができない行動が、結果の原因として特定される(7)。この公式を、ハンマー事例においても採用し、因果関係を個別に認定すると、帮助行為を消去しても法益侵害結果が成立するため、帮助者にとって既遂結果との因果関係は否定されることになるだろう。そこで、帮助犯においても条件説の意味での因果関係が必要であると主張する従来の学説は、現実に発生した結果を通常よりも具体的に捉えること（具体的結果観）で、なお必要条件公式が有効に機能することを論証してきた。

正犯と共犯の区別基準について形式的客観説を基本的に支持するメッツガーは、正犯と共犯が共同で諸条件を設定することからも明らかなように、正犯であれ帮助犯であれ、結果に対する個々の諸条件の相違というものは存在しない、と明言している(8)。その上で、帮助犯の因果関係については、行為を具体的に捉えて、特別な形態（修正）に関する協力が因果的であれば十分である、としている。すなわち、正犯行為に帮助者固有の特色を与えているものの、構成要件要素の本質に関わらないような、正犯行為の修正をもたらしたことについて因果的であればよい。例を示すと、帮助犯が窃盗犯人に偽の鍵を渡した場合、仮に窃盗犯人が利用しなかったとしても、また、鍵を携帯することで窃盗犯人の行為決意が強化されなかったとしても、（既遂）帮助となりうる。というのも、鍵を利用する可能性という事実は、たとえその事実が幇助を決定づける重要なメルクマールではないとしても、具体的な行為の形象を修正しているからである、とメツガーは論じている[9]。

わが国では、内田文昭がメツガーの見解に同調している。内田も、条件と結果を具体化ないしは個別化することにより、通常の場合と全く同様に条件説を維持することができるとして、当該支援行為がなかったならば、その時、そのような形状での正犯行為もなかったであろうといえる限り、幇助犯の因果性を肯定している。具体例によれば、AとBが同じ拳銃を差し出したところ、正犯がAの拳銃を選んだ場合、Bの行為については、その行為があったから正犯はAの拳銃を選んだ、という関係が認められれば因果性が認められる、と述べている[10]。

これらの主張の背景には、幇助犯の因果性が認定不能に陥りやすいという理由をもって別の関係を設定したり特殊の因果関係を持ち出したりしてはならない、との共通した理念があるように思われる[11]。確かに、条件関係自体を慎重に検討しようとする限りで、そのような理念は全く正当なものであると言えよう。しかし、これらの見解は、結果を具体的に捉えることで、最終的な法益侵害結果とは異なる別の結果、すなわち中間結果としての正犯行為にも着目し、正犯行為が修正されたかどうかを決定的な基準としている。そうであれば、結局のところ、幇助行為と正犯行為との間に促進関係があれば足りるとする見解に類似し[12]、共犯の処罰根拠を惹起説から説明するならば、理論的一貫性に疑念が生じることになるだろう。

もっとも、シュペンデルは、結果を具体的に捉えつつも、法的に見て重要な構成要件的結果だけを考慮する、という限定を加えて必要条件公式の修正を図っている[13]。しかし、このような方向での修正に対しては、何が「法的に見て重要な」構成要件的結果なのかがまさに重要な問題であろう。近年、小野上真也は、この点を精緻化し、幇助犯における重要な結果とは、結果の発生時期が早期化されたこと、あるいは、被害の範囲が増大したという結果であり、結果の変更（修正）は「不良変更」であることが重要である、と主張している[14]。

なるほど、幇助行動規範が正犯行動規範の存在を前提とする固有の規範である限り、幇助構成要件には、正犯行動規範から導出される「法益侵害結果」という要素に加え、幇助行動規範から導出される「幇助した」という要素、すなわち、法益侵害結果の惹起を「容易にした」、あるいは「促進した」という固有の要素が付加されるだろう(15)。そうであるならば、具体化された「結果の不良変更」との条件関係を必要と解する試みは、一定の成功を収めているように見える。

しかし、松原芳博は、そうした見解に賛同を示しつつも、心理的・精神的幇助の事例では「結果の不良変更」との条件関係を要求し難いことを認めている。その上で、心理的因果性における関係性は、動機の提供や反対動機の除去を通じて正犯者の犯意を維持・強化し、翻意可能性の低下した心理状態で結果を惹起させたことを意味するとして、結果の不良変更とは別の基準に着目している(16)。

やはり、幇助犯における因果関係を条件説の意味で捉える際、結果を具体化する試みには、様々な弊害が付きまとうと言えよう。そもそも、なぜ幇助犯の因果性を認定する場合にのみ、結果を具体化することが許されるのだろうか。必要条件公式を適用するために結果を具体化するのであれば、そのような論拠は、便宜的であるとの感が否めないばかりか、結論の先取りにつながる恐れもあるだろう。

2　合法則的条件公式の適用可能性

それゆえ、必要条件公式に代えて合法則的条件公式を適用することによって、幇助犯の因果関係を条件説の意味で捉える見解も主張されている。例えば、高橋則夫は、「幇助なければ結果発生なし」という必要条件公式が適用できない以上、合法則的条件公式を採用し、当該幇助行為によって、法益状態の悪化あるいは法益侵害の容易化という形で結果が具体的に変更されたか否か判断することが妥当である、と表明している(17)。

また、井田良も、共犯における法的因果関係を肯定するためには、条件関係と相当因果関係が共に認められることが必要であり、合法則的条件公式を適用すれば、行為から結果への事実的経過を順次にたどりつつ検討したとき、それぞれが因果法則によって説明できる形で結びついていれば条件関係が肯定される、と説明している。幇助犯の一部については、いわゆる心理的因果性が問題となるが、井田によれば、人の意思形成に関わる心理法則を適用して事実的経過を説明できれば、条件関係が肯定されうる。[18]

しかし、エンギッシュによって提唱された合法則的条件公式は、本来自然法則を前提とするものである。[19]そのため、正犯の心理や自由が介在する幇助犯の因果性を認定するに当たって、合法則的条件公式をストレートに適用できるかは、極めて疑わしいと言わざるをえないだろう。[20]既に指摘されているように、結果を志向する意思決定過程が問題となる心理的な関係性については、刺激や反応のメカニズムに極めて多くの因子が関与しており、法則性についての実験も困難である。[21]合法則的条件公式を用いて幇助犯の因果性を認定する見解に対しては、法則や規則が無差別的に扱われている点で、更なる検討を要するであろう。

もっとも、自然法則を前提とする合法則的条件公式は適用できないとしても、合法則的条件公式が原因から結果へと推論する前向き推論であると理解されうるならば、[22]そのような推論は、幇助犯の因果性を認定する上でも、なお有効に機能すると考えられる。正犯の心理や自由が介在する場合でも、何らかの関係性や規則性は存在するだろう。例えば、喫茶店に入ってコーヒーを注文すればコーヒーが運ばれてくる、という一連の事象では、コンヴェンショナルな規則性や（目的）合理性が認められ、「コーヒーを下さい」という言語行為をなせばウェイターによってコーヒーが運ばれるだろう、と前向きに推論することが可能である。[23]それゆえ、幇助犯の因果性を認定する際、自然法則を前提とする合法則的条件公式の適用可能性は疑わしいとしても、前向き推論を行うことは可能であると思われる。

（7） Vgl. *Urs Kindhäuser*, Strafrecht Allgemeiner Teil, 6.Aufl., 2013, S.79.
（8） *Edmund Mezger*, Strafrecht, 3.Aufl., 1949, S.444.
（9） *Edmund Mezger*, in: Strafgesetzbuch, Leipziger Kommentar, 8.Aufl., 1957, §49 Anm.2.
（10） 内田文昭「幇助の因果性」判例タイムズ七一七号（一九九〇年）三八頁、同『改訂 刑法Ⅰ（総論）〔補正版〕』（青林書院、一九九七年）三一三頁以下。
（11） 上野幸彦「幇助犯における因果連関と客観的帰責」日本法学七〇巻三号（二〇〇四年）一一二頁以下参照。上野は、因果関係の問題を事実問題と規範的問題に分け、前者は、条件関係の存否の問題であり、後者は、法的責任を誰に帰すべきかの問題であるとして、前者の判断に際しては具体的結果観に基づいて必要条件公式を適用すべき旨を主張している。
（12） その点を指摘する論者として、小野上真也「従犯における客観的成立要件の具体化」早稲田法学会誌六〇巻二号（二〇一〇年）一六一頁。もっとも、促進関係で足りると主張するフィッシャーも、もちろん因果性なくして「促進」というものは考えられない、と述べている。*Thomas Fischer*, Strafgesetzbuch und Nebengesetze, 59.Aufl., 2012, S.260.
（13） *Günter Spendel*, Beihilfe und Kausalität, in: Festschrift für Eduard Dreher zum 70. Geburtstag, 1977, S.173.
（14） 小野上・前掲註（12）一八二頁以下。同様の立場として、松原芳博『刑法総論』（日本評論社、二〇一三年）三七七頁以下も参照。
（15） Vgl. *Thomas Weigend*, Grenzen strafbarer Beihilfe, in: Festschrift für Haruo Nishihara zum 70. Geburtstag, 1998, S.206.
（16） 松原・前掲註（14）三七九頁。
（17） 高橋則夫『規範論と刑法解釈論』（成文堂、二〇〇七年）一五八頁。また、Diethelm Kleszczewski, Strafrecht Allgemeiner Teil, 2012, S.253. も参照。
（18） 井田良『講義刑法学・総論』（有斐閣、二〇〇八年）四九五頁。
（19） Vgl. *Karl Engisch*, Die Kausalität als Merkmal der strafrechtlichen Tatbestände, 1931, S.21ff.
（20） 増田豊『語用論的意味理論と法解釈方法論』（勁草書房、二〇〇八年）五一五頁以下参照。
（21） 林幹人『刑法総論［第二版］』（東京大学出版会、二〇〇八年）三七七頁以下参照。
（22） 増田豊『刑事手続における事実認定の推論構造と真実発見』（勁草書房、二〇〇四年）三〇六頁以下。
（23） 増田・前掲註（22）三一四頁。また、森川恭剛「教唆犯の因果性と行為の目的論的解釈―ベルンスマンの『非因果的惹起』構想をうけて―」九大法学六九号（一九九五年）八四頁以下も参照。

三　危険増加原理に対する批判的考察

1　危険犯としての幇助犯と危険増加原理

幇助犯における因果関係を条件説の意味で捉える場合、従来の学説は、いずれも欠点を抱えていると言えよう。そのため今日では、条件説の意味で捉えることを不要とする代わりに、帰属論の意味で捉える立場が支持を広げつつある。この立場の特徴は、帰属関係を認定する基準として、危険増加原理を採用している点にあるだろう。もっとも、学説を詳細に見ると、幇助犯を危険犯と捉えた上で危険増加原理を採用する見解と、因果関係の意味として危険増加原理を採用する見解に大別されうる。

まずは前者の見解から検討したい。シャフスタインは、幇助犯の成立要件として、因果関係自体を放棄して、危険増加原理に着目する。因果関係を必要条件公式の意味における条件説によって理解するならば、幇助犯の因果性は、幇助者の行動なくして正犯行為の結果が発生しなかっただろう、という関係性を意味することになる。そのような理解に基づくと、幇助を志向する行為は、必要条件公式の観点から因果的であると認められなければ、不可罰的な未遂になってしまうだろう、と述べている[24]。一方で、メツガーのように幇助行為の可罰性判断において結果を具体的に捉えるとしても、法的評価にとって重要であると評価されるような行為形態に限定できない限り、幇助行為の因果性というものは重要ではない[25]。こうしてシャフスタインは、可罰的となる既遂の幇助が成立する要件として、条件説の意味における正犯結果との因果関係を放棄し、判例が採用する「促進関係」について立ち入った考察を加えている。その上で、客観的な「促進」という基準は、正犯行為の成功に対する機会を高めたこと、すなわち正犯行為を通じて侵害される法益にとって危険が増加したことを意味し[26]、「幇助した」と認められるか否かの判断は、正犯の特別な認識と結びつけられる客観的な観察者の観点から、帮助行為時に行われるべきである、と提唱している。[27]

近年、ツィーシャンクは、シャフスタインの見解に光を与えている。ツィーシャンクは、ドイツ刑法二五七条に規定されている犯人庇護罪の「援助する」という概念と、ドイツ刑法二七条に規定されている「帮助した」という概念を統一的に理解する。[28] というのも、二五七条で基準とされる「正犯が利益を確保するチャンスの促進」と二七条で基準とされる「危険の増加」は全く同一の観点、すなわち行為者の認識に結びつけられた思慮ある観察者の観点に基づいて事前的に判断されるからである。とりわけ二七条に着目すれば、既にシャフスタインが危険増加原理を展開していたが、それはまさに「行動の具体的危険性」という基準に他ならず、[29] 危険増加原理に基づいて事前判断される帮助犯の構造は、未遂犯の構造を有するものである、と指摘している。ツィーシャンクによれば、未遂犯の処罰根拠は事前的な状況から判断されうる行為の客観的危険性に求められるため、客観的な観点から、既遂結果が発生する具体的に危険な行動が問題となる点で、帮助犯と未遂犯が同様に捉えられるのであろう。[30]

シャフスタインやツィーシャンクの見解については、帮助犯の処罰根拠が帮助行為にあることを明確に示している点に限り、評価に値すると言えよう。帮助行動規範が固有の行動規範であり、帮助犯に固有の不法が帮助行為から導かれることに鑑みれば、[31] 帮助者が許されない危険を故意的に創出したかどうかが、帮助犯における実行行為性判断の基準となるからである。しかし、両者が、帮助犯における因果関係を不要とし、共犯従属性の観点から要求される正犯行為の存在について、「帮助する」という行為形態に特徴とされる帮助者の単なる行為性に過ぎないものと捉えている点は看過できない。このような捉え方は、本稿の冒頭で述べた規範論と整合しないだろう。因果関係を不要と解するならば、帮助者の結果無価値が成立しない段階で、帮助行為の可罰性が認められてしまうからである。

このことは、離隔犯を想定すれば一層明らかであろう。被害者を殺害する計画を有している正犯に帮助者が青酸カリを提供したところ、正犯は、その青酸カリを砂糖に混ぜ、青酸カリが混入した砂糖を被害者の家に郵便小包で送った場合、確かに正犯の実行の着手が発送行為時に認められうるとしても、客観的危険事態は小包が被害者の家に到達するまで認められないように思われる。[32] そうであるならば、小包が到達した時点で初めて、正犯の未遂結果が認められ[33]、帮助犯の未遂結果も、同様にその時点で初めて認められるはずだろう。しかし、帮助犯の成立要件として因果関係を不要と解すれば、正犯行為との間に客観的な関係性（連帯関係）が認められれば帮助犯の可罰性が肯定されるため、帮助犯の可罰的領域が正犯の可罰的領域より拡大してしまう。このような帰結は、帮助行動規範の二次的・補充的な規範としての理解に反すると言えよう。

ツィーシャンクが指摘するように帮助犯と未遂犯の構造が同一であると理解するのであるならば[34]、むしろ帮助犯の場合も、正犯と同様に、少なくとも客観的危険事態との間の因果関係が必要とされるのではないだろうか。このような理解は、惹起説にも反しないと考えられよう。未遂犯も既遂犯も、法益侵害結果を志向する行為であり、「結果」の内容こそ異なるものの、条件関係に加えて「危険の実現」としての行為と結果の因果関係を要する点でも一致するからである。[35] さらに、正犯が実行に着手した後、客観的危険事態を惹起した時点で帮助犯の処罰条件が満たされるのであれば[36]、従属性の観点からも、帮助行為と客観的危険事態との間に因果関係が認定されなければならないだろう。もっとも、この段階で帮助犯の既遂結果まで認められると解するならば、帮助犯を具体的危険犯と捉えてしまうことになるように思われる。

2　因果関係の意味としての危険増加原理

ザムゾンも、シャフスタインの危険増加論は故意の対象として、正犯行為の結果に対する帮助行為の因果性を必要とすることになるはずである、と述べている。因果性を放棄して幇助犯を抽象的危険犯と捉えるならば[37]、不可罰であるはずの幇助の未遂が幇助の既遂として可罰的となるからである。「危険の増加」という幇助者の故意を考えると、幇助者による関与がなかったならば正犯行為が失敗しただろう、という意味において、関与行為が正犯行為によって惹起された結果と因果的でなければならない[38]。しかし、メッガーのような等価説（条件説）で十分であると解すれば、幇助犯としての帰責領域が肥大化することになる[39]。そこでザムゾンは、必要条件公式を採用して結果を具体的に捉えた上で、客観的帰属性を判断すべきであると提唱している。客観的帰属性については、強化原理（Intensivierungsprinzip）に基づいて「保護客体の状況を悪化した」という結果を惹起したかどうか[40]、あるいは引き受け原理（Übernahmeprinzip）に基づいて違法な関与を引き受けたかどうかが[41]、基準とされる。

ザムゾンの見解は、シャフスタインのように幇助行為の属性を検討する基準として危険増加原理を用いるのではなく、帰属性を検討する基準としての危険増加原理を幇助犯の因果性に転用する点に特徴を見いだすことができよう。さらに、強化原理については、代替原因（Ersatzursachen）が考慮されている。すなわち、実際に惹起された法益侵害状況が、幇助行為なくして発生したであろう状況と同じかどうか判断され、例えば故殺（Totschlag）構成要件が問題になる場合には死の時点が異なるかどうかが考慮され、傷害（Körperverletzung）や器物損壊（Sachbeschädigung）の場合には、侵害の強化が考慮されることになる[42]。

ロクシンも、危険増加原理は、客観的帰属性の判断と同様に因果関係に付け加えられて初めて適切に適用されうる、と述べている[43]。ただし、ロクシンによれば、幇助犯の因果性は、条件説の意味とは別様に捉えられている[44]。その点は、ロクシンの弟子であるシューネマンによって一層明らかにされており、幇助として評価される行動は、帰属論の一般原則である、法的に許されない結果惹起の危険、または犯罪が成功するチャンスを何らかの方法で高める行為である、と解されている[45]。

わが国でも、例えば山中敬一は、幇助犯も正犯や教唆犯と同様に、正犯結果を惹起することが必要であるが、結果をどの程度具体的に定義するかについて困難な問題がある、として事後的危険増加説を主張している。すなわち、「法的に重要な結果の変更」を判断する際、事後的観点から危険の増加が認められるかどうかに着目している(46)。また、客観的帰属論を採用しない浅田和茂も、幇助犯の因果性については事後的危険増加説を支持している(47)。その根拠として、事後的危険増加説が、客観的事後的予測という点で結果無価値論に忠実であることを挙げる(48)。さらに、大越義久は、ザムゾンの強化原理を採用し、ザムゾンと同様に仮定的な因果経過を考慮して幇助犯の因果性を判断すべきである、としている(49)。

こうした見解は、正犯結果との間に危険増加原理に基づく帰属関係を求めているため、惹起説の立場とも矛盾しないだろう。しかし、論者自身も認めているように、危険増加原理は、不能犯論における客観的危険説と発想が類似している(50)。客観的危険説は、未遂犯の成立要件をなす危険を客観的に判断する見解であり(51)、危険増加原理からも危険の増加は客観的に判断される。その際、未遂犯として処罰されるためには、結果無価値としての客観的危険事態の成立が必要であると理解するならば、結局のところ、これらの見解も幇助犯の構造を未遂犯と同様に捉えている、と言えるのではないだろうか。「危険の増加」は、「既遂結果」ではなく、むしろ「未遂結果」に等しいだろう(52)。

さらに、危険増加原理に対しては、危険の「増加」の有無をどのように判断するかが極めて重要となるが、ザムゾンのように仮定的因果経過を考慮する見解に対しては、危険増加原理を採用する論者からも、現実的な事情だけを考慮すべきである、と批判されている(53)。もっとも、危険が増加したか否かは、ザムゾンが主張するように、仮定的な事情を考慮しなければ判断することができないだろう。仮定的因果経過を考慮すべきでないとするならば、危険増加原理は空虚な理論となってしまうように思われる。

(24) *Friedrich Schaffstein*, Die Risikoerhöhung als objektives Zurechnungsprinzip im Strafrecht, insbesondere bei der Beihilfe, in: Festschrift für Richard M.Honig zum 80. Geburtstag, 1970, S.174.

(25) *Schaffstein*, a.a.O.(Anm.24), S.176f.

(26) *Schaffstein*, a.a.O.(Anm.24), S.179.

(27) *Schaffstein*, a.a.O.(Anm.24), S.180.

(28) *Frank Zieschang*, Der Begriff "Hilfeleisten" in §27 StGB, in: Festschrift für Wilfried Küper zum 70. Geburtstag, 2007, S. 745. もっとも、ドイツにおける判例や通説は、"Hilfeleisten" をめぐる概念の統一的な理解を否定している。オスナブリュッゲによれば、二五七条における "Hilfeleisten" という概念の可能な語義は、意味としてあらゆるものが含まれるのに対して、二七条の場合は限定されている。すなわち、幇助犯の場合は、実行行為を促進することによって結果を促進させたという意味に限定的に解すべきである、として二五七条の概念を二七条の概念に転用することに反対している。*Stephan A.Osnabrügge*, Die Beihilfe und ihr Erfolg, 2002, S.30f. また、ヨエックスも、二五七条では「援助する」(Hilfe leistet) と規定されている一方、二七条では「幇助した」(Hilfe geleistet hat) と規定されている、として統一的な理解を退けている。*Wolfgang Joecks*, in: Münchener Kommentar zum Strafgesetzbuch, Band 1: §§1-37 StGB, 2.Aufl., 2011, §27 Rn.31.

(29) *Zieschang*, a.a.O.(Anm.28), S.736f.

(30) *Zieschang*, a.a.O.(Anm.28), S.743; *ders*, Die Gefährdungsdelikte, 1998, S.137ff.

(31) 拙稿・前掲註(5)一一七頁以下参照。

(32) 増田豊『規範論による責任刑法の再構築』(勁草書房、二〇〇九年)二六一頁参照。

(33) わが国の判例も、離隔犯の事例においては、発送時に未遂犯としての可罰性を認めていない。例えば、大判大正七年一一月一六日刑録二四輯一三五二頁では、毒入り砂糖が食用に供されうる状態に置かれた、小包の受領時に殺人の実行の着手を肯定して殺人未遂罪を成立させている。もっとも、判例が、小包の受領時を実行の着手時期としている点については疑問の余地がある。行為者の行為から離れた時点を実行の着手時期とするのは、「着手」の語義からかけ離れているように思われるからである。拙稿「共謀共同正犯における実行行為概念の再検討」大東法学二二巻一＝二号(二〇一三年)四四頁以下参照。

(34) ザムゾンも、シャフスタインの見解を批判的に検討する中で、そのような見解は幇助犯を未遂犯の性質として捉えることになる、と指摘している。*Erich Samson*, Die Kausalität der Beihilfe, in: Festschrift für Karl Peters zum 70. Geburtstag, 1974, S. 132.

(35) 名和鐵郎「未遂犯の論理構造」福田雅章ほか編『刑事法学の総合的検討（下）』（有斐閣、一九九三年）四二〇頁参照。また、木村静子も、未遂犯は本来的な危険犯ではなく、侵害犯である行為が結果として危険発生にとどまったに過ぎない犯罪であり、主観的にも危険の認識で足りるとは言えない、と述べている。木村静子「未遂犯における既遂故意と主観的違法要素」福田雅章ほか編『刑事法学の総合的検討（上）』（有斐閣、一九九三年）一一三頁。さらに、内山良雄「教唆犯処罰・未遂犯処罰の根拠と『未遂の教唆』の周辺問題について」斉藤豊治ほか編『神山敏雄先生古稀祝賀論文集　第一巻　過失犯論・不作為犯論・共犯論』（成文堂、二〇〇六年）五一九頁も参照。

(36) 拙稿・前掲註（5）一一八頁以下参照。

(37) もっとも、ツィーシャンクの理解からは、幇助犯を具体的危険性犯と捉えることになるだろう。*Zieschang*, a.a.O.（Anm.30）, S.52ff., 369ff.

(38) *Samson*, a.a.O.（Anm.34）, S.130ff.

(39) *Samson*, a.a.O.（Anm.34）, S.123.

(40) *Erich Samson*, Hypothetische Kausalverläufe im Strafrecht, 1972, S.100, 164f.

(41) *Samson*, a.a.O.（Anm.40）, S.141f, 170ff.

(42) *Samson*, a.a.O.（Anm.40）, S.108f.

(43) *Claus Roxin*, Strafrecht Allgemeiner Teil, Band II, 2003, S.260.

(44) *Roxin*, a.a.O.（Anm.43）, S.193.

(45) *Bernd Schünemann*, in: Strafgesetzbuch, Leipziger Kommentar, 12.Aufl., 2006, §27 Rn.5. 同様に、*Klaus Geppert*, Zum Begriff der »Hilfeleistung« im Rahmen von Beihilfe（§27 StGB）und sachlicher Begünstigung（§257 StGB）, Jura 2007, S.590. を参照。

(46) 山中敬一『刑法総論［第二版］』（成文堂、二〇〇八年）九二二頁以下。

(47) 浅田和茂『刑法総論［補正版］』（成文堂、二〇〇七年）四四六頁。

(48) 浅田和茂「共犯論覚書」中山研一先生古稀祝賀論文集編集委員会編『中山研一先生古稀祝賀論文集　第三巻　刑法の理論』（成文堂、一九九七年）二八八頁以下。同様の主張をする論者として、西田典之『共犯理論の展開』（成文堂、二〇一〇年）一九六頁、島田聡一郎『正犯・共犯論の基礎理論』（東京大学出版会、二〇〇二年）三六二頁以下。さらに、因果性を危険性の意味で捉えようとする見解として、森川恭剛「因果的共犯論の課題—教唆の未遂の否定と正犯と共犯の区別—」九大法学六八号（一九九四年）一〇七頁。もっとも、危険増加原理は、行為無価値論者からも採用されている。例えば、照沼亮介『体系的共犯論と刑事不法論』（弘文堂、二〇〇五年）一九五頁以下。

(49) 大越義久『共犯の処罰根拠』（青林書院新社、一九八一年）一七一頁以下。

(50) 浅田・前掲註（48）二八九頁。

(51) 山口厚『刑法総論［第二版］』（有斐閣、二〇〇七年）二七五頁。山口によれば、未遂犯の成立要件としての「結果」は事後的に判断される。山口厚『危険犯の研究』（東京大学出版会、一九八二年）一五〇頁。しかし、行動規範論に基づくならば、客観的危険性の判断は事前的観点から行うべきだろう。増田・前掲註（32）一七三頁以下参照。

(52) 町野朔「惹起説の整備・点検―共犯における違法従属と因果性―」松尾浩也ほか編『刑事法学の現代的状況』（有斐閣、一九九四年）一四一頁参照。

(53) 例えば、*Roxin*, a.a.O.（Anm.43）, S.204；照沼・前掲註（48）一八三頁等。

四　一括消去モデルによる必要条件公式の適用可能性

これまでの検討を踏まえると、帮助犯における因果関係の意味を危険増加原理に基づいて理解する見解に対しては、確かに危険増加原理を採用することが直ちに帮助犯を抽象的危険犯へと変容させることになるわけではないとしても、正犯行為時を基準とした具体的危険犯と捉えることになるのではないかとの疑念が、なお払拭されないように思われる。(54) それでは、帮助犯における因果関係をいかなる意味で理解すべきだろうか。

結論から先に述べれば、帮助犯の因果関係についても、条件説の意味で捉える余地は、なお残されているように考えられる。従来の学説とは一線を画し、いわゆる一括消去モデルに基づくならば、帮助犯の成否を検討する上でも必要条件公式を採用することは可能であろう。

一括消去モデルは、単独犯の事例において競合原因が想定される場合、とりわけ択一的競合の事案に対して必要条件公式を適用するために提出されているモデルである[55]。例えば、共犯関係にないAとBがそれぞれ単独で、Cの飲むコーヒーに致死量の毒を混入したところ、Cが毒の混入したコーヒーを飲んで死亡した場合、Cの死亡結果に対する競合原因のうち、Aの混入した毒とBの混入した毒のいずれが決定的なものであるかが明らかにされない限り、必要条件公式を素直に適用すると、原因を特定できず認定不能となるため、AもBも因果関係が否定されてしまうだろう。そこで、Aによって設定された条件とBによって設定された条件を一括して消去しうるかを検討することで、必要条件公式の機能を維持しようと試みる。すなわち、結果が成立している以上、確かに択一的に消去することができるものの累積的には消去することができない複数の諸条件は、全て結果に対して因果的である、と理解するモデルである[56]。

一括消去モデルに対しては、従来から指摘されているように、共犯関係にない諸条件をなぜ一括することができるのか説得的な根拠が示されていない、との批判が向けられてきた[57]。確かに、単独犯の事例において、そのような批判は全く正当なものであり、特段の事情がない限り、一括消去モデルを使用すべきではないだろう。しかし、共犯の事例において、そのような批判は当たらない。共犯という犯罪類型は、共同正犯に限らず、教唆犯であれ帮助犯であれ、コミュニケーション事象であり、行為者間のコミュニケーションの中で実行行為が遂行されるものである[58]。とりわけ帮助犯は、実行行為の点で正犯行為と事前的なタイムラグが生じうるものの、正犯を促進することによって法益侵害結果に対して因果的に寄与することになる。すなわち、帮助者は、正犯を通じて正犯と共に法益侵害結果を惹起するのである。それゆえ、帮助犯における因果関係は、必要条件公式の一括適用を前提としていると考えられよう。

実際、このような一括消去モデルは、わが国における同時傷害の特例（刑法二〇七条）についても同様に妥当することになると思われる。本来、この規定自体は立法論として廃止されるべきだろう[59]。というのも、二〇七条の規定によれば、複数人の暴行から生じた傷害事例において、因果関係が個別的に特定されない場合でも、「共犯の例による」とされる。共犯関係が存在しないにもかかわらず無理やり共犯の場合と同様に処理してしまう点は、明らかに「疑わしきは被告人の利益に」という法治国家的原理に反し、憲法違反の疑いがあるからだ。(60) しかし、その点は措くとしても、二〇七条が前提としている、「共犯」であれば因果関係を一括消去で処理して構わないとする点については、学説からも異論なく認められていると言えよう。

もっとも、二〇七条における「共犯」の文言の解釈が、本稿との関係で重要な問題となるだろう。すなわち、ここで述べられる「共犯」は、共同正犯に限定されるのか、それとも幇助等の狭義の共犯も含まれるのだろうか。通説は、共同正犯についてのみ、必要条件公式の適用について一括消去が認められる、との立場に依拠している。(61) しかし、条文の文言に目を向ければ、「共犯の例による」と規定されているものの「共同正犯の例による」とは規定されていない。共犯には狭義の共犯も当然に含まれることからすれば、二〇七条が適用される者に幇助犯が成立する余地も残されているように思われる。(62)「共犯の例による」としているのは、あくまでも、反証のない限り結果の帰属を全員に認めるという効果の限度で理解すべきであるとするならば、(63) そのような理解は、幇助犯の因果関係について、一括消去モデルを展開して条件説の意味で捉える本稿の基本構想と、まさに両立することになるだろう。

ともあれ、以上の論理に対しては、次のような批判が想定されよう。第一は、共同正犯の場合であれば、「一部実行全部責任」の法理に従って一括消去が認められうるが、私見によれば、正犯と幇助犯の構成要件や規範が異なり、実行行為も別であるとさえ主張しているため、(64) 幇助犯の因果関係については一括消去モデルを採用する前提が明らかに欠けているのではないか、という批判であろう。もっとも、共謀共同正犯の場合に、単なる共謀者の行為は実行行為ではないとする通説の立場は、そのように批判する資格を既に失っていると言えよう。(65) その上で、確かに正犯と幇助犯の実行行為が区別されるとしても、そもそも幇助犯はコミュニケーション事象であり、いわば「連係プレー」をその本性とするものである。正犯と共に正犯を通じて結果を惹起する関与形態であり、正犯が介在することによって初めて因果関係を有することになる以上、幇助犯の因果関係を認定する際にも、一括消去モデルを排除する特段の理由はないと言えよう。

第二は、幇助犯の因果関係を判断する上で正犯と幇助犯を一括して捉えると、共謀共同正犯肯定説の論拠をめぐる共同意思主体説が想起され、責任主義に反することになるのではないか、というものである。しかし、本稿で示した構想は、共同意思主体説のように共犯者が完全に一体化し、一人格となるわけではない。[66]確かに、共犯においては、ある種のコミュニケーション共同体が成立するものの、個人はその共同体内部で行為を分担するため、関与者の行為態様が処罰根拠となり、その行為態様によって（共同）正犯として罪責を負うのか、それとも幇助犯として罪責を負うのかが判断されるのである。一方、結果無価値については、正犯結果を基準として幇助者に有利な方向で統一的に捉えることが惹起説の趣旨に合致すると思われる。[67]したがって、一括消去モデルに基づく論拠は、責任主義に反することにはならず、むしろ個別行為責任としての自己答責性原理が徹底されうるように思われる。

第三は、法益侵害結果の惹起を志向する幇助犯が、正犯に対して結果の実現に何ら促進効果をもたらさない物を提供した場合でも、幇助犯と正犯のいわばコミュニケーション関係が認められれば、一括消去モデルによって幇助者に正犯結果（既遂結果）が帰属されうるため、結局のところ、私見は幇助犯において因果関係不要説を採るものであり、幇助犯の可罰性を増大させることになるのではないか、という批判である。こうした批判に対しては、次のように反駁することが可能であろう。すなわち、幇助行動規範が固有のものであると解するならば、前述したように、幇助犯固有の構成要件要素として「幇助した」という結果の要素も必要となるだろう。そうした理解を前提にすれば、たとえ幇助犯と正犯との間にコミュニケーション関係が存在するとしても、そもそも幇助行為自体に正犯を「幇助した」という結果をもたらす客観的危険性が存在しない場合、そのような事例は幇助犯の観点から不能犯となるように思われる。幇助の行為無価値を他説よりも厳格に捉え、客観的危険性を幇助犯における行為無価値の内容とするのであれば、幇助犯の可罰性が他説より肥大化することは決してないだろう。不能犯事例において、客観的危険説の立場から既に行為無価値が存在しないと考えるならば(68)、因果性が問われる以前に幇助行為の可罰性が否定されよう。

第四は、一括消去モデルによる必要条件公式の適用は、正犯と幇助犯に相互的なコミュニケーション関係が存在することを前提としているものであり、そのような関係が存在しない片面的幇助の事例においては、このモデルを採用できないのではないか、というものである。この点については、そもそも一方的なコミュニケーション関係しか存在しない片面的幇助の可罰性を認めるかどうか、また、そのような場合でも一括消去モデルを採用することが可能かどうか検討しなければならず、これらの立ち入った考察は改めて別の機会に行いたい。もっとも、判例や通説の立場のように片面的幇助の可罰性を認めるとしても、正犯と幇助犯の相互的なコミュニケーションが存在しない限り一括消去モデルを採用しえないのであれば、第四の批判は的を射ていると言えよう。その場合は、単独犯における必要条件公式の適用と同様に、まずは幇助行為と未遂結果（客観的危険事態）との因果関係が条件説の意味で認められるか、検討されるべきであろう。

(54) 同様の指摘として、松原・前掲註（14）三七九頁参照。
(55) 林陽一『刑法における因果関係理論』（成文堂、二〇〇〇年）四六頁以下参照。
(56) Vgl. *Hans Welzel*, Das Deutsche Strafrecht, 11.Aufl., 1969, S.45. 択一的競合の事例においてこのようなモデルを支持するわが国の代表的な論者として、木村亀二（阿部純二増補）『刑法総論〔増補版〕』（有斐閣、一九七八年）一七八頁、前田雅英『刑法総論講義〔第五版〕』（東京大学出版会、二〇一一年）一八一頁等。
(57) 佐伯仁志『刑法総論の考え方・楽しみ方』（有斐閣、二〇一三年）五〇頁、高橋則夫『刑法総論〔第二版〕』（成文堂、二〇一二年）一一九頁、松原・前掲註（14）六二頁等。

(58) 増田・前掲註（32）三八三頁参照。カムも、共同正犯における共同の行為決意は実際のコミュニケーションの中に存在する、と指摘している。*Simone Kamm*, Die fahrlässige Mittäterschaft, 1999, S.32. 共犯以外では、例えば詐欺罪においても、コミュニケーション犯罪と捉える学説が見られる。例えば、*Roland Hefendehl*, in: Münchener Kommentar zum Strafgesetzbuch, Band. 4: §§263-358 StGB, 2006, §263 Rn.21ff.; 森永真綱「欺罔により得られた法益主体の同意」川端博ほか編『理論刑法学の探究④』（成文堂、二〇一一年）一五五頁、冨川雅満「詐欺罪における推断的欺罔の概念―行為者が事実を黙秘した場合の作為犯成立の限界―」大学院研究年報四一号法学研究科篇（二〇一二年）二一一頁以下等。

(59) 山口厚『刑法各論［第二版］』（有斐閣、二〇一〇年）五〇頁。

(60) 平野龍一『刑法概説』（東京大学出版会、一九七七年）一七〇頁。浅田和茂ほか編『刑法各論〔補正版〕』（青林書院、二〇〇〇年）五一頁等。

(61) 例えば、筑間正泰「刑法二〇七条（同時傷害）について」広島法学一一巻二号（一九八八年）一五頁以下、大谷實『刑法講義各論　新版第四版』（成文堂、二〇一三年）三三頁、前田雅英『刑法各論講義［第五版］』（東京大学出版会、二〇一一年）四八頁以下。

(62) 杉本一敏は、「二〇七条が共同正犯を擬制するという法的効果を規定していることに着目するならば、各人の暴行には、本来の共同正犯との類似性、即ち『意思連絡の外形』が要求されると解すべきではないだろうか」と解しつつも、「このような解釈に『論理必然性はない』」と述べている。杉本一敏「同時傷害と共同正犯」刑事法ジャーナル二九号（二〇一一年）五六頁。

(63) 伊東研祐『刑法講義　各論』（日本評論社、二〇一一年）四一頁参照。

(64) 拙稿・前掲註（3）一三九頁以下参照。

(65) 共謀行為を実行行為とは別様に捉えながら共謀者に共同正犯の罪責を認める判例理論や通説に対する批判として、拙稿・前掲註（33）三九頁以下参照。

(66) 草野豹一郎『刑法改正上の重要問題』（巌松堂書店、一九五〇年）三一五頁以下、下村康正『共謀共同正犯と共犯理論』（学陽書房、一九七五年）八三頁以下等参照。

(67) 拙稿・前掲註（4）二二三頁参照。

(68) 増田・前掲註（32）一七三頁以下参照。

五　おわりに

帮助犯における因果関係の意味をめぐっては、必要条件公式を適用する条件説の意味で捉えることに否定的な態度が示されてきた。従来の見解は、帮助犯の因果関係を同時犯と同様の仕方で個別に認定することを前提としていたため、袋小路に迷い込んでしまったのであろう。しかし、因果関係を検討する限りでは、帮助行為と正犯行為を一括することが許容されうるのではないだろうか。六〇条で規定されている共同正犯の趣旨、すなわち一部実行全部責任の法理を振り返れば、複数人の行為を一括して因果の起点とすることが認められている(69)。行為態様によって共同正犯と帮助犯が区別されるのであれば、帮助犯の場合でも、帮助行為と正犯行為を一括して因果の起点とすることが認められるはずである。そのような一括消去モデルに基づくならば、なお条件説の意味で帮助犯の因果関係を捉えることは可能であろう。危険増加原理は、帮助犯を危険犯と捉えることにつながりかねない危険性をはらんでいるため、妥当な論拠とは言い難い。

最後に、本稿で示した構想を先のハンマー事例に当てはめると、次のような帰結に至るであろう。帮助者は、正犯の犯行計画を知った上でハンマーを提供しているため、強固な共謀に基づいて正犯との間で犯罪の実現を相互に拘束し合う、規範的な連帯関係を構築したわけではないが(70)、正犯とのコミュニケーション関係を構築したと認められるだろう。それゆえ、帮助犯の因果関係を検討する上では、帮助行為と正犯行為が一括され、「帮助行為と正犯行為がなければ結果が実現しなかっただろう」と認定されることによって、帮助者には、正犯と共に惹起された既遂結果との因果関係が肯定されることになる。

確かに、帮助者が提供したハンマーは、正犯によって遂行された実行行為の際に用いられていないため、因果関係を個別に検討するならば、幇助犯における因果関係を条件説の意味で捉えた場合には、幇助行為の因果性は否定されるだろう。しかし、幇助者にとって、提供されたハンマーを正犯が使用せず、正犯の状況判断でより有効な手段が取られることは予め織り込み済みであった。そのような認識の下でハンマーを提供する行為は、それが使用されたかどうかに関わらず、正犯に対して結果惹起を後押しするサポート行為になっており、そのことが結果の発生を惹起する動因の一つとなっている、と言えるのではないだろうか。[71]

そもそも、共犯をコミュニケーション事象と捉える場合、およそ共犯の因果性は、純粋に物理的なものではないだろう。付加的共同正犯の事例を想定すれば明らかなように、ＸとＹが意思を通じてＡに拳銃を発射し、両者の銃弾がＡに命中したものの、Ｘの弾丸が致命傷になった場合や、両者がＡに拳銃を向けたがＸの弾丸が命中したことでＹは拳銃を発射しなかったという場合でも、Ｙは既遂としての共同正犯の罪責を負いうる。[72]これらの事例でも、Ｙの行為に結果との物理的因果性は認められないが、ＸとＹとの間にはコミュニケーション関係が存在しているため、Ｘの行為とＹの行為が一括され、Ｙにも因果関係が肯定されるのである。それゆえ、コミュニケーション関係が存在するハンマー事例においても、既遂結果（正犯結果）との因果性が同様に肯定されよう。ただし、ハンマー事例では、行為と行為に内在する意思（構成要件的故意）の観点から、ハンマーの提供者に（共同）正犯性が認められないため、[73]共同正犯ではなく幇助犯としての因果関係が肯定されることになろう。

(69)　松原・前掲註（14）六二頁参照。

(70)　規範的な連帯関係を構築すれば、幇助犯ではなく共同正犯の罪責が問題となるであろう。拙稿・前掲註（33）五二頁以下参照。

(71)　東京高判平成二年二月二一日東高刑時報四一巻一～四号七頁でも、「Ｘの地下室における目張り等の行為がＹの現実の強盗殺人の実行行為との関係では全く役に立たなかった……にもかかわらず、Ｘの地下室における目張り等の行為がＹの現実の強盗殺人の実行行為を幇助したといい得るには、Xの目張り等の行為が、それ自体、Yを精神的に力づけ、その強盗殺人の意図を維持ないし強化することに役立ったことを要すると解さなければならない」と述べられている。

(72) 丸山雅夫「共謀共同正犯」南山法学三三巻三＝四号（二〇一〇年）六二頁参照。もっとも、Yが拳銃を発射しなかった場合、すなわち直接行為に出なかった場合は、XとYによる共謀行為そのものが正犯性を有する実行行為として認められない限り、Yに共同正犯は成立しえないと解すべきだろう。拙稿・前掲註（33）四二頁以下参照。ベッカーも「行為を行うこと」こそが正犯性の中心的な要素である、と主張している。*Christian Becker*, Das gemeinschaftliche Begehen und die sogenannte additive Mittäterschaft, 2009, S.147. もっとも、ベッカーによれば、付加的共同正犯は存在しえない。というのも、Yの行為は、Aの「死」という結果に対して因果的ではなく、それゆえYには未遂犯が成立するにすぎないからである。*ders*, a.a.O., S.167. しかしベッカーが考える共犯（共同正犯）の因果性論は、心理的な面を見落としており、妥当とは言えないように思われる。

(73) 拙稿「共同正犯と幇助犯の区別基準―故意の再評価―」法学研究論集三三号（二〇一〇年）六二頁以下。エングレンダーも、集団窃盗事例において、「共同」という概念について、直接行為に関与しない場合でも、実行行為の危険性が増大することの表れとして、場所的・時間的な観点から関与者らが協力した、という意味は維持されるべきであるとして、共同正犯概念の制限的な解釈を主張している。*Armin Engländer*, Die Täterschaft beim Bandendiebstahl, GA 2000, S.584, 589.

教唆犯理論の一断面
――教唆犯の処罰根拠とその限界についての展望――

竹内健互

一　はじめに

いわゆる因果的共犯論は、少なくともわが国においては、大方の意見に従う限り、それなりの成功を収めたと言っても良いであろう。では、論争勃発から半世紀を経た今、因果的共犯論を手がかりとして教唆犯をめぐって生じる諸問題を洗い出すことは、今さら共犯の処罰根拠論(1)などという収束済みの争点を時宜に失して蒸し返し、変わり映えのしない古めかしい理論を繰り返しつつ、学問的な独り相撲を取るものに過ぎないのだろうか。むろん、今われわれが解明を必要とし、解決すべき最優先の課題は、狭義の共犯の処罰根拠などという大上段で十把一絡げ的なものではなく、個々の共犯形態の成立範囲を画する固有の処罰根拠（ここでは、教唆犯の処罰根拠）をめぐる論争なのだと言えば、ひとまずもっともらしく聞こえるし、恐らく論争発展の方向性としても正しい選択なのかもしれない。以下では、まずもって、その発展途上に生じる論争提起的な問題に先立って（この点については、後述する）、わが国における因果的共犯論の生い立ちから説き起こすこととしよう。

（1）　本稿では、共犯の処罰根拠論において議論されている共犯解釈論上の諸問題それ自体については、言及しない。最近の学説状況とその問題状況については、わが国では、豊田兼彦『共犯の処罰根拠と客観的帰属』（成文堂、二〇〇九年）三頁以下、ドイツでは、Marios Nikolidakis, Grundfragen der Anstiftung, 2004, S.19ff. とそこに掲げられた文献を参照。

二　教唆犯の処罰根拠

1　共犯の処罰根拠をめぐる二つの方略

ところで、ドイツにおいていち早く惹起説と呼ばれる見解を打ち出したのは、他の誰でもない Lüderssen であろう。彼は、惹起思考と従属性ドグマの忌まわしい結びつきに反発し、共犯不法の固有性を前面に押し出すことで、新たな問題解決に取り組むという先駆的な役割を引き受けることになった。そして実際、彼は、やや強引な形で伝統的な従属性の理解と決別し、惹起説を次のように再規定して示したのである。つまり、惹起説とは、共犯者は、自己の不法及び自己の責任に対して罪責を負うという結論に至るものを言う[2]。そして、見たところ、わが国においても、その彼の問題提起は、共犯論上の諸問題について一定の解釈論的帰結を引き出すために有益な視座と契機を与えたかに見える。

むろん、必ずしもドイツの議論と歩調を揃えて理論構築する必要はないし、必要ならその論争の立て方そのものにさえ鋭い疑問の目を向けることも必要となってくるであろう。とはいえ、わが国においては、共犯の処罰根拠論をめぐって展開された対立が、幸か不幸か、いわゆる因果的共犯論の通説化をもって一応の終結を見たとき、そこに理論的な行き詰まりを露呈したことは、むしろそれを因果的共犯論の課題として受け止めるか、それとも因果的共犯論を問題視するかの違いはあれども、一つの興味深い事実ではないだろうか。そしてそれは、何よりもまず、少なくとも表向きは、惹起説の継受という形で、当の論争そのものがわが国特有の内容的変化を被ったということと相関しているように思われる。

わが国における惹起説の継受は、当初、第一に、惹起説を因果的共犯論と読み替え、また、第二に、責任共犯説の対抗論証という形で成し遂げられた。例えば、因果的共犯論が共犯の処罰根拠となることをどのように理解したら良いのかという問いに対する因果的共犯論の代表的論者の答えはこうである。因果的共犯論は、共犯も、正犯と同じく、結果を発生させたことを根拠として処罰されるものだ(3)、或いは、因果的共犯論とは、自分の行為と因果性のある結果について罪責を負うというのが基本原則であり、それゆえ、他人の行為を通じて犯罪結果と因果関係をもったときも、その結果について罪責を負うという考え方であるなど(4)というのがそれである。つまり、共犯は、正犯と同様に、発生結果に因果関係を有するが故に処罰されるのであり、だからこそ「因果」的共犯論と呼称されるのである。しかし、かように理解された因果的共犯論を惹起説と相互互換的に取扱い、それを不用意にもノミナルな問題へと還元してしまうことは、論争の本旨を捉え損なうという大きな代償を支払うこととなる。松宮孝明がドイツ流の惹起説と日本流の因果的共犯論のニュアンスの相違を指摘していることからも示唆されるように(5)、いわゆる因果的共犯論は、実際のところ、問題の核心を変質させ、かえって処罰根拠をめぐる論争を矮小化したと言えよう。

翻って考えてみれば、そもそも処罰根拠という問題の視座自体、われわれがそれで何を理解すれば良いのか盤石な共通理解が形成されているとも思われないが、[6] それでも発生結果との因果性に関わる観点を処罰根拠に取り込んで考えるかという問題は、実はその背景事情として、結果の不法構造論上の位置づけをめぐる問題と表裏一体ののと捉えることができるであろうし、[7] そう考えることによって初めて、その問題に対する態度決定の如何に応じて論争の様相がわが国においてかなり異なったものとなったということとも辻褄が合うように思われる。

わが国でも馴染み深い結果の不法論上の地位をめぐる論争を改めて援用するまでもなく、「結果」というものは、両義的であり得る。やや図式的な見方をするなら、結果の取扱いの方略について、次のように言述することが許されるだろう。もし発生結果に処罰限界づけ機能のみならず、処罰根拠づけ機能をも与えるのなら、共犯の因果性をめぐる諸問題は、共犯の処罰根拠論の枠内で主題的に論じられるべき最大の関心事となるであろう。それに対し、もし発生結果に処罰限界づけ機能だけを認め、共犯の処罰根拠の問題を、もっぱら行為不法に関わる問題として構成するなら、発生結果の因果性の問題は、共犯の可罰性の問題として共犯不法の存否とは別異の固有領域を獲得することとなる。そこでは、まさに唯一正当な共犯処罰の根拠を構成するのは、共犯行動規範違反のみでしかない。かつて、Renzikowski などは、§§ 26 27 StGB が故意かつ違法な正犯行為を要求しているところ、正犯行為に関する従属性の問題をもっぱら共犯の可罰性の問題として、共犯行為の違法性を根拠づける行動規範違反の問題から切り離すべきだと主張したが、そのことは、共犯「不法」に関わる行動規範レヴェルの問題と、共犯の「可罰性」に関わる制裁規範レヴェルの問題を厳密に区別することが規範論的に要請されて初めて説明し切ることができるので

ある。(8)

一方、わが国における因果的共犯論は、概して言えば、先述の方略のうち前者に根ざしたものであったように思われる。他方、惹起説は、少なくとも本来の出発点からするなら、人格的不法論に対応した共犯の処罰根拠論を模索していたに違いない。そのことに鑑みれば、因果的共犯論は、共犯論の脈略で惹起説という形をとって現れ出た、人格的不法論に抗う因果的不法論からの一つの回答であったと受け取ることも可能であるかもしれない。もちろん、わが国における論争の仕掛け人たちがそうした自覚的な信念と不可分一体のものとして意図的なテクストの読み替えを遂行したのかどうかは定かではないし、そう思い込むに足りる十分な論拠を持ち合わせているわけでもない。ただ、結果として、次のような事態になったことは間違いないであろう。つまり、因果的共犯論は因果的不法論に対応した処罰根拠論の構築に寄与し、いわば惹起説を換骨奪胎し、その依拠する根源的な刑事不法の理解の承継を放棄したところで共犯の処罰根拠を説明した、そしてそのことは、わが国における因果的共犯論の出自ないし生い立ちとの関わりで、今なお看過することができない点であろうと思われる。

だからといって、時代制約的な事情の下で、わが国において因果的共犯論の果たした数々の理論上の地ならしそのものの意義まで消し去るべきだと言いたいわけではないし、共犯も正犯と同様に結果に対する因果関係が認められる場合であって初めてその処罰が解除されるという標準的な見立てそれ自体を、裁判実践上最も重視すべき因果性（因果関係）という刑法的帰属の外的条件の重要性そのものを見失ってまでも断罪したいわけでもない。しかし、わが国では、いささかミスリーディングにも、「因果」というものにことさらその処罰の根拠を模索した、その引き換えとして、個々の行動態様関係的な観点からその処罰根拠を構築し、適切な処罰範囲を形成すべく努める理論的な営為がやや出遅れたことは、こうした事情を抜きにしては十分に理解することはできない。近年、照沼亮介も積年の論争を振返って次のように総括していた。つまり、因果性という見地から共犯論の諸問題を整理しようとする見解が主流となったものの、その過度の因果的把握のゆえに、個々の共犯形態の成立範囲を適切に限定することが理論的に困難となったのだと。[9]

2　教唆犯の行動規範と制裁規範という視座

さて、Joachim Vogelによれば、(規範違反性と義務違反性を区別し)いわゆる関与問題の把握については、概ね三つの見方が可能である。[10] その一つは、関与問題を「帰属問題」(Zurechnungsfrage)へと解消する見方である。その第一の見方に依拠するなら、一切の関与行為はすべて結果に対し因果的であるが故に、関与は根本的に各則構成要件に内在する規範により捕捉される。もう一つの見方は、共犯規定が各則構成要件に含まれる行動規範を拡張するという理解を媒体として、関与問題それ自体を規範内容及び規範正当化の問題として把握するものである。そして最後に、関与は他者の規範違反の帰属の問題であるとの見方が第三のものとなる。それによれば、共犯それ自体は規範違反的なものではなく、あくまでも他者の規範違反が帰属される、その結果として可罰性を獲得する犯罪現象ないし形態ということとなるであろう。いわゆる制限的正犯者概念と拡張的正犯者概念をめぐる論争や、共犯の処罰根拠論を通して明らかとなったのは、いわゆる共犯規範の規範目的と規範内容とを、関与対象たる各則の個々の犯罪構成要件(法益保護)と対応した形で規定すべきであるという点であるから、第二の見方の延長線上に教唆犯の処罰根拠は位置づけられることとなる。

この点、ドイツでもわが国でもしばしば用いられる「教唆犯の処罰根拠[11]」の意味をめぐる問いについて、最近、Heinz Koriathが次のような答えを提出したのは、論争の混乱の一端を暗示する意味でも興味深い。その答えとは、つまり教唆と呼ばれる行為態様を禁止し、制裁を課する規範を根拠づけ又は正当化することはできるかという基本的問い、「教唆犯の処罰根拠」という短縮表現で問われているのは、まさにこのことであるというものである。[12]

今日、刑法典各則の刑罰法規について、その規範的機能は、行動規範（一次規範）と制裁規範（二次規範）とに区別されるという知見に従うなら、例えば、殺人の禁止（刑法一九九条）は、次のような二つの規範から構成されていると考えることはもっともである。

（a1）人を殺害してはならない（行動規範）。
（b1）人を殺害した者は、死刑又は無期若しくは五年以上の懲役に処する（制裁規範）。

そして、それを総則の教唆の禁止（刑法六一条）と接合するなら、次のような規範が獲得される。

（a2）他人を殺害するよう教唆してはならない（行動規範）[13]。
（b2）他人を殺害するよう教唆した者は、正犯の刑が科せられる（制裁規範）。

Koriathによれば、それらの規範、厳密に言えば、そのうち（b1）と（b2）を正当化するものは、予防原理（Präventionsprinzip）であると言う。というのも、殺人行為の実行が非蓋然的となるのは、殺人行為の教唆をも制裁威嚇を通じて非蓋然的となる場合だからである。それ故、彼にあっては、共犯の処罰根拠は、予防という原理から〈統一的に〉把握されることとなるのである。

だがしかし、ここでKoriathが問題としている処罰根拠とは、（b1）と（b2）を指示していることからも明らかなように、制裁規範の目的、もっと直裁に言えば、一つのあり得る刑罰目的そのものなのであって、その論証主題は、決して行動規範関係的なものではない。もちろん、総則の教唆犯規定に、いわば犯罪創設機能ないし犯罪化作用を認めるなら、その適用を誤ると不必要な処罰を生む以上、立法者は、自己の法政策的決定、つまり教唆禁止規範（刑法六一条）の創出を正当化すべき責務を負うということは当然であるし、国家刑罰制度を設営する限り、それは、言うまでもなく他の犯罪類型にも共通して与えられるべき論証テーゼであろう。しかし、そのことと、当の関与者が（正当な）教唆行動規範の違反（教唆不法）を唯一の根拠として処罰される、そのことの正当化とは（もちろん、それは同時に、処罰の十分条件を意味しないが）、その論証の差し向けられる者のパースペクティブが異なっている以上（立法者と関与者）、両者を安易に取違えてはならないであろう。[14] むしろ、ここでは、Koriath の用語法にもかかわらず、真正の教唆犯の処罰根拠とは、教唆という行為態様をその構成要素として取り込んだ意味での（a 2）の規範との関係でこそ解明されるべき課題であるということをもう一度確認しておこう。

（2） Klaus Lüderssen, Zum Strafgrund der Teilnahme, 1967, S.25. なお、Lüderssen の惹起説は、彼が禁止の内容は人が支配し得るものを超えるものであってはならないという論証は、決して反駁し得るものではないと指摘している点を併せ考えることなくして理解することはできないという点も付言しておきたい。Ders., Die strafrechtsgestaltende Kraft des Beweisrechts, ZStW 85 (1973), 292.

（3） 平野龍一「責任共犯論と因果的共犯論」同『犯罪論の諸問題（上）総論』（有斐閣、一九八一年）一六八頁。

（4） 西田典之『刑法総論（第二版）』（弘文堂、二〇一〇年）三三八頁、三三九頁。

（5） 松宮孝明「共犯論」ジュリスト一三四八号（二〇〇八年）六五頁を参照。

（6） Reinhart Maurach/Karl Heinz Gössel/Heinz Zipf, Strafrecht, ATII, 1989, §50 Rn. 49.

（7） さらに、この点につき、Günther Jakobs, Strafrecht, AT, 2. Aufl., 1991, 22/1 も参照。

（8） Joachim Renzikowski, Restriktiver Täterbegriff und fahrlässige Beteiligung, 1997, 131ff.

（9）照沼亮介「共犯論」法律時報八一巻六号（二〇〇九年）四三頁。
（10）Joachim Vogel, Norm und Pflicht bei den unechten Unterlassungsdelikten, 1993, 80ff. なお、彼は、正犯、つまり共同正犯及び間接正犯の場合には、他者の行為は「自己」の規範違反的行動として帰属されるのに対し、共犯、つまり教唆犯及び幇助犯の場合、他者の規範違反「それ自体」が共犯者に帰属されるとし、第三の見方に与していた。
（11）この点について、多くに代えて、Henning Steen, Die Rechtsfigur des omnimodo facturus, 2011, S.121ff. を参照。
（12）Heinz Koriath, Zum Strafgrund der Anstiftung. Eine Skizze, in: Festschrift für Manfred Maiwald, 2010, S.419f.
（13）但し、Koriath 自身が、明示的にこうした規範（教唆犯の行動規範）を設定してはいない点は、明記しておく必要がある。Koriath, a.a.O. (Fn. 13), S.419.
（14）なお参照、松原芳博『刑法総論』（日本評論社、二〇一三年）九頁以下。

三　教唆犯としての処罰に伴う諸問題

1　心理的因果性

さらに、因果的共犯論と関連して、もう1点、是非とも言及しておかなければならないのは、いわゆる心理的因果性をめぐる問題である。周知の通り、心理的因果性の問題は、今までも犯罪論の至るところで刑法学者にとっても悩みの種となっていたし、近い将来、心の哲学、心身問題、自由意志の問題について終局的解決も期待できないのなら、そうした状況は、これからも当面変わりはないであろう。共犯以外の分野でも、例えば、自動車ディーラーAが店頭の自動車の事故歴を秘匿し、新古車であると偽り顧客Bに実際の価格を大幅に上回る価格で購入させた場合、財産上の損害の発生も要するかについては争いがあるが、詐欺既遂罪の成立には、少なくとも（行為者の）欺罔行為、相手方の錯誤、（相手方による）処分行為、（行為者による）財物の取得が必要であり、こうした因果の経過が、いずれかの段階で切れた場合には、たとえ財物を取得したとしても、詐欺罪は未遂にとどまるという点については、ほぼ異論がない。しかし、欺罔行為とそれに基づく錯誤、そしてその錯誤の結果として行われる処分行為（財物の交付）を媒介しているのは、相手方の財物交付についての（瑕疵はあるものの任意な）行為決意であり、それなくしては構成要件的結果の発生は見込めない以上、心理的因果性の問題と切り離した形で詐欺罪の罪責決定（未遂犯か既遂犯か）はできないはずである。同じことは、各則の犯罪類型では、強要罪、脅迫罪などでも問題となるであろうし、総則では、共同正犯、教唆犯、幇助犯において常に潜在している問題でもある。

残念ながら、その検証範囲を刑事法分野に限ってもなお、心理的因果性をめぐる論争に足を踏み入れるだけの余裕はないものの、ここでは、教唆犯という文脈的限定を施した上で、最近、再び心理的因果性の問題へ取組んだ一つのアプローチを参照しつつ、その問題を改めて教唆という態様との関係で再編成し直すこととしたい。というのも、そこでは、いわゆる心理的因果性の起点行為たる教唆行為（言語行為）をいかに把握するかという問題が同時に提起されており、それを問題圏から切り捨てて心理的因果性を問い、さらに教唆犯としての処罰を行うことはできないからである。

従来から、こうした問題を意識してか、刑法学者の内部でも、しばしば「動機形成」（Motivation）や「行為理由」（Handlungsgrund）というキータームが取上げられてきたし、現在では、以前にもましてそうした言葉遣いは教唆解釈論の諸問題のはしばしで一層広く見受けられるようにさえなっている[15]。

けれども、そうした用語使用の一般化とは対照的に、なぜここで突如として「動機形成」や「行為理由」というキータームが担ぎ出されなければならないのか、そもそも刑法的帰属において行為理由の性格ないし身分はいかなるものであり得るのか、また、もっと根源的な問題としては、教唆者による行為理由の提供と正犯者におけるその受容という動機づけの関係そのものを、自然的因果性と同系列の問題として取扱うことができるであろうかという問題については、積極的な論拠が示されることは（奇妙なことに）余りない。一部の例外を除けば[16]、わが国において、そもそも心理的因果性や動機や行為理由についての問題関心がまだまだ低調であることは、たとえ教唆犯として処罰される事例が実務上少ないことを割り引いて考えたとしても、依然として不可解であるし、だからといってそれらの問題を漫然と放置しても良いことの理由とはならないはずである。

ところで、心理的因果性を自然的因果性と同じもの（極端な立場では、前者を後者へと還元する）と捉えて良いかという争点については、〈統一的〉因果のドグマとしてそれを斥けるかどうかがまさに問われ続けているのだと言い換えることができよう。例えば、Ingeborg Puppe は、われわれは心理的出来事の経過に関する一般的規則を手にしていない以上、今やイリュージョンとしての〈統一的〉因果概念を放棄し、他者に対する心理的に媒介された影響づけに基づく結果の帰属を、自然的出来事の影響づけに基づく外的結果の帰属とは根本的に異なる基礎から根拠づけることしか道は残されていないと半ば諦観に近い宣言をしていた[17]。

最近、Joachim Renzikowski は、この問題と再び真向から対決し、教唆犯理論にとっても興味深い結論を提示している。その論証は、二段構えである。彼は、第一段階では、因果性の概念ないし因果関係判断の意味を明らかにして次のように言う。まず、因果関係の判断とは、二つの相互に異なる概念の関係、つまり原因としてのAとそのAの結果としてのBの関係を問題とするものであって、因果関係にあるAとBは、論理的前後関係にあり、その論理的様相（Modalität）は、「必然性」である。また、因果関係は「非対称的」（asymmetrisch）、つまり因果関係は一方向において（in einer Richtung）のみ成立する。それというのも、AがBの原因である場合、同時にBがAの原因であることは想定し得ないからである。また、いかなる事態も当の事態それ自体の原因となることはできない以上、因果関係は「非再帰的」（irreflexiv）でもある。そして、等価説を思い浮かべると分かりやすいが、原因の原因もまた原因として妥当するから、因果関係は「推移的」（transitiv）でもある。つまり、「AならB」、「BならC」という場合、Cの原因であるBの原因Aもまた原因であるから、「AならC」もまた等しく妥当する[18]。

第二段階では、帰属概念ないし帰属判断の意味が因果性概念との関わりの中で明らかにされる。Renzikowskiにとって、帰属判断は、因果性、つまり行為と発生結果の間の因果性を前提とはしているものの、例の白いビリヤード玉の衝突の結果として赤いビリヤード玉の運動を記述する場合などの通常の因果判断と本質的に異なるものであって、道徳的な意味においても下されるべきものである。自然原因（causa naturalis）は、因果関係の枠内では必然的にそれに対応する結果を惹起するものでなければならないが、自由原因（causa libera）としての行為者は、自らが原因となることを思いとどまることが可能であったのであり、帰属判断は、それが自発的に原因になったということ、つまり自由に基づくものだということを言明するものである限り、自由原因は、自然原因から区別されなければならない。帰属というテーマで主題化される因果判断は、この意味での自由に基づく因果性（Kausalität aus Freiheit）に関わるものでなければならない[19]。

かくして、Renzikowskiは、心理的因果性というものは、概念的にあり得ないと結論づけたのである。なぜなら、彼によれば、まず、自由原因としての行為は、それ自身以外の何ものによっても惹起されることなどないし、ひとつの事態を一方で決定されたもの（determiniert）、つまり自然原因として取扱うと同時に、他方で自由なもの、つまり自由原因として取扱うことは、端的に矛盾に他ならない以上、自由原因は、先行する出来事の結果としては理解し得ない。また、そうであるなら、ひとつの出来事が別の出来事の必然的結果であるという場合、その出来事が行為であることもあり得ない。両者の間に合法則性を見出すことは困難であって、因果関係の推移性も脱落してしまう。その結果、いわゆる遡及禁止論の立場から、自由原因としての行為は遡及を中断すると言うのである[20]。

もちろん、Puppeにせよ、Renzikowskiにせよ、誰であれ、また、心理的因果性を自然的因果性と同視しないにせよ、そもそも心理的因果性を否定するにせよ、教唆犯に関する限り、そうしたことは、多くの場合、いわば消極的な態度決定を表明しているに過ぎない。換言するなら、心理的因果性を認めないことから、教唆犯としての処罰とその一切の説明が積極的に断念されるわけではない。それは、あくまで代替理論の構築を促す一つの端緒である。Renzikowski に言わせれば、そこにおいて主題化されるべきなのは、心理的因果性ではなく、行為理由の帰属を通じた〈行為〉の意味解釈であって、それは、因果性とは全く異なるカテゴリー、つまり帰属というカテゴリーで遂行されるということとなる。[21] だがその一方で、理由は一般化可能なものである必要があるから、根拠づけは、一般的規則に従うものでなければならない。問題は、そこで言う一般的規則とは何かということである。そこで、それが因果判断を下すための規則とは異なることに注意を喚起しつつ、彼が最終的に提示するのが、いわゆる実践的三段論法モデルに他ならない。それは、タイプHの行為を実行することは、タイプZという行為目標を実現するために一般的に適切なものであるという場合、（タイプZの個別事例としての）目標zを実現したいのなら、（タイプHの個別事例としての）行為hを実行することが合理的（vernunftig）であるという形をとる実践的三段論法である。[22] 言語的表現の意味を了解できる場合であって初めて人に行為理由を提示することが可能となる以上、その意味の了解は、因果関係とは無関係であるし、教唆犯において他者に一定の犯罪行為を行うよう仕向けることも同様、実践的三段論法の形式で合理化可能なものであるとはいえ、それは、厳密な意味で他者の行為の因果的説明ではなく、いわゆる行為の目的論的説明に他ならないのである。こうして、教唆犯規定（§26 StGB）は、他者の故意行為の共同原因となること（Mitursächlichkeit）ではなく、正犯者に対し犯行を実行するための動機（Motiv）の提供を禁止しているという限りで、教唆の禁止を説明するために因果性という概念は不要なものと評価されることになる。[23]

なるほど、もし教唆者による教唆行為を「理由の提供」の側面に限定し、被教唆者における「理由の受容」の側面をひとまず度外視するなら、一見すると、そう言うこともできるかもしれない。しかし、教唆者は、何も、目に見えない不可思議な言葉の魔術を使って被教唆者に犯罪を実行させ、徹頭徹尾、その言葉の影響力の下で各則の犯罪を実現させるわけではない。例えば、A（教唆者）がB（被教唆者）に対し、一〇〇万円と引き換えに拳銃で被害者を暗殺するよう唆したという教唆犯のプロトタイプ的な場合でさえ、Aは、少なくとも拳銃で被害者を射撃すれば、被害者は失血死等で死亡するという（自然ないし物理）因果的知識を利用し、そうした知識を総動員して被教唆者に殺害を教唆している以上、もし教唆禁止規範の発動の局面で全く因果性についての言及を不要とし無関心を決め込んで良いというのであれば、それはにわかには受け入れ難い主張であろう。或いは、こう言っても良いであろう。例えば、A（教唆者）がB（被教唆者）に対し、それが砂糖水であることを知りつつ、「これを飲み物に混ぜてC（被害者）を毒殺しろ」と教唆した場合、もしそもそも法益侵害の客観的危険性のない行為は、ここでは殺人罪の規範目的（人の生命の保護）を達成するために不要である以上、そもそも禁止の対象とすべきではないと考えるのなら、そうした内容の教唆行為に対しても同様に禁止規範（刑法六一条、同一九九条）が発動されず、そもそもそうした行為に殺人教唆の不法を認めることができないのなら（むろん、正犯が不能犯となれば、いわゆる共犯従属性の見地から共犯も処罰されないため、問題そのものは表面化しないだろうが、ここでは、そういった論法は差し当たり度外視したい）、それはひとえに教唆行為の内容的構成要素たる「砂糖水による殺害」が〈物理的に〉不可能であるという因果判断を前提とせざるを得ないであろう。その意味で、教唆者がいわゆる理由の提供を通じて被教唆者に仕向ける正犯行為の内容は、最低限、物理因果法則的な先行判断に支えられた不能犯のロジックを乗り越えたものでなければならないし、だとすれば、教唆禁止がいかなる意味においても自然的因果性と無関係であると言うのは行き過ぎであろう。

2　実践的三段論法モデル

では、厳密な意味での因果法則（自然法則）と同一視すべきではないものの、教唆行為を説明するための一般的規則として設定される、実践的三段論法とは、いかなるものであり得るのだろうか。教唆禁止の内容理解もさることながら、われわれが対人間コミュニケーションに関する限り、自然法則に匹敵するだけの確からしい法則論的知識を手にしていない今、教唆犯の適切な処罰範囲の画定ないし限定は、その処罰の根拠と共に、実践的三段論法をいかに理解するかという点にかかっていると言っても過言ではないとも思われる。

いわゆる実践的推論（praktisches Schließen）ないし実践的三段論法（praktischer Syllogismus）とは、古くはAristoteles に遡るものであり、近時における Elizabeth Anscombe や Georg Henrik von Wright による実践的三段論法の復権と再編成は、わが国においても良く知られているところであろう(24)。

標準的な理解に従えば、実践的三段論法は、最も単純な形では、次のように構成される。

（a1）Aは、pをしようと意図している。
（b1）Aは、qをしなければpをすることはできないという信念を抱いている。
（c1）故に、Aは、qを行う（qに取り掛かる）。

それを、われわれに関心のある殺人の事例へと具体化するなら、実践的三段論法は、以下の通りとなる。

（a2）Aは、B（人）を殺したいと意図している。
（b2）Aは、Bに向けて拳銃を発射しなければBを殺すことはできないという信念を抱いている。
（c2）故に、AはBに向けて拳銃を発射する。

こうして実践的推論では、大前提で行為目標について言及し（＝（a1）、（a2）の部分）、小前提は、目的合理性を媒体として、いわばその目的のための手段として一定の合目的的な行為をそれと関連づけ（＝（b1）、（b2）の部分）、結論として目的実現のための合理的手段の使用ないしその行為への着手が導き出される（＝（c1）、（c2）の部分）。それが、いわゆる（行為の）目的論的説明として、人の〈行為〉を了解するために唯一相当なシェーマとして、多くの志向主義者（Intentionalisten）に支持され、因果主義者（Kausalisten）のカヴァー法則モデルに対置されているのは、行為というものが、因果法則から演繹論理的に推論し得るものではないからである。[25] Jochen Bungに言わせれば、実践的推論は、自然法則とは違い、〈行為〉の固有法則性モデル（Modelle der Eigengesetzlichkeit des Handels）を指示するものということになる。[26] そこでは、行為の「理由」は、例えば、（a2）（b2）など、実践的推論における一対の前提で表現されるものであって、その固有法則性の一部をなしている。しかし、当面の文脈において注意喚起しておきたいのは、次の点である。つまり、実践的三段論法は、証明形式ではなく、むしろ証明三段論法とは異なる種類の基礎づけ形式であるから、一対の意図と信念に言及し、そこから一定の行為を導き出すという場合、それは、実践的なものであって、論理的なものではないという点から生じる実践的推論の限界に関わる側面である。Jochen Bungも繰り返し述べているように、実践的推論は、ある一つの正しい解釈を示したり、いわゆる行為の事物論理構造などを表したりするものではなく、一つの解釈シェーマとして、人の行為を「もっともらしい行為理由」（plausibeler Handlungsgrund）に照らして解釈する可能性、つまり一定の行動を理由に基づく行為と解釈する可能性を明らかにするものである限り、一対の前提が行為の「実際の理由」（tatsächlicher Grund）ないし「真なる原因」（wahre Ursache）をも表現しているかどうかについては、常に疑いを差し挟む余地がある。[27][28]

また、およそ〈行為〉を動機づけるものすべてを実践的推論の枠内で前提として構成し直し、その目的論的説明の脈略へと過不足なく取り込むこともできない。実践的推論は、人が一定の行為を行ったことに関し、字義通り、真の意味での理由ないし原因を与えることはできない。なるほど、われわれは、一定のシチュエーション下で漠然とした恐怖心や苛立ちから一定の行為に駆り立てられることがあることを経験上知っている。そうであるなら、恐怖心や苛立ちというものは、われわれの行為に何らの影響も及ぼさないと言い切ることはできないようにも思われる。しかし他方で、それらは、仮にそれが行為実践の過程で、何かしらの重要な役割を演じるとしても、それを用いて目的論的説明を行うところの実践的推論の前提として組み込むことのできるものではない。なぜなら、少なくとも実践的推論の前提を構成するものは、少なくとも命題構造を兼ね備えていなければならないからである。J.R. Searleも、理由の特定が本質的に命題的だという点と関連して、あらゆる理由は、命題構造を持つ存在であり、それは、雨が降っているという事実のように、世界の中の事実であっても、雨に濡れずにいたいという欲求のように、命題的な志向的状態でも良いし、義務や確約、要求や必要性のように、事実でも志向的状態でもないが、しかし命題構造を持つ存在であっても良いとし、なぜ理由が命題構造を有しなければならないかについて、それが推論に用い得る必要があるからだと指摘する。[29]

そうして、命題構造を備える行為理由（Handlungsgrund）と、少なくとも部分的に非命題的な性格を帯び、それ故に完全な命題形式での記述のできない動機（Motiv）ないし動因（Beweggrund）を分かつことは、[30] 当の動機が実践的推論の前提たり得るものかという問いとの関係において切実なものとなろうし、ひいては教唆犯における行為理由の提供とその受容について、（教唆犯の処罰範囲を限定しつつ）新しい見方を提示することになるに違いない。

3　理由と原因―再び因果的共犯論

しかし、それにもまして一層重要なのは、〈意図〉と〈行為〉との関係であろう。例えば、大学まで行こうと電車に乗り、パスタを食べようとフォークを取るといった行為はそれぞれ当の大学へ行こうと意図し、パスタを食べようと意図するといったものといかなる関係にあるのだろうか。つまり、先の実践的三段論法の前提に則して言えば、人を殺そうと拳銃を発射するという場合、その行為の理由の一つとしての前提、すなわち「人を殺害しよう」という意図と拳銃の発砲行為の間の関係、いわば理由関係とでも言うべきものをいかなるものとして把握すべきかという課題がここにおいて提出されることとなるのである。

この点で、わが国の因果的共犯論も、そうした問いかけからひとり逃れることはできない。媒介者の自由な意志の介在にもかかわらず心理的因果性を認めるにしても、或いは実践的推論の前提の構成要素たる行為理由の提供とその受容という枠組みへと乗り換えるにしても、事情はさして変わらない。もし仮に、わが国の因果的共犯論がやはり教唆犯についても、行為ないし結果に対する意図の相関関係（理由関係）を、原因と結果の関係になぞらえて等しく因果論的見方から〈統一的に〉説明するものであるなら、行為の理由は、何らかの原因性を帯びていなければならないと推論するのはもっともなことであろう。つまり、行為の理由は、同時に行為の原因でもなければならないはずであると考えられるのである。

Anscombe らの行為の反因果説に対し、その筆頭は Donald Davidson であるが、行為の因果説は、まさに行為の理由と行為の原因とは同一であり、行為の説明を世界内の他の出来事と同様のものとして扱うことを目論むものである。行為とその理由の関係は因果的なものではあり得ないという反因果説に対して彼が反旗を翻したのは、もし因果的説明を媒介としないのなら、例えば、「AはBを殺したいと思うが故にBを拳銃で射撃した」という殺人行為の説明における「が故に」（because）の分析が欠落してしまうからである。[31]「Bを殺したいと思う」ということが行為の理由となるのは、それが行為に先行し、当の殺人行為を引き起こすからに他ならない。また、門脇俊介と共に、Davidson の論証を次のように敷衍しても良いだろう。例えば、「アメリカに行こうと思うゆえに（because）、彼は成田に行く」という行為の理由の説明がうまくいくのはどのような場合だろうか。それは、「…のゆえに…」という理由の関係が十分に説明されたときだろう。だが、反因果説においてはこの関係がうまく説明されていないのではないか。アメリカに行くには飛行機に乗る必要があり、それが最も簡単に実現できるのは成田空港だ、というような行為の文脈をどれほど積み重ねたところで、「まさにこの理由のゆえにこうする」ということの説明にはならない。「まさにこの理由のゆえにこうする」と言えるのは、この「ゆえに」が一種の因果関係を表しているからではないか。「アメリカに行こうと思う」ゆえに「成田に行く」のは、前者の出来事こそが後者の行為という出来事を結果として引き起こす原因だからである。[32]

改めて教唆犯の脈略へ議論を再定位するなら、例えば、AがBに対し「Cを拳銃で撃て」と命令する場合、そのAの命令（教唆行為）とBの犯行決意、そしてBの殺害意図と拳銃の射撃（殺害行為）のそれぞれについて同じ問題が提起されるであろう。この点、Koriath は、（i）教唆者Aの命令と、被教唆者Bの決意は、二つの出来事と言えるのか、もしその問いが肯定されるのなら、次に、（ii）両者の間に決定論的法則の形で法則的関係が存在すると言えるのかという疑問を提起している。[33] もちろん、何をもって「出来事」と言うかというレヴェルの問題については、哲学者の間でも大論争となっているが、しかし Koriath によれば、もし出来事というものが三次元座標（軸）へと配置可能な事柄であると考えるのなら、命令と決意とは出来事として考えることはできない。[34] そうした

Koriathの診断の背景には、恐らく、次のような洞察が潜んでいると考えることは想像に難くない。つまり、こういうことである。なるほど、教唆者は、「Cを拳銃で撃て」という発言それ自体は、一定の時空的な関係のうちにある状況下で発せられたものであるから、教唆行為としての言語行為を彼の言う三次元座標へと配置することは可能であろう。しかし、言語行為に関する限り、何より重要なのは、言語使用のコンテクストの下でその発話がいかなる語用論的意味を有するかであるということに思いを致すなら、[35]物理的ディメンションにおける言語行為の遂行（の時空的座標）が重要なのではなく、むしろ言語行為においては、その意味こそが重要なのである。[36]いずれにしても、控え目ながら、次のように言えることだけは確かであろう。つまり、言語行為としての教唆行為と犯行決意を、二つの相互独立の観察可能な出来事と考えることは、今までも、そしてこれからも決して自明のものではない。

だがしかし、因果説（因果主義）にせよ、反因果説（志向主義）にせよ、大抵の場合、意図と行為、実践的推論、行為の理由をめぐる議論の関心が、例外がないとは言わないが、主として〈一人の人格〉の内部における問題に終始してきたことは、忘れるべきではない。つまり、それらの論証は、必ずしも〈教唆者〉と〈被教唆者（正犯者）〉という〈別人格〉間のインタラクションの特殊性を自覚的に意識して展開されてきたものではないのである。そうであるなら、その論争の成果を何ら納得の行く説明なく直ちに教唆犯の問題領域へと転用してしまうことは、端的に言って、余りにナイーヴであると思えてならない。そこで、もし心理的因果性というキータームを用いることが許されるのなら、そうした心理的因果性ないし関係性というものは、第一に、個人内（個体内）において（例えば、パスタを食べようとフォークを取る）、第二に、一者と他者の人格相互間において（例えば、人を殺害しようと他者を教唆する）それぞれ問題となるのであるから、心理的因果性と物理的因果性の相互関係のみならず、心理的因果性それ自体の問題として、それぞれの局面の差異を踏まえた理論の構築が必要となってくるであろう。また、そうであるなら、間接正犯における心理的因果性と教唆犯における心理的因果性も、広く一般には、同じく心理的因果性というラベルを貼られるとはいえ、他者、つまり〈媒介者〉の属性を踏まえた構成を行うべきように思われる。

(15) 教唆犯を「動機」という表現との関係で規定しようと試みるドイツ刑法学の近時の学説状況については、Steen, a.a.O. (Fn. 11), S.182ff. に詳しい。なお、それらの個々の学説の検討は、別の機会に論じることとしたい。

(16) 例えば、林幹人「共犯の因果性」同『刑法の基礎理論』（東京大学出版会、一九九五年）一五九頁以下、森川恭剛「教唆犯の因果性と行為の目的論的解釈」九大法学六九号（一九九五年）七五頁以下、増田豊『語用論的意味理論と法解釈方法論』（勁草書房、二〇〇八年）五〇三頁以下など。なお、金澤真理「行為の動機と犯罪の目的―嫌がらせの刑法的規制とその限界―」法政論叢四一＝四二号（二〇〇八年）三一頁以下。

(17) Ingeborg Puppe, Nomos Kommentar, 3. Aufl., 2010, Vor 13ff.

(18) Joachim Renzikowski, Ist psychische Kausalität dem Begriff nach möglich ?, in : Festschrift für Ingeborg Puppe, 2011, S.202ff.

(19) Renzikowski, a.a.O. (Fn. 18), S.209ff.

(20) Renzikowski, a.a.O. (Fn. 18), S.211.

(21) Renzikowski, a.a.O. (Fn. 18), S.201f.

(22) Renzikowski, a.a.O. (Fn. 18), S.212ff.

(23) Renzikowski, a.a.O. (Fn. 18), S.214. Renzikowski と同じく、カントの自由概念に依拠する、Joachim Hruschka, Regreßverbot, Anstiftung und die Konsequenzen, ZStW 110 (1988), 581ff. も参照。また、彼によれば、教唆者は、正犯者に犯行を差し控えるより犯行を遂行するためにより良い理由を提供することで、幇助者は、正犯者を直接的に援助し（例えば、道具の調達）、或いは法益主体の保全措置を排除する（例えば、警報装置を解除する）ことで、正犯の犯行を容易にし、法益侵害の危険を高める。いずれにしても、彼にあっては、共犯行動規範の内容は、せいぜい「危殆化禁止」として性格づけられるということもここで指摘しておくべきであろう。Renzikowski, a.a.O. (Fn. 8), S.123ff.

（24）フォン・ウリクト『説明と理解』（産業図書、一九八四年）、G.E.M. アンスコム『インテンション』（産業図書、一九八四年）、同「実践的推論」ストローソンほか（門脇俊介＝野矢茂樹編・監訳）『自由と行為の哲学』（春秋社、二〇一〇年）一九一頁以下（早川正祐訳）など。

（25）Urs Kindhäuser, Intentionale Handlung, 1980, S.11ff., 23ff., 27ff.; Klaus Bernsmann, Zum Verhältnis von Wissenschaftstheorie und Recht, ARSP 1982, S.538ff. なお、Bernsmann の構想については、森川・前出注（16）八四頁以下。

（26）Jochen Bung, Wissen und Wollen im Strafrecht, 2009, S.139.

（27）Bung, a.a.O. (Fn. 26), S.146, 139.

（28）例えば、ある者が一枚のチョコレートを買う場合、彼は、チョコレートが欲しく、適切な知識を持っているということ（一枚のチョコレートを買うことは、欲求ないし意図を実現するために適合的なことであるという信念）へと還元することは、実践的推論においては、もっともらしい。しかし、彼は、もしかすると別の理由から行為したのかもしれないという可能性も否定することはできないであろう。（局外の第三者たる）〈観察者・解釈者〉にとってその別の理由は、継続的に彼の行動を観察することでしか明らかにならないのである（彼がその後チョコレートを子どもに与えるなど）。

（29）ジョン・R・サール『行為と合理性』（勁草書房、二〇〇八年）一〇九頁。残念ながら、紙幅の都合上、理由の論理構造をめぐるサールの議論については、ここでは取上げることができない。近時の議論も含めて、それらについては、機会を改めて検討することとしたい。また、多くに代えて、マイケル・スミス『道徳の中心問題』（ナカニシヤ出版、二〇〇六年）一二二頁以下、柏端達也『自己欺瞞と自己犠牲』（勁草書房、二〇〇七年）六一頁以下も参照。

（30）行為理由と動因については、Bung, a.a.O. (Fn. 26), S.151ff.

（31）D・デイヴィドソン（服部裕幸＝柴田正良訳）『行為と出来事』（勁草書房、一九九〇年）二頁以下、一四頁。

（32）門脇俊介『現代哲学』（産業図書、一九九六年）一八〇頁以下。

（33）Koriath, a.a.O. (Fn. 12), S.430. また、心理的因果性を含め、彼の主張の全体像について参照、ders., Kausalität, Bedingungstheorie und psychische Kausalität, 1988; Grundlagen Strafrechtliche Zurechnung, 1994; Kausalität und objektive Zurechnung, 2006.

（34）Koriath, a.a.O. (Fn. 12), S.430f.

（35）拙稿「教唆犯理論の方法論的基礎に関する再検討」法学研究論集（二〇一一年）二一五頁以下、二二〇頁。

（36）参照、Koriath, a.a.O. (Fn. 12), 431.

四　おわりに

既に示したように、わが国における因果的共犯論は、その仕掛人と継承者らとが好むと好まざるとにかかわらず、いくつかの問題点を抱え込んでいる。教唆犯に関する限り、われわれが今すべきことは、半世紀に及ぶ論争を清算し、その争点に相応しい地位と評価を与えると同時に、絶えず新たな知見に目配せしつつ、教唆犯論における各種の通俗的な理解を問い直すことでしかあり得ない。もちろん、そうして獲得された努力の成果は、何ら伝統的理解を脱却するものではなく、ともすると平凡で興醒めするものでしかないのかもしれない。しかし、教唆犯という犯罪現象を、いかなる理論構造の下で理解し、（その規範の発動も含めて）その帰責ないし帰属を正当化するかという問題に取組む以上、意図、決意、行為理由、実践的推論、心理的因果性などのキータームを用いつつも、それらを修辞上の添え物としないために、それらをめぐる諸学の発展にそ知らぬ顔を決め込んでおくようなことはできない。共犯論、殊に教唆犯論の行き詰まりは、そういった方向においても打開すべきもののように思われる。とはいえ、本稿では、教唆犯と隣接する関与形態における同様の問題性、例えば、共謀（共同正犯）、犯行決意の強化（幇助犯）などの理解との関係について詳しく取上げることはできなかったし、行為理由をめぐる論争についても今一歩踏み込んで十全な検討を施すことはできなかった。その意味では、本稿は、教唆犯で問われ得る問題を紐解く端緒を見出したに過ぎない。問題は誰にでも開かれている。それ故、そうした点についての未解明のままに先送りされた問題に〈統一的に〉取組み続けることが今後の課題である。

※ 思い返せば、わたしが法学部一年生のとき、初めて「刑法学」という学問に接したのは、他の誰でもない、津田先生

の「刑法総論」の講義においてであった。津田先生の講義を通じて受けたさまざまな学問的刺激、それに何より講義の最中ふと垣間見える先生の笑顔がつい最近のことのように思い出される。今はただ、津田先生のご冥福をお祈りしつつ、本稿を閉じさせた頂くこととしたい。

証人審問権と犯罪被害者保護

山田道郎

一　はじめに

最近、犯罪被害者保護の必要性を主張する声がいろいろの方面で高くなっており、そのための方策が模索されている。刑事手続に関しても同様であり、刑事訴訟法典にそれに関する一定の規定が設けられるに至っている。一般に犯罪被害者は同情や支援の対象になるべき者であり、私も含めて、このことに異を唱える者はないであろう。性犯罪の被害者に対してもこのことはあてはまる。これは、裁判員裁判における性犯罪に関する量刑において、法定刑が変更されたかのような重罰化傾向が見られることからも理解できる。

しかし、他方で犯罪被害者保護の過度の強調によって、現行刑事訴訟法施行当初から学界があげてその保障に多くの力を注いできた、被告人の権利が軽視されることがあってはならないこともちろんである[(1)]。被告人の憲法上保障された証人審問権との関係が問題になるのもこのコンテクストにおいてである。後述のように、国家捜査・訴追機関と対決する被告人に保障された権利のうち、この証人審問権は黙秘権とならんで被告人にとって最も重要な権利の一つだからである。この問題を検討するときは、憲法がわざわざこの権利を保障した意味をあらためて考えるべきである。

従来、被告人の証人審問権は証拠法則である伝聞法則およびその例外との関係で論じられ、議論が混乱する中でその意義が縮小されてきた。さらに、今度は犯罪被害者証人保護との関係で危険にさらされている。具体的には、刑事訴訟法に新たに設けられた犯罪被害者証人保護規定（特に刑事訴訟法一五七条の三および四）とそれを合憲とする最高裁判例との関連で議論が繰り広げられてきた。それらの多くは規定の合憲性を当然とする見地からのものであるが、別の観点からの検討の可能性も残されているように思える。本稿では、このような考えにもとづいて、被告人の証人審問権保障と犯罪被害者証人保護の関係について論じる。

以下では、証人審問権の本質と内容、犯罪被害者証人保護規定、両者の関係、最高裁判例を検討した後に、最後にこれまでの議論では触れられてこなかった点に関して一つの提言をおこなう[(2)]。

(1)　加藤克佳「刑事手続において保護を求める被害者の権利」法律時報七一巻一〇号三五頁、斉藤豊治「被害者問題と刑事手続」季刊刑事弁護二二号九一頁、水谷規男「被害者の手続参加」法律時報七一巻一〇号三七頁以下など参照。
(2)　ここでは、本テーマに関する原則的・一般的な検討のみに止める。

二　証人審問権の本質と内容

犯罪被害者証人保護規定との関係で具体的に証人審問権が問題になるのは、証人審問権の内容およびその範囲である。しかし、それは証人審問権の本質をどのように理解するかによって異なってくる。この問題については、私は伝聞法則およびその例外との関係でたびたび論じてきた(3)。以下にそこでの主張を必要な限度で敷衍しながらくり返すことにする。

1　証人審問権の本質

まず、強調しなければならないのは、被告人の証人審問権は、「被告人の憲法上の権利」であるということである（憲法三七条二項前段）。言い換えれば、同条項は、「被告人の権利保障規定」である。それは証拠の許容性を定めた「証拠法則」に関する規定ではないのである(4)。また、伝聞証拠の許容性を定めた規定でもない。したがって、証言の信用性確保や事実認定の正確性保障といった伝聞法則の目的とは、直接関係をもたない。憲法が、自己に不利益な証人を審問する権利を被告人に与えることを宣言した規定である。以上がもっとも素直な憲法解釈である。それは、憲法が保障する権利であるから、刑事手続においてもそれだけ重視しなければならないことは当然である。実質的に見ても、強大な捜査・訴追権を与えられている国家捜査・訴追機関と対決する被告人にとって、証人審問権は重要な権利である。黙秘権が、自己に不利益な供述をしないという被疑者・被告人にとっての、消極的ではあるが重要な権利であるのと同様に、証人審問権は自己に不利益な証人を審問するという積極的で重要な権利である。一般に考えられているように、現行刑事訴訟法が「当事者主義」をとっているとするならば、この権利の重要性はさらに増すであろう。

通説・判例はこのような被告人の権利の重要性を、単なる証拠法則にすぎない伝聞法則と関係させることによって、大幅に縮小させてしまった。それは、被告人の証人審問権を伝聞法則の本質的要素である「反対尋問権」と同視することによってである。確かにこの反対尋問権も証人審問権と似てはいるが、同じものではない。反対尋問権は、あくまでも証拠法の見地から事実認定の正確性を保障するためにコモン・ローによって作り出された、当事者主義を前提にした方策なのである。指摘されているように、この反対尋問権は、他方当事者である検察官にも保障されているのである。相手方証人の証言の吟味をしてその誤りを正すのがその直接の目的である。

通説・判例がいうように、証人審問権保障が単にこのような証言の信用性確保や事実認定の正確性保障のための制度であるとするなら、それが「憲法」によって保障された意味はどこにあるのか。このことをもう一度考えてみる必要があるだろう。

さらに、憲法三七条二項は、被告人の証人審問権という権利を保障することのみを規定していて、この権利行使の「機会」や「形式」を規定していない。どのような形であれ、ともかく被告人がこの権利を行使するための正式の機会を与えられれば、憲法三七条二項の要求は充足するのである。したがって、この権利は伝聞法則が要求する「反対尋問」の機会に行使することもできる。(5) わざわざそのための特別の機会を設ける必要は必ずしもないのである。

以上のような私見によれば、被告人の証人審問権侵害の効果はどうなるか。証人審問権を実効的にするには、何らかの法的効果を認めなければならない。「一つの」効果として考えられるのが、証拠排除である。すなわち、この権利が侵害された場合には、公判廷においてこの証人から得られた供述を排除するという効果である。この証拠排除という点で伝聞法則と重なるが、前述したように、排除の理由がまったく異なる。しかし、この証拠排除という効果は、考えられるうちの「一つの」効果にすぎない[6]。そもそも証人審問権保障規定は、被告人の権利保障規定なのであるから、この権利がもっともよく保障されるためには、侵害の効果は必ずしも証拠排除に限らない。実際的なのが証拠排除であるというにすぎない。

なお、この被告人の証人審問権はもちろん放棄できる。しかし、その前提として、この権利を行使するための「十分な機会」が保障されることが必要である（憲法三七条二項）。

2　証人審問権の内容

犯罪被害者証人の保護と関係するのは、この証人審問権の内容である。証人審問権の起源がウォルター・ローリー裁判にあるのかどうかの問題をしばらく措くとしても[7]、被告人の権利である証人審問権保障規定が設けられた趣旨が、被告人にとって誰かわからない者の告発によって被告人が罪に陥れられることへの反省にあることは明らかである。それは、被告人を罪に陥れようとする者は法廷の場で正々堂々と被告人と対面して、有罪であることを証言すべきであることを要求しているのである。この被告人が自分を罪に陥れる者と直接対面して対決する機会を保障することが証人審問権が認められた本来の趣旨なのである。このような証人との直接の対決を保障した証人審問権は、被告人が証人を問い糺す権利を当然に含む。対面だけでは実効性がないからである。このような内容をもつ証人審問権は、被告人が自己の利益のみを求めて、証人の証言を弾劾し、できれば自己に有利な証言を引き出すためにある。決して証言の信用性や事実認定の正確性に奉仕するために行使するものではないのである。被告人が自己を罪に陥れられることから守るために行使するのである。結果的にそれが証言の信用性や事実認定の正確性に役立つかもしれないが、それはあくまでも派生的効果にすぎないのである[8]。

以上の説明から、証人審問権の本来の内容には、「対面」はもちろん「審問」も含まれることが明らかであろう[9]。

このことは確認しておく必要がある。

(3) 山田道郎『証拠の森―刑事証拠法研究―』(成文堂、二〇〇四年) 三頁ほか。
(4) 憲法三八条二項参照。
(5) このことが、証人審問権と伝聞法則との関係が混乱してしまった大きな理由であるといえる。
(6) その他考え得るより強力な効果として、公判廷の内外を問わず、当該証人から得られた「すべての」供述を排除するという効果があげられる。
(7) 津村政孝「証人対審権の歴史的展開」学習院大学法学部研究年報19一五五頁以下参照。
(8) アメリカ連邦最高裁が対面権を証言の信用性と結びつけたことに起因する混乱ぶり(右往左往ぶり)については、たとえば、小早川義則『デュー・プロセスと合衆国最高裁II』(成文堂) 三頁以下に紹介されている一連の判例参照。
(9) なお、別の立場からではあるが、同旨、堀江慎司「判例批評」刑事法ジャーナル二号一一〇頁。

三　犯罪被害者証人保護規定

被告人の証人審問権と直接関連するのが、いわゆる被害者保護立法として平成一二年に刑事訴訟法に新設された規定である。それは、遮へい措置(刑訴法一五七条の三)とビデオリンク方式(同法一五七条の四)とよばれる制度である。まず、前者について、その趣旨は次のように説明されている。すなわち、「被害者等が、証人尋問の際に、直接被告人や傍聴人から見られていること、また、見られていることを意識することにより、強い心理的圧迫を受け、心情や名誉を著しく害される事態が想定される。そこで、このような法廷内の人的・視覚的要因による証人の精神的圧迫を軽減するため、法廷内に衝立を置くなどして、証人と被告人又は傍聴人との間を遮へいする措置を講じることができることとされた(10)」。つぎに、後者については、次のような趣旨説明がされている。すなわち、「証人の受ける精神的圧迫を軽減しその精神の平穏が害されるおそれを防止するという点で前述した証人の遮へい措置と共通するが、圧迫の原因が法廷内の人的要素による側面のみならず、公判廷という特殊な場・環境において証言することに起因する圧迫を回避・軽減する側面が中心と位置づけることができよう」。また、「この点では、公判期日外の証人尋問に類似する。他方、テレビモニターを通じてではあれ、尋問が公判期日に行われ、法廷に居る被告人や傍聴人が同時にこれを認識できる点で、公判期日外尋問とは異なる。」とされている[11]。

この趣旨説明からは、これらの制度が犯罪被害者証人の「供述環境の快適性」（著しい心理的・精神的圧迫から解放された状態）のために設けられたものであって、検察官の「供述取得の便宜」とは関係させられていないことがわかる。しかし、刑事手続の「当事者主義的構造」を前提にすれば、犯罪被害者証人は中立的な立場になく、どちらかの当事者の側に立つ者としてしかとらえることができない。そして、どちらの側かといえば、ほとんどの場合検察側である。とすれば、これらの制度は、実際上は検察側の供述取得に役立つものとして機能することになる[12]。このことは紛れもない事実である。以上のことを確認したうえで、次の議論に進もう。

（10）　松尾浩也編『逐条解説　犯罪被害者保護二法』（二〇〇一年）一四頁〔酒巻匡〕。
（11）　酒巻・前掲一七頁。
（12）　川出敏裕「刑事手続における被害者の保護」ジュリスト一一六三号四〇頁参照。

四　被告人の証人審問権と犯罪被害者証人保護との関係

前述のように、被告人の証人審問権は憲法によって保障された権利であるが、犯罪被害者証人の供述環境の快適性という趣旨から認められた、遮へい措置やビデオリンク方式と衝突する場面が出てくる。前者においては、被告人が証人と面と向かって審問することが妨げられ、後者においては、テレビモニターを通じた形での審問に限定されるからである。さらに、この方式の併用も認められるとされているが、ここでは被告人と証人の接触はさらに制限される。

はたしてこのような本来の証人審問の方式を制限する形での「審問」が、憲法の予定する証人審問といえるか。そのような「証人審問」が憲法の要求を満たすものであるか。前述のように、現行憲法が制定された当初においては証人審問には、証人と対面して審問することが予定されていたと考えられる。[13] たしかに、憲法の規定は、審問のみを保障しているように書かれている。しかし、実質的に解釈すれば、対面のない審問は実効性をもたない。そのもともとの意義が証人との対決にあるのだから、間接的な形での審問では意味がないのである。明らかに現行憲法三七条二項のもとになった合衆国憲法修正六条には、証人との「対面」を保障するという規定内容になっている。合衆国連邦最高裁での解釈において、これが対面のみならず、「尋問」も含むとされていることは周知のことである。尋問のない対面のみでは憲法が保障した権利に実効性がないからである。両者の違いは単に規定の仕方の違いにすぎない。現行憲法が文言上「審問」のみを規定したからといって、「対面」を保障したものでないといった解釈[14]は結論を先取りしたこじつけである。このように現行憲法の「審問」は、「対面」も含む意味での審問であり、そしてこれが「原則」であることを再度確認しておく。

このような考え方に対して、一般にとられている見解は、刑訴法一五七条の三と四の解釈に関連してではあるが、遮へい措置がとられ、ビデオリンク方式によって行われた、対面を制限された形での証人審問でも合憲であるというものである。ここであげられる主たる根拠は、前述のような証人審問権を伝聞法則と関連させてその意義を縮小させる考え方に由来する。すなわち、証人審問権保障の趣旨は、証人の供述の信用性の確保と事実認定の正確性の担保にあるとし、証人審問権が制限された形での行使であっても、信用性が確保されているなら、権利侵害は生じないとするものである。[15] この考えでは、このような制限された形での審問であっても、合憲とするものであって、いわば証人審問権の「内在的制約」ととらえるのであろう。したがって、それは完全な形の審問の「例外」とは考えられていないと思われる。

たしかに憲法三七条が新たに制定された当時においては、衝立はともかく、ビデオリンクなどといった装置は存在しなかったし、予想もされていなかったであろう。したがって、立法者もそのような装置を前提にした証人審問権を考えていなかったと思われる。とすれば、その内容は解釈にゆだねられたと考えられるが、一般的な解釈によれば、制限された審問でも合憲とするのであるから、そもそも証人審問権は制限された権利だということになる。しかし、前述のように、証人審問権の内容には審問のほかに対面も含むと考えるのが憲法の立法趣旨に合致すると考えるべきなのであるから、この内容を制限するには、「合理的な理由」が必要となる。被告人の権利保障を制限する方向での解釈には、「例外」としての合理的な理由が必要なのである。

つぎに、遮へい措置やビデオリンク方式を用いた審問の場合が、この例外に当たるかどうかについて検討する。

1　証人審問権の対抗的利益

（1）　犯罪被害者証人の利益

この場面で証人審問権と対立関係にあるのは、第一に、人的・場所的理由にもとづく精神的圧迫からの解放といった犯罪被害者証人の「供述環境の快適性」である。たしかに犯罪被害者は一度被害を受け、精神的なダメージを受けており、さらに法廷で被告人や傍聴人の前に引き出されて証言し、さらには面と向かって審問されることによっていわゆる二次被害を受ける立場にあるといえる。[16]

このような事情を重視する最近の趨勢からすれば、証人審問権は、その本来の目的が害されない限度で後退することもやむを得ないであろう。現行の遮へい措置やビデオリンク方式が証人審問権を後退させるに足る事情に当たるかどうかは検討の余地がある。規定は裁判所の裁量によって、供述に伴う精神の平穏の著しい侵害を考慮して、相当と認めるときにこれらの措置をとることができるとする。裁判所は、被告人と犯罪被害者証人の利益を厳格に衡量したうえでこれらの措置をとることができるのであって、証人審問権の本来の趣旨を害さない限度でのみ、それらの措置は「例外的に」認められると考えるべきである。

（2）真実発見ないし事実認定の正確性　前述の犯罪被害者証人の利益と分かちがたく結びついているのが、この真実発見や事実認定の正確性と呼ばれる利益である。しかし、ここでいう真実発見や事実認定の正確性といわれる利益は、当事者主義のもとでは、決してニュートラルな意味をもつものではなく、犯罪被害者を証人として証拠請求する側、すなわち検察側の利益（供述取得の利益）なのである。犯罪被害者を証人として請求し、証言させることによってよりよく犯罪を証明することができるのである[17]。したがって、ここでは被告人の利益と検察側の利益とが対立しているのである。この関係では、被告人の憲法上の権利が譲歩する必要はない。

2　例外の可能性

以上の検討から、例外の可能性があるのは犯罪被害者証人の利益の観点からだけである。

まず、犯罪被害者が被告人に対する強い処罰感情を持っており、自ら証言台に立って被告人の犯罪を証明したいと考えるのであれば、被告人との対決は避けられない。被告人を罪に陥れる証言と引き替えに、自分も正面から被告人の攻撃を受けなければならない。

また、犯罪被害を受けながら、法廷に出るのをおそれて証人となることに積極的でない犯罪被害者の場合がある。検察官が証人尋問請求し、公判廷に召喚されたなら、出廷義務や証言義務が生じる。そのような場合には、検察側は犯罪被害者を説得するであろうが、検察側は最終的には犯罪被害者の意思を尊重して証人尋問請求を断念すべきである。犯罪被害者の意思が犯罪立証に優先するからである。それでも犯罪立証したければ、他の証拠によらなければならない。犯罪被害者保護に犯罪立証の利益を忍び込ませてはならない。

さらに、犯罪被害者が強い処罰感情をもっており、法廷では著しい心理的・精神的圧迫を受けると予想されるが、そのような圧迫が軽減されるなら証人として出廷してもよいと考えている場合、犯罪被害者の意思を考慮してはじめてそれらの措置をとることを、ぎりぎりのところで認めることができるかもしれない。さらに、証人審問権が認められた経緯から、それが主として政治事件裁判への対応にあると考えれば、そのことも証人審問権が犯罪被害者証人保護に譲歩するための一つの理由となるであろう。これは一種の「合理的例外」と考えることもできるであろう。

とすれば、そのような形での証人尋問の必要性は厳格に判断されなければならない。裁判所としても、一五七条の三および四の適用を判断する際には、このことに十分留意しなければならない。機械的な適用は許されず、立法趣旨に即した個別的判断をすべきである。(18)(19)

(13)　制定過程については、堀江慎司「証人審問権の本質について（六）・完」法学論叢一四二巻二号二二頁以下参照。
(14)　小倉哲浩「証人保護のための各手続の性質及び相互の関係」判例タイムズ一一五〇号一五頁。同旨、河上和雄ほか編『大コンメンタール刑事訴訟法第二版第3巻』二〇八頁〔仲屋暢彦〕。
(15)　たとえば、川出敏裕「刑事手続における被害者の保護」ジュリスト一一六三号四五頁、同「刑事手続における犯罪被害者の法的地位」松尾浩也・井上正仁編『刑事訴訟法の争点〔第三版〕』三五頁、椎橋隆幸ほか『わかりやすい犯罪被害者保護制度』四七頁〔川出敏裕〕、椎橋隆幸「犯罪被害者救済の基本的視座」現代刑事法一〇号六頁など。なお、ほかにも同趣旨の文献が多数ある。
(16)　公判廷という場の特殊性は、被告人のみならず、被害者の立場をも仮定のものにしてしまう。すなわち、被告人が犯人であるかどうかは、公判廷において取り調べられた証拠にもとづいてはじめて決定されるのであって、判決が確定する以前に被告人を犯人扱いすることは禁じられる。同様に、犯罪被害者についても、その前提となる損害が犯罪によって引き起こされ、その損害を引き起こした者が被告人であることが確定してはじめて犯罪被害者となる。したがって、刑事手続における「被害者」とは、「被害者と仮定される者あるいは被害者と主張する者（complainant）」のことである。被害者を刑事手続に取り込むことの困難がここにある。そのような意味で、少なくとも被害者を事実認定過程に取り込むことは適当でない。ここに手続二分論が主張されうる理由が見いだされる。

(17) ちなみに、被害者保護を強調する考えの背後には、しばしば「応報」強化の考えや「必罰主義」が潜んでいるといえる。

(18) 特に、児童に対する性的虐待のケースでは慎重な扱いが要求されるであろう。

(19) なお、利益対立の観点からは、真実発見（検察側の供述取得）と犯罪被害者保護とが対立する場面も考えられる。それは、犯罪被害者が「証人」となること自体による二次被害からの救済の問題である。すなわち、犯罪被害者が証人となることによって、事件を思い出しながら供述し、さらに被告人側から反対尋問を受けることによる心理的・精神的苦痛からの救済である。これは、公判廷における犯罪被害者証人の心理的・精神的圧迫からの救済の問題「以前」の問題であり、その必須の前提条件である。

五　最高裁判例

刑訴法一五七条の三および四が定められて五年が経った平成一七年四月一四日に、最高裁第一小法廷は同条項の合憲性について判断し、これを肯定した[20]。本判決の妥当性は、多くの文献が認めるところである。

まず、判決は同条項の制度趣旨を明らかにするが、これらは立法趣旨と同じである。すなわち、遮へい措置については、「証人尋問の際に、証人が被告人から見られていることによって圧迫を受け精神の平穏が著しく害される場合があることから、その負担を軽減するため」とし、ビデオリンク方式については、「いわゆる性犯罪の被害者等の証人尋問について、裁判官及び訴訟関係人の在席する場所において証言を求められることによって証人が受ける精神的圧迫を回避するため」としている。

これを踏まえて、本判決は二つの制度の合憲性を検討して、これを認め、つぎのように理由づけている。まず、遮へい措置については、「被告人は、証人の姿を見ることはできないけれども、供述を聞くことはでき、自ら尋問することもでき、さらに、〈中略〉弁護人による証人の供述態度等の観察は妨げられないのであるから、前記のとおりの制度の趣旨に鑑み、被告人の証人審問権は侵害されていない」とする。つぎに、ビデオリンク方式については、「被告人は、映像と音声の送受信を通じてであれ、証人の姿を見ながら供述を聞き、自ら尋問することができるのであるから、被告人の証人審問権は侵害されていない」としている。さらに、ビデオリンク方式と遮へい措置が組み合わされた場合について、「映像と音声の送受信を通じてであれ、被告人は、証人の供述を聞くことはでき、自ら尋問することもでき、弁護人による証人の供述態度の観察は妨げられないのであるから、やはり被告人の証人審問権は侵害されていない」とする。

このような本判決による証人審問権理解にはいくつかの疑問がある。以下検討する。

まず、本判決はいずれの方式による場合も、「弁護人による」証人の供述態度等の観察が可能であることを、証人審問権充足のための一つの理由としているが、証人審問権は「被告人の権利」あって、弁護人の権利ではない。また、前述のように、被告人の証人審問権の本質からは、弁護人が当然にこの権利を代理ないし代行することにはならない。この権利は、単に証言の信用性確保や事実認定の正確性のために認められたものではないからである。実際の裁判では弁護人が代理して行使しているし、その方が妥当であるというような意見もあるが[21]、証人審問権の本質を理解したものとは思えないし、憲法の文言にも合致しない。少なくとも、弁護人による代理・代行には、「被告人の明示の同意」、結局はこれらの措置をとることについての被告人の同意が必要というべきである[22]。

つぎに、本判決は証人審問権の内容について、本来的には「証人の姿を見て」、「供述を聞いて」、「自ら尋問する」ことであるが、遮へいが必要とされる場合には、「証人の姿を見ること」が制限されると考えているようにも読むことができる。(23)とすれば、両者は原則・例外関係にあるのであり、「証人審問権は侵害されていない」のではなく、証人が受ける精神的圧迫のために、「例外的に」証人審問権が制限されるというべきだったであろう。

さらに、ビデオリンク方式の場合および遮へい措置との併用の場合についても言及しているが、実際には多くの場合、被告人は「映像」を見ることができなくされている。そのような措置がとられた場合には、本判決によれば、それでも合憲といえるのかが明確ではない。

(20) 最判平成一七年四月一四日。
(21) 小倉・前掲一五頁。角田正紀「遮へい措置、ビデオリンクに関する諸問題」判例タイムズ一一五一号一三頁参照。これらに対する批判として、徳永光「ビデオリンクおよび遮へい措置の合憲性」法学セミナー六一一号一二三頁がある。
(22) もちろん「弁護人の出頭」は、例外が認められるための不可欠の要件である。
(23) 稲田隆司「遮へい措置・ビデオリンク方式による証人尋問」井上正仁ほか編『刑事訴訟法判例百選〔第九版〕』一五三頁も参照。なお、この点に関して異なった判例解釈をするのは、眞田寿彦「判例批評」法律のひろば五九巻二号四八頁。

六　まとめと提言

1　まとめ

まず、被告人の証人審問権については、この本質を被告人に保障された憲法上の権利として把握すべきであり、証拠法則としてとらえるべきではないことを再確認した。またその内容は、自分を罪に陥れる供述をする証人と面と向かって対決する権利であると主張した。被告人にとって誰かわからない者の告発によって罪に陥れられることがないことを保障するのが、本来の証人審問権の趣旨だからである。この権利には当然「対面」する権利が含まれる。結局、当事者主義を前提とする被告人の証人審問権の内容は、自分に不利益な証言をする証人と面と向かって審問し、その証言を訂正・修正あるいは撤回させるための機会を被告人に与えることである。

このような強力な内容をもつ証人審問権を、特に性犯罪の被害者とされる証人にも適用することができるかが、本稿で扱う最大の問題点である。いわゆる二次被害の可能性も指摘されるこのような場合において、いかなる措置がとられるべきであるか。その一つの解決方法を示したのが、刑訴法一五七条の三および四に規定された「遮へい措置」と「ビデオリンク方式」である。これらは、人的ないし場所的圧迫から証人の精神の平穏を保護するという趣旨のもとに認められたとされている。しかし、それらの規定はそれらの措置を許容するための要件を類型的に定めており、立法趣旨を超える場合にも拡大されてしまうおそれがある。このことは、かつて立法化が検討された「匿名証言」の実現にもつながりかねない。したがって、同条項の適用を考慮する場合には、裁判所はその認められた裁量権を行使して、立法趣旨に即した判断をすべきである。機械的な適用は許されないと考えるべきである。さらに、被告人の証人審問権の重要性を考慮するならば、同条項の適用には「被告人の明示の同意」を必要とすべきであろう。この点は、規定に要件として設けられていない以上、運用でまかなわなければならないであろう。

2　提言

証人審問権保障の趣旨とは別に、一五七条の三および四が適用される場合には、通常の反対尋問による証言の信用性テストが緩やかになるおそれが多分にある。そもそも性犯罪に関しては、イギリスにおいては従来から性犯罪の被害者の供述に伴う危険が指摘されてきた。すなわち、性犯罪の被害者だと主張する者（complainant）の証言は、その危険が表には現れず、わかりにくい。「そのような場合おける危険とは、証人が空想やノイローゼや嫉妬あるいは恨みから偽証をするかもしれず、また、被害者だと主張する者が性行為に同意したものの、それを認めることを恥ずかしいと思っている少女であるかもしれないという危険である。さらに、少女や女性がかつて性犯罪の明らかな被害者であったという事実によって引き起こされた同情のために、彼女らの証言は陪審に受け入れられやすくなるであろう[24]」。このような危険を考慮して、イギリスでは、性犯罪の被害者の証言には「補強」が必要とされている。そこでは、補強は陪審への説示という形で要求されているが、わが国においても、少なくとも前述の措置がとられた場合においては、被告人の自白に適用されるのと同様の形での「補強法則」の採用に向けて大いに参考とすべき制度なのではないだろうか。特に痴漢冤罪のケースがあることが明らかになり、社会問題となっている現状においては、このような危険を考慮に入れておく必要がある。冤罪に巻き込まれた者も、「被害者」なのである。なお、イギリスでは、補強に対して、多くの性犯罪は補強が困難な状況で行われるから、補強を必要とすると犯人を処罰できなくなってしまうといった批判も加えられているようであるが[25]、そもそも犯罪被害者の証言は多くの場合、検察側の立証に利益となり、また実際上も犯罪被害者の証言しか立証手段がないというケースはほとんどないであろうから、補強を要求してもさほど問題は生じないであろう。

(24) Richard May, Criminal Evidence (2nd ed. 1990) 322. See also Adrian Kean, The Modern Law of Evidence (3rd ed. 1994) 160. また、次のようにもいわれている。「これらの法廷においては、少女や女性たちはまったく嘘の話をすることがあるということを人間の経験が明らかにしてきた。その話は非常に簡単に作られるが、その嘘を暴くことは極端に困難なのである。そのような話はあらゆる理由から作られ、ときにはまったく理由もなしに作られるのである。」R v Henry, Manning (1968) 53 Cr. App. R. 150, 153.

(25) See Kean, at 160.

〔付　記〕

人は相手の数だけ顔をもつという。津田重憲先生は、私より五歳年上であった。にもかかわらず、私に会うといつも人なつこい笑顔で、同年の友達のように話しかけてくれた。数多くの論文を執筆された先生の最後の著書は、私が所長を務める明治大学社会科学研究所叢書の『正当防衛と緊急救助の基本問題』（成文堂、二〇一二年）であったが、これも先生との良き縁であったと思っている。最後に、しばらく論文執筆から遠ざかっていた私に、このような論文を書く機会を与えてくださった先生に感謝申し上げる。先生のご冥福を心からお祈りしつつ筆を擱くことにする。

有罪判決における理由明示の要請と親告罪の告訴

黒澤　睦

一　はじめに

裁判には、「理由」を付さなければならない（刑事訴訟法四四条一項（以下、略す場合、刑事訴訟法は刑訴法または法といい、刑事訴訟規則は規則という））。そして、有罪の言渡しをするには、「罪となるべき事実」、「証拠の標目」、「法令の適用」を示さなければならない（法三三五条一項）。さらに、「法律上犯罪の成立を妨げる理由」または「刑の加重減免の理由」となる事実が主張されたときは、これに対する判断を示さなければならない（同条二項）。他方で、刑事裁判では、「犯罪の証明」（法三三三条一項）が求められており、「犯罪の証明」がなければ、無罪が言い渡される（法三三六条）。それゆえ、「犯罪の証明」を中心に据えて、有罪判決の理由が考察されることになるのは、いわば自然の流れのようにも思われる。

ところで、親告罪が問題となっている刑事事件の裁判においては、告訴の存否や有効性が争われることが少なからずある。(1) しかし、親告罪の告訴は、判例・通説によれば、「訴訟条件」であって、「犯罪」あるいは「罪となるべき事実」に関わるものではないことから、告訴の存在や有効性が確認されたとしても、有罪判決で明示されなければならない「理由」、少なくとも「罪となるべき事実」や「法律上犯罪の成立を妨げる理由」ないし「刑の加重減免の理由」の主張の対象となる事実にはあたらないということになりそうである。これもまた先ほどと同じく自然な流れのようにも思われる。

さて、自然の流れのように思えるこれらの結論に、私は以前から理論的な側面から疑問を抱いていたが、(2) さらに、最決平二三・一〇・二六刑集六五巻七号一一〇七頁に触れて、実践・実務的な側面からも疑問を抱くようになった。(3) 同決定の要点は、本論文との関係に限っていえば、裁判所は関税法違反事件では訴訟条件である告発（同法一四〇条一項）の存在について調査する義務があるのに、第一審も控訴審もその調査を怠って審理・判決したことは訴訟手続の法令違反にあたる、というものである。また、親告罪の告訴ではないものの、訴訟条件である告発等の職権調査義務を怠った事例が公刊物に登載されたものに限っても散見される。(4) もちろん、告発等の訴訟条件の存在・有効性に特に問題がなく当該裁判で当事者によって争われなかったこと、また、そもそも訴訟条件である告発等は親告罪の告訴と異なって公的機関によるものである（関税法一四〇条一項等を参照）ため、裁判所だけでなく被告人・弁護人ですらその存否・有効性に疑いを抱きにくいこと、さらに、起訴時には訴訟条件が特に問題とならなかった事案であっても、訴因変更や縮小認定等によって新たに訴訟条件が問題となった事案もあることなどが、これらの事例の背景事情としてはあるだろう。しかし、このような訴訟条件である告発等の職権調査を怠ってしまうことの根底には、「訴訟条件」とされる告訴・告発等に対するそもそもの軽視があるように感じられてならない。そして、この問題に対する実践的かつ本質的な解決の糸口は、裁判の理由（法四四条一項）と有罪判決を言い渡す場合に摘示が求められる前掲の各事項（法三三五条）の解釈・運用にあるように思われるのである。

このような問題意識から、本論文では、まず、一で、有罪判決における「理由」の明示に関する一般的な理解、特に理論的側面を確認する。次に、二で、親告罪の告訴について、有罪判決における一般的な取扱い、特に判例・実務上の取扱いを確認する。そして、三で、それらの一般的理解や一般的取扱いを踏まえつつも、前述の問題意識から、実践的かつ本質的な解決の糸口を探ることとする。

なお、厳密に言えば、有罪判決に理由を付すことと有罪判決書に理由を記載することは異なるものであるが、[5] 判決の宣告においては、その理由は朗読ではなく要旨の告知によることがある（規則三五条二項を参照）[6] ことから、本論文では、〈有罪判決の理由〉とは、原則として〈有罪判決書に記載されるべき理由〉を想定することとする。[7]

（1）その一例として、名古屋高金沢支判平二四・七・三裁判所ウェブサイト。同判決について、拙稿「判批」刑事法ジャーナル三五号（二〇一三年）一七七頁以下等を参照。
（2）その一端が、拙稿「告訴権・親告罪の法的性質に関する一試論――親告罪における告訴は訴訟条件にすぎないのか――」富大経済論集五一巻一号（二〇〇五年）一頁以下である。
（3）拙稿「判批」判時二一九九号（判例評論六五八号）（二〇一三年）掲載頁未定。
（4）大阪高判昭三三・五・六高刑特報五巻六号一九五頁（関税法違反事件（告発））、東京高判平二二・三・九東高刑判決時報六一巻一～一二号五四頁（関税法違反事件（告発））、福岡高判平五・一一・一（少年刑事事件〔家庭裁判所の少年法二〇条に基づく検察官送致決定〕）等。
（5）判決と判決書との関係について、白取祐司『刑事訴訟法の理論と実務』（日本評論社、二〇一二年）二八七頁以下を参照。
（6）「理由」は、判決書に記載するだけでなく、判決の宣告の際にも告知する必要がある（仙台高判昭六三・一二・一二判時一三〇九号一五四頁)。

(7) 浦辺衛＝柏井康夫「有罪判決の理由」佐伯千仭＝団藤重光編『総合判例研究叢書・刑事訴訟法(七)』(有斐閣、一九五八年)四頁も参照。

二 有罪判決における理由の明示に関する一般的理解(8)

1 有罪判決の理由

(1) 有罪判決に理由が付される趣旨

まず前提として、〈判決書〉の機能としては、①「判決の結論の正当性をそれ自体として示す」、②訴訟行為を行った両当事者(被告人・弁護人、検察官)に裁判所の判断を示す」、③「控訴審における審判の対象を提供する」、④「被害者やその遺族を含む事件関係者、さらには、広く国民一般に対して、その判断の内容を説明し、裁判に対する信頼あるいは批判の根拠を提示する」、⑤裁判員裁判の場合には「裁判員に対し、その活動の結果・意義を確認してもらう」ことが指摘されている(9)。

また、有罪判決以外も含めた原則として全ての〈裁判〉に対して理由を付すとした法四四条一項(例外は同条二項)の趣旨については、一般に、①「裁判という裁判機関の意思表示・判断が恣意によるものではなく、合理的・客観的な根拠に基づくものであることを担保すること」、②「裁判を受ける当事者・訴訟関係人の納得を得ること、又はその批判をまつことのためにも必要であること」、③「不服申立てがあった場合の上訴審における審査の手掛かりを提供し、その審査を適切・円滑に行わせるために必要であること」(法四四条二項との比較から)、④「裁判の公開性という見地から、具体的な事件において、法の適正・妥当な行使がされていることを一般的に明示する面も有すること」などにあると考えられている(10)。

そして、〈有罪判決〉の場合には、さらに、⑤有罪判決が被告人にとって最も重大な影響を及ぼす裁判であることから、前述の〈裁判〉に対する理由に関する趣旨がより強く妥当するため、法三三五条が、特に明示しなければならない理由の項目を定めたとされる[11]。

（2）「理由」（法四四条一項）と法三三五条に規定された各事項との関係

以上のような目的・趣旨から、有罪判決については、法三三五条において、「罪となるべき事実」、「証拠の標目」、「法令の適用」、「法律上犯罪の成立を妨げる理由又は刑の加重減免の理由となる事実が主張されたときは、これに対する判断」を明示することが義務付けられている。

しかし、これらは有罪判決で明示すべき理由としては最低限度のものであり、それ以外にも、法四四条一項による「理由」の明示の要請から、明示が必要となる事項があるとされている[12]。また、そもそも、有罪判決（法三三五条一項）と略式命令（法四六四条）の場合を除いて、裁判の理由として何を明示すべきか規定がない。そのため、法四四条一項による「理由」の明示の要請から明示が必要となる事項の範囲は、終局裁判か否か、実体裁判か形式裁判か、裁判に対して重要な争点か否かなど、諸般の事情によって、どの程度理由を示す必要があるかによって決まるとされている[13]。

本論文の検討対象である有罪判決に関していえば、例えば、有罪認定の理由（いわゆる証拠説明）は、法律上犯罪の成立を妨げる理由または刑の加重減免の理由となる事実が主張され、これを排斥する場合には、法三三五条二項の要請から必要であるが、それ以外は、同条項の要請からは必要でないが、特にこれらの事由に関する主張を容れる場合や当事者が犯罪の成否に関して争っている場合は、法四四条条一項の趣旨に照らして、明示することが要請されるという[14]。

その他、実務上の取扱いを前提とすると、法四四条一項との関係で、刑の言渡しに付随する処分（未決勾留日数の算入、労役場留置、刑の執行猶予、保護観察、没収、追徴、訴訟費用の負担等）については、その根拠規定を「法令の適用」欄の中で明示しなければならないこと[15]、累犯加重の事由となる前科の認定については、累犯加重の項の中で前科の事実を明示しなければならないことなどが[16]、一般に認められている。これらの範囲に関していえば、判決の「主文」のよってたつ具体的根拠という側面が重視されているといえる[17]。

他方で、法四四条一項との関係で、量刑の理由を示すことは法律上は必要ない[18]、文書・図画等のわいせつ性の判断については証拠の摘示が不要である、第三者所有物没収時の告知手続を経たことについては法令の摘示は不要である、などとされている[19]。

ところで、先に触れた「主文」との関係について、両条項のまた異なる関係性を指摘する判例がある。すなわち、最決昭二五・七・六裁判集刑事一八号五六三頁は、「刑訴四四条一項の『裁判の理由』とは、裁判すなわち主文の依つて生ずる理由を指すものであるから、証拠上の理由のごときはこれに包含されない[20]」としたうえで、「刑訴三三五条が有罪の言渡をするには同四四条一項の理由を附しただけでは足りずそれ以上少くとも罪となるべき事実及び法令の適用を示す外更らに証拠の標目をも示さなければならないことを規定したものである」として、法三三五条一項による「証拠の標目」の適示は、法四四条一項での理由の明示の要請を超える創設規定であると位置付けているとみられるのである。

以上から、法三三五条に規定された各事項は必要不可欠な最低限度の明示すべき理由であって、理由の明示に関する一般条項である法四四条一項の要請からこれ以外の事項の中にも理由として明示すべきものがあること、そして、法四四条一項の要請から明示すべき事項であっても法三三五条に規定された各事項の一部として明示されるもの（刑の言渡しに付随する処分、累犯加重の事由となる前科等）があること、さらに、法三三五条一項の「証拠の標目」は法四四条一項における理由明示の要請を超える創設規定ともみられること、などが確認された。

（3）　有罪判決の理由の明示に関する条文をめぐる歴史的変遷

有罪判決の理由の明示に関する条文には、非常に興味深い歴史的変遷がある。従前は、特に「証拠の標目」との関係で議論が展開されてきたが[21]、本論文の問題意識からは、有罪判決の理由全般について概観する必要がある。まず最初に、以下の論述での参照資料の意味も込めて、関連条文を列挙して確認する（筆者が漢字を常用漢字等に改めた）。

○治罪法　三〇四条一項
「裁判所ニ於テ刑ノ言渡ヲ為スニハ事実及ヒ法律ニ依リ其理由ヲ明示シ且一切ノ証憑ヲ明示ス可シ」
○明治刑事訴訟法　二〇三条一項（制定当初）
「刑ノ言渡ヲ為スニハ事実及ヒ法律ニ依リ其理由ヲ明示シ且犯罪ノ証憑ヲ明示ス可シ」
○明治刑事訴訟法　二〇三条一項（明治三二年法律七三号による改正後）
「刑ノ言渡ヲ為スニハ罪トナルヘキ事実及ヒ証拠ニ依リテ之ヲ認メタル理由ヲ明示シ且法律ヲ適用シ其理由ヲ付ス可シ」
○大正刑事訴訟法　三六〇条
「有罪ノ言渡ヲ為スニハ罪ト為ルヘキ事実及証拠ニ依リ之ヲ認メタル理由ヲ説明シ法令ノ適用ヲ示ス可シ
法律上犯罪ノ成立ヲ阻却スヘキ原由又ハ刑ノ加重減免ノ原由タル事実上ノ主張アリタルトキハ之ニ対スル判断ヲ示スヘシ」
大正刑事訴訟法　三六一条（提出案、提出時は三六三条）
「区裁判所ニ於テ懲役若ハ禁錮一年以下ノ刑ノ言渡又ハ刑ノ免除ノ言渡ヲ為スニハ罪ト為ルヘキ事実、証拠及法令ノ適用ヲ示スヲ以テ足ル」
大正刑事訴訟法　三六一条（制定法）
「区裁判所ニ在リテハ上訴ノ申立ナキ場合又ハ判決宣告ノ日ヨリ七日内ニ判決書ノ謄本ノ請求ナキ場合ニ於テ判決主文並罪ト為ルヘキ事実ノ要旨及適用シタル罰条ヲ公判調書ニ記載セシメ之ヲ以テ判決書ニ代フルコトヲ得」

○《参考》戦時刑事特別法　二六条（昭和一七年法律六四号）
「有罪ノ言渡ヲ為スニ当リテ罪トナルベキ事実ヲ認メタル理由ヲ説明シ法令ノ適用ヲ示スニハ証拠ノ標目及法令ヲ掲クルヲ以テ足ル」
○現行刑事訴訟法　三三五条
「有罪の言渡をするには、罪となるべき事実、証拠の標目及び法令の適用を示さなければならない。

法律上犯罪の成立を妨げる理由又は刑の加重減免の理由となる事実が主張されたときは、これに対する判断を示さなければならない。」


以上のような関連条文の歴史的変遷のうち、本論文に関係する部分の概要のみを示すならば、次のようになる（この歴史的変遷そのものが大きな研究テーマとなりうるが、本論文の議論の射程を超えるため、割愛する）。

治罪法三〇四条一項においては、刑の言渡しをなすには、「事実」と「法律」によって理由を明示する必要があり、さらに「一切ノ」証拠の明示が求められていた。

明治刑訴法二〇三条一項（制定当初）は、明示すべき証憑が「一切ノ」証憑から「犯罪ノ」証憑に変更された。明治三二年法律七三号による改正により、明治刑訴法二〇三条一項は、理由として明示すべき「事実」が「罪トナルヘキ事実」に変更されたほか、「証憑」が「証拠」に変更され、また、従前の刑の言渡しの理由としての「事実」と「証憑」という形から、「罪トナルヘキ事実」の説明と「罪トナルヘキ事実」を「証拠」によって認定した理由を明示するという形へと変更され、さらに、新たに「法令ノ適用」をして、法令の適用の理由までも付すことが求められるようになった。

大正刑訴法三六〇条一項では、対象が「刑ノ言渡」から「有罪ノ言渡」に拡大されたほか、「罪トナルヘキ事実」から「罪ト為ルヘキ事実」への表記の変更とともに、証拠により罪となるべき事実を認定した理由を「明示」することから「説明」することへ変更され（それゆえ、有罪認定の理由について、いわゆる「証拠説明」という用語が用いられることになる）、他方で、法令の適用の理由を付すことまでは不要として「法令ノ適用ヲ示ス」ことで足りるよう変更された。さらに、この大正刑訴法三六〇条二項において、現行刑訴法三五五条二項の前身が導入された。なお、明治刑訴法二〇三条二項は、無罪又ハ免訴ノ言渡ヲ為スニ付テモ亦其理由ヲ明示スヘシ」との規定であったが、現行刑訴法四四条とほぼ同旨である大正刑訴法四九条が、裁判の理由についての一般条項と位置付けられたことになる。また、区裁判所において懲役もしくは禁錮以下の刑の言渡しまたは刑の免除の言渡しをする場合、労多くして実益がないという現状に鑑みて裁判所の負担軽減を図るため[22]、「罪ト為ルヘキ事実」、「証拠」、「法令ノ適用」を示せば足りるとの特則を設ける法案が提出されたが、修正が加えられ、区裁判所に調書判決制度が導入されることとなった。

昭和一七年の戦時刑事特別法二六条により、裁判所の負担軽減のため、「罪トナルヘキ事実」を認定した理由を説明するためには「証拠ノ標目」を掲げることで足り、また、「法令ノ適用」も法令を掲げることで足りるとされた。

現行刑訴法三三五条では、この戦時刑事特別法二六条の「証拠ノ標目」が引き継がれたほか、「罪となるべき事実」、「証拠の標目」、「法令の適用」が、条文上は並列的な規定に変更されたた。このような並列的な規定の仕方は、各事項の相互関係が不明確となり、さらに、そのことと加えて同条一項から「理由」の文言も消えたため、現行刑訴法四四条一項でいうところの裁判の「理由」との関係も不明確となり、解釈の余地が広まったと評価できる。

このテーマについては一般に「証拠の標目」が注目されてきたわけであるが、以上のように、それ以外にも、「法令の適用」の位置付けや、法三三五条と法四四条一項との関係などについて、本論文の射程を超えるものも含めて、解明されなければならない問題が少なからず存在していることが確認された。

2　法三三五条に掲げられた各事項

ここまで主として有罪判決の理由全般についての一般的理解をみてきたが、以下では、法三三五条に掲げられた各事項について、その一般的理解を確認する。

(1)「罪となるべき事実」

法三三五条一項にいう「罪となるべき事実」とは、証拠により認定された、犯罪構成要件に該当し、かつ、違法・有責な具体的犯罪事実とされる。(23)

「罪となるべき事実」が明示される趣旨について、「罪となるべき事実は、有罪判決の根拠となる事実であるから、当事者その他の訴訟関係人に対しては、裁判所が証拠により認定した事実を正しく理解させ、上訴するかどうかの判断材料を提供し、上訴審に対しては、審査の対象を明らかにし、関連する別訴を担当する裁判所に対しては、当該判決の効力（既判力、二重起訴、公訴時効停止等）の及ぶ範囲を明示する(24)」との説明がなされている。

(2)「証拠の標目」

法三三五条一項にいう「証拠の標目」とは、「証拠原因となった証拠資料を特定するための証拠方法の標題又は種目」とされる。(25)

証拠の摘示が必要とされるのは、自由心証（法三一八条）による有罪判断が合理的なものであることを外的に保障し、当事者を説得するとともに、上級審の審査の便に資するためであり、証拠裁判主義（法三一七条）を担保する目的があるとされる。(26)

また、本項目の趣旨として、前述の沿革を無視することはできない。すなわち、大正刑訴法三六〇条一項は、いわゆる「証拠説明」という方式をとっていたが(27)、これには、判決書の作成に多くの時間と労力を要していた。(28)そして、戦争という時代背景も加わり、昭和一七年の戦時刑事特別法二六条によって、裁判所の負担軽減のために、

「証拠の標目」方式がとられ、それが現行法にそのまま受け継がれたのである[29]。現行法の「証拠の標目」方式の趣旨については、この沿革を踏まえて、公正な裁判の要請の下で、証拠裁判主義（法三一七条）の実質を損なうことなく、判決書を簡略化して裁判官の負担軽減を図り、裁判官に実質的審理に力を集中させる趣旨であるとされている[30]。

（3）「法令の適用」　法令の適用は、二種類に分類されている。第一は、主刑または刑の免除を導くうえで適用された法令であり、第二は、付随的裁判を導く法令である[31]。主刑または刑の免除を導くうえで適用された法令を適示する趣旨・目的は、罪となるべき事実に対する刑罰的評価を示すとともに、宣告刑が正当に導かれたことを保障することにあるとされる[32]。これに対して、付随的裁判を導く法令の適示は、法三三五条一項によって記載の義務があるのではなく、法四四条一項における理由明示の要請から記載の義務が導かれるとされている[33]。したがって、付随的裁判を導く法令を適示する趣旨・目的は、前述の法四四条一項における理由を明示する趣旨・目的が参照されるべきことになる。

（4）「法律上犯罪の成立を妨げる理由又は刑の加重減免の理由となる事実の主張」に対する判断　法三三五条一項の各事項を記載することで、犯罪成立阻却事由または刑の加重減免事由が存在していないことが黙示的に示される。それに加えて、同条二項が、犯罪成立阻却事由または刑の加重減免事由を当事者が主張した場合に、その主張に対して判断を示すことを義務付けた趣旨・目的は、〈当事者主義の現れ〉として、裁判所が被告人の刑事責任の評価において訴訟関係人、とりわけ被告人・弁護人の主張に十分配慮することにより、当該訴訟関係人の利益や裁判の公平さを担保して、被告人の防御権を間接的に保障しようとしたものとされている[34]。

もっとも、前述の本条項をめぐる歴史的変遷を見ればわかるように、すでに大正刑訴法三六〇条二項は現行刑訴法三三五条二項と同旨の規定を置いていたことから、〈当事者主義の現れ〉という理解は、本条項そのものから直接導かれるものではなく、現行刑訴法の構造を前提にして、本条項をどのように理解すべきかという観点から導かれた、あるいは、大正刑訴法にも当事者主義の萌芽が見られた、と評価するのが適切である(35)。

(8) 以下の本文・各注で引用するもののほか、現行刑訴法における有罪判決の理由に関する文献として、伊藤博路「証拠の標目の挙示の趣旨に関する一考察—ある高裁判決を素材として—」帝塚山法学一号（一九九八年）一三三頁以下、冨田真「刑事判決理由の意義と課題」法学六九巻五号（二〇〇五年）東北学院法学六八号（二〇〇九年）一五九頁以下、富永良朗「刑訴法三三五条一項の系譜とその今日的展開」判タ九〇〇号（一九九六年）四頁以下、中川孝博「刑事裁判における証拠説明の意義」法律時報七二巻四号（二〇〇〇年）五八頁以下、庭山英雄「有罪判決の証拠説明に関する一試論」一橋論叢五四巻六号（一九六五年）七〇頁以下、野瀬高生『刑事判決要論』（酒井書店、一九六六年）、藤木英雄「裁判の理由」日本刑法学会編『刑事訴訟法講座・第三巻』（有斐閣、一九六四年）一一頁以下、吉田常治郎「裁判の理由」日本刑法学会編『刑事法講座・第六巻』（有斐閣、一九五三年）一二一一頁以下がある。また、大正刑訴法に関して、大橋九平治『刑事判決書研究』（一星社、一九二六年）、島田武夫『刑事判決書の研究』（巌松堂、一九四一年）がある。さらに、明治期から大正期にかけての証拠との関係を中心とした判決理由をめぐる議論を詳細に検討したものとして、冨田真「明治期における判決理由論の形成と展開」東北学院法学六八号（二〇〇九年）一頁以下、同「明治期における判決理由論の史的展開—明治三四年案と大正五年案を中心に—」東北学院法学六九号（二〇一〇年）一頁以下・七三号（二〇一二年）一三九頁以下がある。その他、ドイツにおける議論を詳細に検討したものとして、冨田真「刑事判決理由の研究（一）～（三・完）—ドイツにおける判決理由の理論史的考察を中心として—」法学六一巻三号（一九九七年）二四頁以下・六一巻五号（一九九七年）八五頁以下・六二巻一号九九頁以下、同「刑事訴訟における事実認定理由の説示—ドイツにおける自由心証、事実認定の審査可能性と判決理由—」法学六二巻六号（一九九八年）一七四頁以下がある。

(9) 司法研修所編『裁判員裁判における第一審の判決書及び控訴審の在り方』（法曹会、二〇〇九年）七頁。

(10) 河上和雄ほか編『大コンメンタール刑事訴訟法〔第二版〕第一巻』（青林書院、二〇一三年）五一〇頁以下〔中山善房〕。分類は異なるが、松尾浩也監修『条解刑事訴訟法〔第四版〕』（弘文堂、二〇〇九年）九九頁も同旨。また、①～③について、河上和雄ほか編『注釈刑事訴訟法〔第三版〕第一巻』（立花書房、二〇一一年）五二一頁以下〔朝山芳史〕も参照。

(11) 河上和雄ほか編『大コンメンタール刑事訴訟法〔第二版〕第八巻』（青林書院、二〇一一年）一一〇頁〔中谷雄二郎〕、伊藤栄樹ほか『新版注釈刑事訴訟法・第五巻』（立花書房、一九九八年）四〇八頁〔柴田孝夫〕を参照。

(12) 河上ほか編・前掲注（10）五二二頁〔中山〕、河上ほか編・前掲注（10）五二三頁〔朝山〕、司法研修所編『刑事判決書起案の手引〔平成一九年版〕』（法曹会、二〇〇七年）二頁等を参照。
(13) 河上ほか編・前掲注（10）五二三頁〔朝山〕。
(14) 河上ほか編・前掲注（10）五二三頁〔朝山〕。松尾監・前掲注（10）一〇〇頁、東京高判平八・一一・一八判時一五七〇号一三九頁も参照。
(15) 河上ほか編・前掲注（10）五一二頁〔中山〕。河上ほか編・前掲注（10）五二二頁〔朝山〕、司法研修所編・前掲注（12）二頁も参照。
(16) 最大判昭二四・五・一八刑集三巻六号七三四頁、最判昭三九・五・二三刑集一八巻四号一六六頁。さらに、仙台高判昭三九・一一・二高刑集一七巻七号六七一頁は、累犯加重の事由となる前科を認定した証拠を挙示する必要があるとしており、実務もこのような取扱いをしているという。以上について、河上ほか編・前掲注（10）五一二頁〔中山〕、河上ほか編・前掲注（10）五二二頁〔朝山〕を参照。
(17) 松尾監・前掲注（10）一〇〇頁を参照。また、最決昭二五・七・六裁判集刑事一八号五六三頁も参照（同決定の内容の一部について、本文後述参照）。
(18) 河上ほか編・前掲注（10）五二二頁〔朝山〕。ただし、同所は、無期懲役や死刑判決を言い渡す場合、体刑の求刑に対して罰金刑を言い渡す場合等は、法四四条一項の趣旨により、その理由を示すのが適当であるとする。
(19) 河上ほか編・前掲注（10）五一三頁〔中山〕。
(20) 法四四条一項の裁判の理由に証拠上の理由が含まれないとした判例として、最決昭三二・六・一八裁判集刑事一一九号五〇五頁も参照。
(21) 「証拠の標目」に関する歴史的変遷を簡潔にまとめたものとして、平田勝雅「証拠説明」熊谷弘ほか編『証拠法大系Ⅰ』（日本評論社、一九七〇年）二八一頁、松尾浩也『刑事訴訟法（下）〔新版補正第二版〕』（弘文堂、一九九九年）一四九頁等を参照。戦時特別法における「証拠の標目」化の問題について、佐伯千仭「証拠法における戦時法の残照」『石松竹雄判事退官記念論文集――刑事裁判の復興』（勁草書房、一九九〇年）一一三頁以下および一一九頁以下を参照。さらに、明治期から現在までの「証拠の標目」をめぐる議論を詳細に検討したものとして、富永・前掲注（8）四頁以下を参照。また、明治期から大正期にかけての証拠を中心とした判決理由をめぐる議論を詳細に検討したものとして、冨田・前掲注（8）「明治期における判決理由論の形成と展開」および「明治期における判決理由論の史的展開」を参照。

(22) 法曹会編『刑事訴訟法案理由書』(法曹会、一九二二年)二二一頁以下を参照。
(23) 河上ほか編・前掲注(11)一一三頁(中谷)。なお、最大判昭二四・二・九刑集三巻二号一四一頁も参照。
(24) 河上ほか編・前掲注(11)一一四頁(中谷)。なお、最判昭二四・二・一〇刑集三巻二号一五五頁は、「各本条を適用する事実上の根拠を確認し得られるようにするを以て足る」とする。
(25) 河上ほか編・前掲注(11)一三九頁(中谷)。
(26) 伊藤ほか・前掲注(11)四一八頁(柴田)。河上ほか編・前掲注(11)一三九頁(中谷)、中山善房「証拠摘示の程度」熊谷弘ほか編『公判法大系Ⅲ』(日本評論社、一九七五年)三一一頁も参照。
(27) 大正刑訴法三六〇条一項における証拠説明の意義について詳細に判示している判例として、大判大一三・三・二五刑集三巻二三七頁を参照。
(28) 河上ほか編・前掲注(11)一四〇頁(中谷)を参照。
(29) 戦時刑事特別法二六条と現行刑訴法との関係について、佐伯・前掲注(21)一一九頁以下、松尾浩也「刑事訴訟法の制定過程・第四章司法省刑事局別室」法学協会雑誌九一巻一二号(一九七四年)一七五五頁等を参照。
(30) 河上ほか編・前掲注(11)一四〇頁(中谷)。このような理解に批判的なのは、佐伯千仭『刑事裁判と人権』(法律文化社、一九五七年)四一頁等。
(31) 河上ほか編・前掲注(11)一四七頁以下(中谷)を参照。
(32) 伊藤ほか・前掲注(11)四二二頁(柴田)、河上ほか編・前掲注(11)一四七頁以下(中谷)。
(33) 河上ほか編・前掲注(11)一四八頁(中谷)。
(34) 河上ほか編・前掲注(11)一五六頁(中谷)。同旨のものとして、伊藤ほか・前掲注(11)四二六頁以下(柴田)等。
(35) 寺澤榮「訴訟関係人の主張に対する判断」熊谷弘ほか編『公判法大系Ⅲ』(日本評論社、一九七五年)三一九頁を参照。法曹会編・前掲注(22)二二二頁によれば、職権主義を維持しつつ、「罪ノ有無及其ノ軽重ノ分ルル所ニシテ最モ重要ナル論点ニ係ルヲ以テ特ニ之ニ対スル判断ヲ示スヲ妥当ナリト認メ」て、このような規定を置いたという。

三　有罪判決における親告罪の告訴をめぐる一般的取扱い

1　「罪となるべき事実」と親告罪の告訴

法三三五条一項にいう「罪となるべき事実」とは、前述のように、証拠により認定された、犯罪構成要件に該当し、かつ、違法・有責な具体的犯罪事実とされる。しかし、「違法性・有責性は、一般に構成要件該当性から推認されるから、推認できない特別の事情がない限り、特に判示する必要がない[36]」とされる。また、「被告人の罪責を問うことの可否を決め又はその範囲を画する上で必要のない事実は、罪となるべき事実として記載する必要はない[37]」とされる。さらに、「犯行の日時、場所、方法は、本来、罪となるべき事実そのものではなく、犯罪事実の特定又は量刑に資するものとして記載されるべき事項である[38]」とされる。

親告罪の告訴は、一般に、「罪となるべき事実」として摘示する必要はないとされている[39]。しかし、その理由については、学説では、「構成要件的事実でな」い〔筆者が漢字を常用漢字等に改めた〕、あるいは、「主文と直接の関係がないから、理由中に判示することを要しない」との説明は見られるもの[41]の、大きな議論の対象とはされていないようである。これに対して、判例では、詳細とは言えないものの、理由に触れているものがある。

大判昭八・一〇・一九大刑集一二巻一八二八頁は、親告罪である刑法二六一条の罪（器物損壊）について、「原判決ハ告訴アリタル事実ノ認定モナク又之カ告訴アリシ証拠ヲモ示サスシテ処断セシハ当然違法ノ裁判タルヲ免レサルヘシ」〔筆者が漢字を常用漢字等に改めた〕として弁護人が争ったのに対して、次のように述べて、これを斥けた。すなわち、「親告罪ニ於ケル告訴ハ犯罪構成ノ条件ニ非スシテ公訴ノ提起ヲ適法ナラシムヘキ所謂訴訟条件ニ過キサルコト疑ナキトコロナリ従テ裁判所カ被告事件ノ審判ヲ為スニ当リ親告罪ニ付テハ其ノ公訴提起ノ条件タル告訴ノ有無存否ヲ調査シ若シ之ヲ欠如スル場合ニ在リテハ訴訟条件ニ欠缺アルモノトシテ公訴棄却ノ判決ヲ為スヘク否ラサル場合ニ在リテハ本案ニ付審理ヲ遂ケ有罪ノ判決ヲ為ス場合ニ在リテハ罪ト為ルヘキ具体的事実ヲ認定シ証拠ニ依リテ之ヲ認メタル理由ヲ説明スルコトヲ要スレトモ親告罪ニ於ケル告訴ノ有無存否ノ事実ノ如キハ罪ト為ルヘキ事実ニ属セサルカ故ニ必スシモ之ヲ判文ニ記載シ其ノ証拠説明ヲ為スヲ要スルモノニ非サルナリ記録ヲ調査スルニ本件ニ付テハ被害者ヨリ告訴ノ提起アリタル事実ヲ認メ得ヘク公訴提起ノ条件ニ欠クルトコロナキカ故ニ原審カ本件ニ付本案ノ審判ヲ為シタルハ毫モ不法ニ非サルト同時ニ其ノ告訴アリタル事実ヲ判文中ニ掲記シ其ノ証拠理由ヲ説明セサレハトテ違法ナリト為スヲ得ス」（筆者が漢字を常用漢字等に改めた）。要するに、親告罪における告訴は「犯罪構成要件」ではなく「訴訟条件」であって、「罪となるべき事実」ではないことが理由とされているのである。[42]

2　「証拠の標目」と親告罪の告訴

「証拠の標目」において摘示されるべき証拠の範囲に関しては、前提問題として、証拠が摘示されるべき事実の範囲はどこまでか、そのうえで、その事実に対応する証拠として摘示が必要な証拠の範囲はどこまでか、という二段階で検討が加えられるのが通例である。[43] 親告罪の告訴に関しては、告訴が有効に存在しているという事実が、前者の事実の範囲に含まれているのかが中心的な問題となる。

判例・通説によれば、証拠の摘示が必要となる事実の範囲は、「罪となるべき事実」の認定に供した証拠である。[44] これに対して、「罪となるべき事実」以外の事実についての証拠摘示の問題は、法三三五条一項の問題ではなく、法四四条一項の問題であり、裁判には理由を付すべきものとする要請上、事実を摘示するだけでなく、その証拠まで挙示すべきかが問題となっている。[45] そして、犯罪の動機・原因や日時・場所は、それが犯罪構成要件要素とならない限り、本条項の「罪となるべき事実」に含まれず、証拠摘示の対象とはならない[46]。また、犯罪の成立阻却事由、刑の加重減免事由、情状事実も、犯罪構成要件要素となる場合は別として、「『罪となるべき事実』等」に事実として摘示されない限り、それに関する証拠を摘示する必要はない[47]。さらに、付随的裁判の根拠となる事実も、「罪となるべき事実」等として事実を摘示する必要がないため、それに関する証拠も摘示することを要しないとされている[48]。

そして、判例・通説によれば、「訴訟法上の事実」についても、証拠が摘示されるべき事実の範囲に含まれず、具体的には、事実認定に使用した証拠の証拠能力を判断する証拠、証拠の証明力を裏付けまたは増強する証拠、第三者没収手続の証拠などとともに、「訴訟条件に関する証拠」も証拠が摘示されるべき事実の範囲に含まれないとされる[49]。

特に親告罪の告訴に関して、東京高判昭三二・一一・六東高刑判決時報八巻一一号三八二頁は、器物損壊罪について、「告訴はいわゆる訴訟条件であって罪となるべき事実に属しないものであるから、判決文において告訴の事実とこれに対する証拠の標目を明示する要はないものである」と判示している[50]。

3　「法令の適用」と親告罪の告訴

「法令の適用」において摘示されるべき法令の範囲については、主刑または刑の免除を導くうえで適用された法令と、付随的裁判を導くうえで適用された法令とが、その対象とされている[51]。主刑または刑の免除を導くうえで適用された法令の適示は、処断刑を定めるための順序に従って、①罰条（犯罪構成要件および法定刑を定める規定）の適用、②処断刑の決定に必要な法令の適用（科刑上一罪の処理、罪種の選択、累犯前科、法律上の減軽、併合罪の加重、酌量減軽）、③宣告刑の決定の順に行われ、その後、主文に掲げる順序に従って、付随的裁判に関する法令を適用を適示するのが通例である。[52] そして、以上のような適示されるべき「法令の適用」のうち、刑事訴訟規則においては、①罰条の適用が特に重視されており、[53] 有罪判決書等へ「罰条」を記載すべき旨の規定として、判決書等の抄本での罰条の記載（規則五七条二項）、判決書への起訴状の罰条の引用（規則二一八条）、調書判決の場合の罰条の記載（規則二一九条一項）に関するものが置かれている。

親告罪の告訴をめぐっては、親告罪に関する規定は掲げる必要はないというのが通説である。[54] また、親告罪規定について正面からではないが、集団強姦罪を認定するにあたり、刑法一八〇条二項（非親告罪規定）の摘示は必要ないとした高裁判例がある。すなわち、東京高判昭四一・二・一四下刑集八巻二号二三七頁は、刑法一八〇条二項は「輪姦的形態において犯された強姦罪等を非親告罪とする趣旨を規定したものであつて、特に別個の犯罪構成要件を規定したものではないから、告訴の有無に拘わらず同条項によつて事犯を処断するにあたり、刑事訴訟法第三三五条第一項の趣旨に照らしても、判決書にこれを摘示する必要はない」と判示している。

4 「法律上犯罪の成立を妨げる理由又は刑の加重減免の理由となる事実の主張」に対する判断と親告罪の告訴

（1） 「法律上犯罪の成立を妨げる理由」となる事実

「法律上犯罪の成立を妨げる理由」となる事実は、構成要件該当性阻却事由、違法性阻却事由、責任阻却事由をいうとされている。[55] これに対して、訴訟条件が具備されていないとの事実の主張は「法律上犯罪の成立を妨げる理由」となる事実に含まれないとするのが通説であり、親告罪における告訴の不存在または無効の主張についても、「法律上犯罪の成立を妨げる理由」となる事実にはあたらないとされている。[56]

大判昭六・一二・二一大刑集一〇巻八一〇頁も右の通説と同様の結論であるが、若干の理由が付されている。当該事案では、弁護人が原審公判において親告罪の告訴を欠いており公訴棄却すべきと主張したのであるから、大正刑訴法三六〇条二項に基づいて判決でこの主張に対して相当な判断を示さなければならなかったのに、判決書でそれが示されなかった違法があると弁護人が争った。これに対して、大審院は、「親告罪ニ於ケル告訴ハ訴訟条件ニ過キサルヲ以テ所論公訴棄却ノ主張ハ所謂訴訟条件ヲ欠如スル旨ノ主張ニシテ〔大正〕刑事訴訟法三百六十条第二項ニ規定スル法律上犯罪ノ成立ヲ阻却スヘキ原由又ハ刑ノ加重減免ノ原由タル事実上ノ主張ニ属セサルヲ以テ原判決ニ於テ該主張ニ対シ特ニ判断ヲ示ササルモ違法ニ非ス」〔筆者が漢字を常用漢字等に改めた〕と判示した。ここでもやはり、親告罪における告訴が「訴訟条件」であることが前提とされているのである。[57]

（2）「刑の加重減免の理由となる事実」　「刑の加重減免の理由となる事実」とは、法律上必要的とされているものに限られ、任意的加重減免事由等はこれにあたらないとするのが通説である。[58]

そして、刑法四二条一項の「自首」による任意的減軽についてもこれに含まないとするのが判例[59]であることから、同条二項のいわゆる「首服」による任意的減軽についてもこれに含まれず、その任意的減軽規定が適用される前提としての親告罪において告訴があった事実もこれに含まれないと考えるのが、判例の立場の理解としては妥当であろう。

5　有罪判決における親告罪の告訴に関するその他の取扱い

これまで見てきたように、親告罪の告訴の存否・有効性は、判例・通説を前提とすれば、法三三五条一項および二項との関係では、そこに規定された各事項に該当せず、有罪判決において明示する必要はない。

しかしながら、実務においては、親告罪の告訴の存否・有効性が争われた場合、判決において、「(罪となるべき事実)」などとは別個に項を設けて判断が示されることがある。通説的な法理論としては、訴訟関係人の主張に対しては、法三三五条二項所定の場合以外のものについては、法律上これに対する判断を示す必要はないと考えられているが、実務においては、それが重要な争点である場合には、その主張に対する判断を示す例が多いようである。(60) そして、この判断は、それが事実上の主張に対するものであるときは、証拠の標目の後に、法律上の主張に対するものであるときは、法令の適用の後にこれを示すのが通例であり、この場合、「(事実認定の補足説明)」、「(争点に対する判断)」などという見出しの下に別個に項を設けることがあるという。(61)

この点に関する具体的な裁判例のうち公刊物で確認できる比較的最近のものを取り上げると、東京地判平九・九・二五判タ九八四号二八八頁は「(法令の適用)」の次に「(争点に対する判断)」として、東京地判平一三・一一・二判時一七八七号一六〇頁は「(証拠の標目)」と「(法令の適用)」の間で「(弁護人の主張に対する判断)」として、東京地判平一五・六・二〇判時一八四三号一五九頁は「(法令の適用)」の次に「【訴訟条件に関する弁護人の主張に対する判断】」として、秋田地判平一八・一〇・二五家裁月報五九巻五号八九頁は「(法令の適用)」の次に「(補足説明)」として、親告罪の告訴に関する判断を示している。このように、実務の運用は様々であり、しかも、摘示の順序や項目の標題からみて、事実上の主張であるか法律上の主張であるかについても、定まった理解・運用がないようである。

いずれにしても、親告罪の告訴の存否・有効性が争われている場合に、法四四条一項との関係で判決の理由に明示する「義務」があるのかないのかは、実務の取扱いを見る限りでは不明確である。これに対して、学説においては、田口守一が、「一定の場合にはその判断〔訴訟条件の存否の判断〕を明示することが裁判所の義務となる」(62)としており、その実質的根拠として、「手続打切りは被告人の重大な関心事であるから、被告人にとって納得のいく裁判という観点」を指摘している。(63) この田口の見解は、その説明において法四四条一項という条文の指摘はないものの、指摘の内容から見て、法三三八条四号および同条柱書のみならず、法四四条一項も含めて、そのような判断明示義務が導かれるとする見解と理解するのが妥当であろう。

(36)　河上ほか編・前掲注（11）一一四頁〔中谷〕。
(37)　河上ほか編・前掲注（11）一一四頁〔中谷〕。なお、最決平二一・七・二一刑集六三巻六号七六二頁も参照。
(38)　河上ほか編・前掲注（11）一一四頁〔中谷〕。この問題は、判決に起訴状記載の公訴事実を引用することが認められていること（規則二一八条）から見ても、訴因制度の本質・機能、訴因の特定の程度、訴因変更の要否の基準などとも関係しているといえる（ただし、起訴状の記載との違いを強調するものとして、井戸田侃「有罪判決の理由」日本刑法学会編『刑事訴訟法演習』（有斐閣、一九六二年）一五四頁）。
(39)　司法研修所編・前掲注（12）二五頁。
(40)　小野清一郎『犯罪構成要件の理論』（有斐閣、一九五四年）四五八頁。
(41)　浦辺＝柏井・前掲注（7）七五頁。
(42)　訴訟条件とされる「告発」が問題とされた事案においても、同様の理由付けがなされる（最判昭二五・一〇・一二刑集四巻一〇号二〇七三頁、最決昭三二・七・一九刑集一一巻七号一九三九頁（括弧書き内の判示であるが、処罰条件でないことも理由付けに含めている））。
(43)　河上ほか編・前掲注（11）一四〇頁および一四二頁〔中谷〕等を参照。
(44)　最判昭二三・一二・一四刑集二巻一三号一七六五頁（旧法事件）は、没収すべき物件が犯人以外の者に属しないという事実は証拠説明の範囲外であるとする判示の中で、「判決に挙示すべき証拠説明は判示の犯罪事実について之を為すべきもので罪となるべき事実でないものについては証拠によつて之を認めた理由を明示する必要はない」と述べている。
(45)　浦辺＝柏井・前掲注（7）一一九頁。
(46)　ただし、犯罪の動機・原因や日時・場所等をを「罪となるべき事実」や「犯行に至る経緯」などとして摘示した場合には、これを認定した証拠も掲げるべきとされている（本文中の記述も含めて、河上ほか編・前掲注（11）一四〇頁以下〔中谷〕、司法研修所編・前掲注（12）三六頁等を参照）。
(47)　これらの事実が「罪となるべき事実」に摘示された場合には、「原則としてその証拠の標目も摘示すべきであろう」との見解（本文中の記述・引用も含めて、河上ほか編・前掲注（11）一四一頁〔中谷〕）がある一方で、「罪となるべき事実」に属さない事実については、それを判示したとしても、必ずしも証拠を示さなくてもよいとの見解（伊藤ほか・前掲注（11）四一九頁〔柴田〕）もある。
(48)　河上ほか編・前掲注（11）一四一頁〔中谷〕。

(49) 河上ほか編・前掲注(11)一四一頁以下〔中谷〕。
(50) 酒税法違反事件において証拠として税務署長の「告発」書を摘示することを、同様の理由から不要としたものとして、東京高判昭二六・一一・八高裁刑事判決特報二五号三三頁も参照。
(51) 河上ほか編・前掲注(11)一四七頁以下〔中谷〕を参照。
(52) 河上ほか・前掲注(11)一四九頁以下〔中谷〕を参照。
(53) 「罰条」の記載の重視は、起訴状の記載事項としての「罰条」(法二五六条四項。法三一二条、三一六条の五も参照。)とも関連するものと思われるが、起訴状における「罰条」の記載の意義を検討する形で改めて論じることとしたい。
(54) 河上ほか編・前掲注(11)一五〇頁〔中谷〕。
(55) 大判昭二・七・一二大刑集六巻二六六頁。河上ほか編・前掲注(11)一五六頁以下〔中谷〕も参照。
(56) 河上ほか編・前掲注(11)一六〇頁〔中谷〕。伊藤ほか・前掲注(11)四二七頁〔柴田〕、司法研修所編・前掲注(12)七五頁等も参照。
(57) なお、訴訟条件とされる告発についても同旨の判例がある。例えば、大判昭一三・三・一一大刑集一七巻一八六頁(関税法違反事件、旧刑訴法三六〇条二項に関するもの、告発の不存在が争点)、東京高判昭二八・三・一〇高刑集六巻二号二四一頁(酒税法違反、告発の無効が争点)を参照。
(58) 河上ほか編・前掲注(11)一六〇頁以下〔中谷〕を参照。
(59) 最判昭二八・八・一八刑集七巻八号一七三七頁、最決昭三二・七・一八刑集一一巻七号一八八〇頁等を参照。
(60) 司法研修所編・前掲注(12)七七頁。
(61) 司法研修所編・前掲注(12)七七頁。
(62) 河上和雄ほか編『大コンメンタール刑事訴訟法〔第二版〕第八巻』(青林書院、二〇一一年)二五九頁〔田口守一〕。
(63) 河上ほか編・前掲注(62)二五七頁〔田口〕。

四　有罪判決における親告罪の告訴をめぐる取扱いについての一試論

これまで確認してきた判例・通説の理解は、概して言えば、親告罪の告訴が「訴訟条件」であることを前提にして、「訴訟条件」の性質を持つ告訴の存在・有効性は法三三五条一項にいう「罪となるべき事実」にはあたらず、また、そうであるとすると、同条項の「罪となるべき事実」と結びつけて理解された「証拠の標目」および「法令の適用」の対象となるものでもない、さらに、「訴訟条件」という性質から、告訴の不存在や無効は、法三三五条二項にいう犯罪成立阻却事由にも刑の加重減免事由にもあたらないというものであった。これは、本論文はじめにで述べた自然の流れでもある。

しかし、この自然の流れには、大きく分けて二つの疑問が投げかけられる。ひとつは、親告罪の告訴が「訴訟条件」にすぎないという前提理解が正しいといえるのかである。もうひとつは、前提理解の正否を別としても、法四四条一項等との関係から親告罪の告訴の存在・有効性が有罪判決において示される必要はないのかである。

1　第一のアプローチ――親告罪における告訴は訴訟条件にすぎないのか

私は、既に別稿で論じたように、親告罪における告訴については、その法的効果である「訴訟条件」としての訴訟法的性質をすべての親告罪における告訴に肯定したうえで、各犯罪構成要件ごとに個別化し、その〈実体法的性質〉も考察されるべきとしている(64)。

これを本論文での検討課題にあてはめるならば、親告罪における告訴の実体法的性質から、告訴が有効に存在する事実を法三三五条一項にいう「罪となるべき事実」に正面から含ませることが可能となる。また、それを前提とすれば、「証拠の標目」においては告訴の存在と有効性に関する証拠を、「法令の適用」においては親告罪規定を、それぞれ摘示することが必要となる。

しかし、「訴訟条件」という確固たる法的地位を築いている親告罪の告訴を取り巻く状況から見て、右のような私見は、少なくとも当面は、実務においても学説においても大きな賛同を得られるとは思えない。

2　第二のアプローチ――法四四条一項・三三八条等との関係での親告罪の告訴

他方で、第二のアプローチは、親告罪の告訴は訴訟条件であるとする判例・通説を前提としたとしても、実現が可能である。

（1）　親告罪の告訴が摘示されるべき法的根拠

本論文一でも触れたように、法四四条一項が定める「理由」明示の要請の趣旨は、①裁判が合理的・客観的な根拠に基づくものであることを担保し、②裁判を受ける当事者を納得させ、③上訴審での審査の手掛かりを提供し、④法の適正・妥当な行使がされていることを一般公開するということにある。

このような趣旨を前提とすると、少なくとも、当事者が親告罪の告訴の存否・有効性を争っている場合には、当然にこの趣旨が妥当し、法四四条一項から、告訴の存否・有効性に関する判断を「裁判の理由」として明示することが義務付けられると同時に、現実的な被告人の利益としては無罪判決に比肩すべき公訴棄却判決（法三三八条四号）に告訴の存否・有効性が結びついていることを根拠に、法三三五条二項が類推適用され、裁判所は告発の存否・有効性について判断を明示することが義務づけられると考えるべきであろう。

前者の法四四条一項との関係については、法三三五条ではなく法四四条一項を根拠として、刑の言渡しに付随する処分を「法令の適用」として、累犯加重の事由となる前科の認定を「累犯前科」として、示すことが要請されているとの実務上の理解と適合する。また、後者の法三三五条二項との関係については、現に実務において、親告罪の告訴の存否・有効性が争われている事案の場合、既に見たように、「補足説明」、「争点に対する判断」、「弁護人の主張に対する判断」、「訴訟条件に関する弁護人の主張に対する判断」などの項目でその判断が明示されているのであるから、これを法的義務としたとしても、運用上大きな不都合は生じないはずである。また、判例・通説は、刑法二四四条一項によるいわゆる親族相盗に関する必要的免除の主張は「刑の加重減免の理由」となる事実の主張に含まれるとしており[65]、同条項と同条二項が同じ趣旨で設けられたのであれば[66]、同条二項の定める親告罪の告訴が不存在・無効である場合にも、法三三五条二項を類推適用する前提があるといえる。

他方で、理論上の問題として、たしかに、告訴の存在・有効性は、「裁判」の中心部分である有罪判決の「主文」に対する直接の「理由」ではないと言いうるかも知れない。しかし、告訴の存在・有効性は、「主文」を言い渡すために必要不可欠な前提条件となっている[67]。すなわち、訴訟条件の存否は、原則として職権調査事項とされている[68]（例外として土地管轄（三三一条一項））。そして、訴訟条件である告発については、職権調査の義務があるとされており[69]、親告罪の告訴についても同様に職権調査の義務があると解される。他方で、訴訟条件は、公訴提起時は客観的に存在していれば足りる一方で、判決時にはその存在を職権で調査しなければならない[70]。さらに、訴訟条件は、疑念が生じれば、審理のどの段階においても、調査しなければならない[71]。そして、最決昭二八・一・二二刑集七巻一号二六頁も、実体審理前や途中での判断を否定する文脈ではあるが、括弧書き内で、「公訴を棄却するか否かは最終の判決自体において判断すれば足りる事柄である」としている。これらの判例からみて、遅くとも判決時までには、訴訟条件（ここでは特に親告罪の告訴の存否・有効性）について調査・判断をしなければならないというのが判例法理といえるのである[72]。

さらに、このような訴訟条件、とりわけ親告罪の告訴のような、その存在および有効性が積極的に訴訟条件となっているもの（いわゆる積極的訴訟条件）については、当事者の争いがなくとも、有罪判決の「理由」として摘示しなければならないものと考えるべきである。この義務は、前段落で見たような法三三八条四号および同条柱書ならびに親告罪規定をめぐる職権調査義務を実質的根拠として導かれ、さらに、法四四条一項の趣旨①・③・④にも合致することから同条項を実質的かつ形式的根拠として導かれるものというべきである。

（2）親告罪の告訴が摘示されるべき項目

既に見たように、親告罪の告訴の存否・有効性が争われている事案では、「補足説明」、「争点に対する判断」、「弁護人の主張に対する判断」、「訴訟条件に関する弁護人の主張に対する判断」などの項目でその判断が明示されている。しかし、当事者が争っていない事案では、このような判断の明示はなされていないようである。では、当事者が争っていない場合を含めて、親告罪の告訴は、有罪判決においてどのように摘示・明示されるべきであろうか。

まず、「罪となるべき事実」に関しては、「罪となるべき事実」ということが必ずしも自明ではない処罰条件に関する事実がそれに含まれるものとして摘示する必要があるとされている[73]。これを前提とすると、結論として不処罰に帰するという現実的な効果の面で処罰条件と非常に類似する訴訟条件を、「罪となるべき事実」に含ませて処理することも不可能ではないようにも思われる。その場合、法三三五条一項は形式的根拠として用いられるのであって、実質的根拠はそれ以外（法三三八条四号および同条柱書ならびに親告罪規定）に求められることになる。しかし、この場合にも、「訴訟条件」という法的性質から、実務において「罪となるべき事実」に含ませることには抵抗が大きいであろう。

次に、「証拠の標目」での摘示に関しては、仮に「罪となるべき事実」に含ませることを前提とすれば認められうるし、また、そうでないとしても、厳格な証明の範囲を訴訟条件（特に親告罪の告訴）にも拡大すべきとの議論との関係でも、再考の余地があるように思われる。すなわち、①訴訟条件が刑罰権行使の前提であり、これを欠いた場合に有罪判決をすることができない点で、処罰条件とその重要さにおいて何ら異ならないこと、②訴訟条件を欠いた場合なされる場合に裁判形式が口頭弁論を要する判決のものは弁論を期待したものであることを重視して、[74]訴訟条件に関する事実も厳格な証明の対象に含まれると考えるべきである。そして、そのような厳格な証明の結果を示して厳格な証明が実施されることを担保するものとして、同時に、このように厳格な証明が求められる理由そのものが訴訟条件が裁判の前提となる重要なものと位置付けられていることの裏付けでもあることから、証拠の標目においてその証拠を摘示すべきとも考えうるのである。しかし、「証拠の標目」での摘示に関しては、実体的事実の認定に用いられたと見られるリスクが指摘されており、[75]この点で、実務上の課題が残りうる。

さらに、「法令の適用」での摘示に関しては、付随的裁判を導く法令が法四四条一項を根拠に全面的に摘示されている現実がある。また、親告罪規定および告訴関連規定は何に適用されているか明確であることから、実体的事実の認定に用いられたと見られるリスクが少ない。その意味で、裁判所は、親告罪の告訴が判決の前提となっている被告事件の場合には、「法令の適用」において当該条項を摘示するという運用に統一する現実的な可能性がある。しかし、訴訟条件である告訴は「罪となるべき事実」にはあたらず、原則として「罪となるべき事実」と結びつけて「証拠の標目」と「法令の適用」での摘示の範囲を考える判例・通説を前提とすれば、「法令の適用」における摘示も、実務には受け入れがたいものと思われる。

以上を踏まえて、現実的には、「(訴訟条件に関する判断)」などのように、独立した項目で摘示するのが望ましいと考えられる。これにより、実体的事実の認定との混同のリスクも少なく、また、従来の項目上の分類にも影響が少なく、訴訟条件とされる親告罪の告訴に関する職権調査・判断の遺漏を防ぐという目的を無理なく達成できる。そのうえで、「罪となるべき事実」の直後に配置し、「証拠の標目」に証拠を摘示し、「法令の適用」に親告罪規定を摘示するのが理想的であるが、親告罪の告訴は「訴訟条件」であるという判例・通説を前提とする限り、現実的には、「法令の適用」の直後に配置することになろう。

(64) 拙稿・前掲注(2)一頁以下、特に一七頁以下。
(65) 最大判昭二三・一二・二七刑集二巻一四号一九五九頁、最判昭二四・二・一五刑集三巻二号一七五頁等を参照。
(66) 刑法二四四条一項の刑の免除の法的性質論は「法は家庭に入らず」などの法諺が引用されるかたちで活発に議論されているが、親告罪とされる根拠・理由については付加的に論じられる場合がほとんどである(両者を論じ分けているものとして、青柳文雄『刑法通論II各論』(泉文堂、一九六三年)四六七頁以下がある)。この点については、別稿で改めて論じることとしたい。
(67) 本論文の論旨とは異なる立場からではあるが、このことを指摘するものとして、斎藤朔郎「有罪判決の構成」団藤重光編『法律実務講座・第七巻』(有斐閣、一九五五年)一五六八頁。
(68) 親告罪の告訴について、札幌高函館支判昭二五・一〇・四高裁刑事判決特報一四号二〇六頁を参照。なお、判例上、当事者の申立権と裁判所の応答義務は否定されている(最決昭四五・七・二刑集二四巻七号四一二頁等を参照)。訴訟条件である告訴に関する職権調査の問題全般について、伊藤ほか・前掲注(11)四六六頁〔柴田〕、増井清彦『新版告訴・告発〔再訂版〕』(立花書房、二〇〇三年)一三頁以下および一二七頁以下を参照。
(69) 最判昭二五・一〇・一二刑集四巻一〇号二〇七五頁(酒税法違反)、大阪高判昭三三・五・六前掲注(4)を参照。
(70) 福岡高判平五・一一・一前掲注(4)。
(71) 大阪高判平二一・一〇・八刑集六五巻九号一六三五頁(Winny事件控訴審判決、著作権法違反事件の親告罪の告訴)。
(72) これに対して、札幌高判昭二五・四・八高刑特報八号六二頁も参照。
(73) 判例として、大判大六・四・一九刑録二三輯四〇一頁(詐欺破産罪における破産手続開始決定の確定)。学説(通説)として、伊藤ほか・前掲注(11)四一四頁〔柴田〕、河上ほか編・前掲注(11)一三三頁〔中谷〕、浦辺=柏井・前掲注(7)一二三頁等。
(74) 光藤景皎『刑事訴訟法II』(成文堂、二〇一三年)一〇八頁。松尾・前掲注(21)一四頁も参照。
(75) 伊藤ほか・前掲注(11)四一九頁以下〔柴田〕は、訴訟法上の事実に関する証拠を摘示すると、「実体的事実の認定に供したと見られかねない」と指摘する。

五　むすびにかえて

本論文では、有罪判決における理由明示の要請と親告罪の告訴について、一方では理論的な可能性を探った。その結論は、親告罪の告訴の実体法的性質を考慮して、法三三五条一項の「罪となるべき事実」に含ませるほか、「証拠の標目」および「法令の適用」における摘示の対象にも含めるものであった。しかし、そのような試論・私見は、前稿でも述べたように[76]、刑事手続法、刑事実体法および刑事政策論の根幹にかかわる大きな問題（訴訟目的論、犯罪論および犯罪対応論など）に波及していくものであり、不完全な状態では、当面の実務にとってかえって有害にもなりうるリスクをはらむものである。本論文では、そのことを踏まえ、当面の実務の運用でも受け入れることが不可能ではないと思われる提案も試みた。有罪判決の理由の中に、「（訴訟条件に関する判断）」の項目を設け、親告罪の告訴等の積極的訴訟条件については、当事者の争いに関係なく、その存在・有効性を明示するというものがそれである。

近時は、裁判員制度の導入により、判決書も「犯罪事実や量刑の判断にとって重要な争点にポイントを絞った平易かつ簡潔なもの」のに変わっていく[77]、あるいは、変わってきているといわれる。その評価については本論文の射程を超えるのでひとまず保留するが、本論文での提案は、そのような取組みと少なくとも実務上は両立不可能なものではないように思われる。

本論文では、試論・私見にせよ、実務運用の提案にせよ、法三三五条のみではなく、法四四条一項、法三三八条、さらに刑法典等の親告罪規定を法解釈の根拠として、有罪判決の理由明示の要請の射程を検討することが中心的課題となった。その検討過程で、有罪判決の理由との関係での親告罪の告訴に限定されない問題状況も確認できた。これらについては、今後の検討課題としたい。

(76) 拙稿・前掲注(2)二〇頁。

(77) 司法研修所編・前掲注(9)二八頁等を参照。

〔付 記〕

津田重憲先生に初めてお目にかかったのは、私が明治大学大学院で本格的な研究を始めたばかりの頃でした。全くの若輩者であった私にも実に気さくにかつ温かく接して下さったことは忘れることができません。津田先生は研究を愛し、「明治」を愛しておられました。私も同じ「明治」の後輩として、そのご遺志を受け継いでいく所存です。ここに謹んでご冥福をお祈り申し上げます。

違法収集証拠排除法則とその根拠
――弾劾例外を素材として――

守田智保子

一　はじめに

わが国においては、違法収集証拠排除法則（以下、排除法則とする）については、一般的に、訴追側が犯罪事実を立証するための証拠として、違法な手段により獲得された証拠（以下、違法収集証拠とする）を用いることが許されるか、ということが主な議論の対象であり、違法収集証拠を弾劾証拠として用いることに関する議論はあまり盛んであるとはいえない。その一方で、アメリカ合衆国においては、これまでの排除法則適用が争われた判例の集積のなかで、いくつかの例外則が生まれてきた。そのひとつが弾劾例外（impeachment exception）である。そして、この弾劾例外を含むいくつかの例外が確立してゆくなかで、排除法則の根拠に関する議論も積み重ねられてきた。排除法則を適用し、実際に証拠を排除した最高裁判例が一件にとどまるわが国において、弾劾例外それ自体の議論がただちに影響を及ぼすとは言い難いが、排除法則の根拠に関する議論という点においては有用な示唆を与えるものといえる。そして、その議論こそが、今後、わが国で排除法則をいかに扱ってゆくかという根本的な議論の鍵となると考える。本稿は弾劾例外を素材としながらこの点の検討を試みるものである。

二　排除法則の確立と例外則の創設

違法収集証拠は、Weeks 事件判決によって、連邦における刑事訴追の証拠としての使用を否定されたのち、(1) Mapp 事件判決によって、修正第一四条を通して州においてもその使用を許容しないとされた。(2) 当初、連邦最高裁は、違法収集証拠を許容することは、違法な捜索押収を禁じた修正第四条を「空文に帰す」ことにさせるものとし、その排除は修正第四条の当然の要請であると結論づけた。(3) 次いで、「司法の廉潔性の保持」(4) と、「将来の違法捜査の抑止」という二つの理論的根拠が提示された。前者については、Olmetead 事件判決(5) における、Holmes 判事の「…私は、政府が不名誉な役目を負うよりも、幾人かの犯人が罪を免れることになる方が、まだましであると考える。(6)」という反対意見、更に、Brandeis 判事の「政府は、影響力のある、遍在する教師である。善しにつけ悪しきにつけ、全ての人々に手本を示すことによって教えるのである。犯罪は伝染する。もしも政府が法を破るものとなれば、それは法への侮蔑を生み出し、各人が自分の法となることを招来し、アナーキーを招く。(7)」という反対意見に代表されるものである。(8) 後者は、Weeks 事件判決の排除法則は州には適用されないと判示した Wolf 事件判決において、証拠排除が将来の違法な捜索・押収を抑止する効果的な方法の一つだとしても、それと同等の効果を持つ別の救済手段を州が採用することは非難し得ないという文脈において提示されたものであった[9]。その後、これを覆したMapp事件判決において、排除法則は全州に適用されることとなり、ここに、排除法則は憲法の要請によるルールとして確立することになったのである。しかし、このWolf事件判決において言及された、排除法則の根拠としての抑止効論と、排除法則を救済手段とする観点は、静かに証拠排除を争うケースの地脈を流れていた。

そして、間もなくすると、排除法則はもはや憲法上のルールではないと論じられるに至ることとなる。その嚆矢となったのがCalandra事件判決[10]であり、法廷意見は「このルールは、権利侵害された当事者の個人的な憲法上の権利というよりも、一般的にそれ自体の抑止効によって修正第四条を保障することを企図された司法創造上の救済手段なのである[11]」と明確に述べた。その間、連邦最高裁は、Alderman事件判決[12]において、排除申立適格に関してではあるが、証拠排除によるコストとベネフィットのバランシング・テストを採用している。被告人本人の権利侵害ではなく、第三者の権利侵害の結果得られた証拠を排除することによって得られるコストとベネフィットを比較し、排除法則を適用すべきか否かを検討したのである。のちに、このアプローチが「頂点を迎えた」ケースとして、善意の例外に関するLeon事件判決[13]が挙げられる[14]。本件においては、これまでとは異なり、例外を設けることで排除法則適用範囲を制限するために、このアプローチが使用された[15]。反対意見において、Brennan判事は、「十年前、Calandra事件において私は、連邦最高裁の決定は、〝多数意見を構成する同僚たちが、法執行官によって違法に獲得された証拠へのドアを再び開き、さらに、捜索・押収事件における排除法則を完全に捨て去る立場をとるシグナルになり得る〟ことについての懸念をあらわした。それ以来、ケースを追うごとに、連邦最高裁が徐々にしかし確実に排除法則の息の根を止めるのを目撃してきた。そして、今や、修正第四条に対する連邦最高裁の勝利が確定したことは明らかである[16]。」と述べている。

弾劾例外は、これらの経緯の中で、意図的ではないにせよ、排除法則を崩壊させる一つの要素として誕生した。訴追側の主立証のための証拠としては排除された違法収集証拠の、弾劾証拠としての使用を一定の場合に許容するというこの例外の誕生と発展の経緯を以下で概観する[17]。

（1）Weeks v. United States, 232 U.S. 383, 34 S. Ct. 341, 58 L. Ed. 652（1914）.

（2）Mapp v. Ohio, 367 U.S. 643, 81 S. Ct. 1684, 6 L. Ed. 2d 1081（1961）.

（3）修正第四条のみをもって排除法則の根拠とする説のほか、修正第五条の自己負罪拒否特権と併せて考えたときに排除法則の根拠となると解する説もある。

（4）Elkins v. United States, 364 U.S. 206, 222, 80 S. Ct. 1437, 4 L. Ed. 2d 1669（1960）.

（5）Olmstead v. United States, 277 U.S. 438, 48 S. Ct. 564, 72 L. Ed. 944（1928）.

（6）*Id*, at 470（Holmes, J., dissenting）.

（7）*Id*, at 485（Brandeis, J., dissenting）.

（8）この司法の廉潔性を論じるとき、二つのアプローチがあると指摘されている。一つは、証拠が不適切に獲得されたので、それを裁判所が使用するのは「不正」である、それゆえ、その証拠は排除されるべきであるというものである。Holmes 判事はこの立場から論じているとされる。しかしこの議論における「不正」は多分に直感的なものであるという批判がなされる。もう一つは、より実利を重視する Brandeis 判事の言に代表されるアプローチである。*See*, McCORMIC ON EVIDENCE §165（7th ed. 2013）.

（9）Wolf v. Colorado, 338 U.S. 25, 69 S. Ct. 1359, 93 L. Ed. 1782 , at 31（1949）.

（10）United States v. Calandra, 414 U.S. 338, 94 S. Ct. 613, 38 L. Ed. 2d 561（1974）.

（11）Calandra, 414 U.S. at 348.

（12）Alderman v. United States, 394 U.S. 165, 89 S. Ct. 961, 22 L. Ed. 2d 176（1969）.

（13）United States v. Leon, 468 U.S. 897, 104 S. Ct. 3405, 82 L. Ed. 2d 677（1984）.

（14）Yale Kamisar, *Confession, Search and Seizure and the Rehnquist Court*, 34 Tulsa L. J. 465, at 487（1999）.

（15）*See*, Jerry E. Norton, *The Exclusionary Rule Reconsidered : Restoring the Status Quo Ante*, 33 Wake Forest L. Rev. 261,

273 (1998).

（16） Leon, 468 U.S. at 928-929 (Brennan, J., dissenting).

（17） 弾劾例外について扱ったものとして、山田道郎「違法収集証拠の弾劾的使用」法律論叢第六十一巻第四・五合併号『和田英夫教授古稀記念論文集』、二七九-三一二頁（一九八九年）。

三　弾劾例外の創設

1　Agnello 事件判決[18]

コカイン譲渡のコンスピラシーに関して訴追された被告人の Agnello は、直接尋問において、自分が所持していた包みの中身がコカインであるとは知らなかったと主張し、反対尋問において、これまでコカインを見たことはない旨の証言をした。検察官がこれをきっかけとして、被告人の証言を弾劾する目的で彼の家から違法に押収されたコカイン入りの缶を提出したという事案である。

連邦最高裁は、「直接尋問において、Agnello はコカイン入りの缶について質問されておらず、それについての証言もしなかった。反対尋問において認められた質問において、彼はそれを見たことが全くないと答弁した。当該捜索によって得られたと主張された証拠について、彼は憲法上の保障を放棄する、あるいは反対尋問を正当化するためのことは何もしなかった。Silverthorne 事件判決で述べられたように、[19]〝ある方法で得られた証拠を禁止する規定の本質は、そのようにして得られた証拠を単に裁判所の面前で使用してはならないということだけではなく、それは一切使われてはならないということである。〃当該捜索押収によって獲得された証拠の許容は、誤りであり、Frank Agnello の実質的な権利への侵害をしたことになる。彼に対する判決は破棄され、新しい公判が認められなければならない。[20]」として、この違法な捜索によって押収された証拠は反証として許容できないと判示した。

本件において、連邦最高裁は全員一致で、違法収集証拠の弾劾証拠としての使用を拒否した。しかし、この後の判例によって、弾劾例外は確立してゆくことになる。

2 Walder 事件判決[21]

Walder は、本件以前の一九五〇年五月にヘロインの購入と所持について正式起訴された。彼は、これについての証拠であるヘロインのカプセルが違法な捜索押収によって得られたとして排除を申し立て、認められた。

一九五二年一月になって、四件の麻薬売買について正式起訴された Walder は、本件の証拠である麻薬について全面的に否定し、主尋問において、これまでに贈り物として、あるいは代金や他の対価を受け取ることなく麻薬を手渡したり与えたりしたことも、それが麻薬であると知りながらある人物から他の人物にそれを手渡すための仲介役となったこともないと述べた。[22]そして、反対尋問においても、彼は、麻薬を購入したこと、売却したこと、また所持したことは一切ないということを繰り返した。これに対し政府側は、彼に、二年前の事件で彼の自宅から違法に押収したとして排除されたヘロインカプセルについて尋ねた。彼が、彼の家からヘロインが押収されたことについて頑なに否定すると、訴追側は、その違法捜索・押収に従事した法執行官と、押収されたヘロインカプセルを鑑定した科学者という二人に証言をさせた。その結果、公判裁判官はこの証言を認めつつ、陪審に対して、この証拠は犯罪事実に関してではなく、被告人の信用性を弾劾する目的のためにのみ使用されるという制限的説示をおこなった。被告人は有罪とされ、第八巡廻区控訴裁判所はこれを維持した。

そして、連邦最高裁は、次のように述べた。[23]即ち、これまで禁止されてきた違法な方法によって得られた有罪判決は無効である。しかし、政府が当該証拠を獲得するに至った違法な手段を、被告人が自己の利益のために、自分の虚言に対する反証を防ぐための盾として用いることができるということとは、それとは全く別のことであり、修正第四条の曲解にあたる。本件においては、被告人は訴追されている犯罪の否認にとどまらず、これまでの麻薬との関係の一切を否定した。憲法はたしかに被告人に防禦の機会を保障しており、政府側がその主立証において使用することのできない違法収集証拠を、反証のために用いるということも認められない。しかし、これを奇貨として被告人が積極的に偽証に頼ることを正当化する余地はない、と。すでに排除された証拠の弾劾証拠としての利用が許容され、原判決は維持されたのである[24]。

本件は、被告人が偽証の盾として排除法則を悪用することまでをも修正第四条は許していないとして、弾劾例外を認めたのであった。連邦最高裁は、その判示にあたり、違法収集証拠の排除を含んでいる修正第四条の解釈というアプローチを用いている。

3　Harris 事件判決[25]

被告人である Harris は、覆面捜査官に対する二件のヘロイン売却に関して訴追された。彼は、直接尋問において、売却した包み紙の中身はヘロインではなく、購入者を騙すためのベーキングパウダーだったのだということを主張した。これを弾劾するため、反対尋問で、逮捕後に「Miranda」違反で得られた自己矛盾供述が提出されたが、これについて彼は覚えがないと答弁した。公判裁判官は、公判廷外での供述は被告人の信用性判断のために考慮されても良いが、有罪の証拠として考慮されてはならないという制限的説示をした。結果として、被告人は第二の訴因で有罪とされ、ニューヨーク州最高裁がこれを維持し、続いて連邦最高裁も五対四という僅差でこれを維持するとした。

連邦最高裁は、本件の五年前に出された Mirada 事件判決[26]について次のように述べている。

「Miranda 事件判決の法廷意見には、たしかに、あらゆる目的のために、弁護人依頼権を侵害して得られた証言の使用を禁じていると解し得る若干のコメントがある。しかし、この問題の議論は、当裁判所の判示には全く必要がなく、本件を支配しているとみなすことはできない。Miranda 事件判決は、訴追側に対し、身柄拘束下にある被疑者が弁護人の立ち会いなしに、あるいは効果的に弁護人依頼権を放棄する以前にした供述で、その主張を立証することを禁じた。Miranda 事件判決が、訴追側の主立証における被告人に不利な証拠を、それが信用性の法的基準を満たしている場合に全ての目的のためにまで禁じたということはいえない[27]」。

本件において言及された Miranda 事件判決において連邦最高裁は、自己負罪拒否特権は、個人がいかなる方法であっても自己に罪を負わせることを強制させることから彼を保護するということ、被告人が自己のためにした供述は、彼の公判廷における証言を弾劾するためにあるいは尋問中の供述の不真実性を証明するために使用されることで有罪を示唆することになるが、これらの供述はいかなる意味においても負罪的であり、他の供述の場合に要求される十分な警告と効果的な放棄なしには使用され得ないということを述べている。この箇所が「Miranda」ルールに違反して得られた供述を弾劾証拠として用いることを禁じたものとして理解される。

連邦最高裁は、Walder 事件判決の被告人が直接尋問に含まれた「付随的な」事柄で弾劾された一方で、本件の被告人は訴追されている犯罪とより直接的に関連する証言で弾劾されたとして、両者の違いを指摘しつつも、この相違を重要視して弾劾証拠を許容する根拠付けを行いはしなかった。重視されたのは、事実認定の適正さと抑止効の点であった。即ち、以前の不一致供述による被告人の公判廷での証言の弾劾には、陪審が彼の信用性の評価をする際にこれが役立つという利益がある。排除証拠による弾劾を許容することで、警察官による許されない行為が促進されるおそれは「憶測的」可能性であり、これは、その利益を失わせしめるほどのものではない。その一方で、排除法則の抑止効は、仮にそれがあるとしても、訴追側の主立証において排除されたときに生じているというのである。このアプローチは、Walder 事件判決のとったものとは全く異なる。一九六九年の Alderman 事件判決において明言されたバランシング・テストを、本件が取り入れたと見ることができるであろう。

続いて、法廷意見は自己のために証言をするという特権は偽証をまでも許す内容ではなく、被告人が自ら証言台に立った以上は、正直かつ正確に話す義務を負うのだということを指摘している。(28)

これに対して、Brennan 判事が反対意見を執筆し(29)、反対尋問において、違法に得られた供述を、被告人がその防禦のためになした証言の信用性を弾劾する目的で使用することを、憲法は州に禁じているという見解を述べた。そして、Walder 事件判決と本件との違いを説明した。すなわち、Walder 事件判決は、過去の事件における排除証拠は、その時訴追の対象となっている犯罪事実とは直接関係のないものであり、ゆえに、一切それまでヘロインと関わりをもったことはないという被告人の証言を弾劾するのに役立ったのであるが、その一方で、本件で弾劾に使用された証拠は訴追されている犯罪に直接的に関連する供述であった(30)。そして、本件のような弾劾証拠の許容は、修正第五条の自己負罪拒否特権の点からも認められない。これを許せば、被告人が証言台に立つという決定は、訴追されている犯罪に関することがらについて弾劾がなされるという危険を生じさせ、従って被告人がこれを自由に選択することができなくなるというのである。Brennan 判事もまた Miranda 事件判決を引用したが、彼はこれを、弾劾証拠としての使用を拒否するための根拠のひとつとした(31)。

そして彼は、排除法則の根拠について、警察官の不適切な行為の抑止という目的は、アメリカ合衆国における当事者主義システムの廉潔性を保持するというより大きな目的のたった一部にすぎないとして、あくまでも司法の廉潔性を強調し、そのために違法捜査は抑止されるべきであるとする。そして、その「本質的支柱」こそが、自己負罪拒否特権であるというのである。このような考えによって、本判決は、被告人がその防禦のために証言するという「無謀な」行為に出た場合には「Miranda」ルール違反で得られた供述が証拠として提出され得るということを警察官に知らせており、上記目的を達成させ得ないものとするおそれがあるとして批判をしたのである[32]。

本件は、公判廷において以前の供述と矛盾した証言をした被告人の信用性を弾劾するために、排除された以前の不一致供述の使用を許すという新たな例外を設けた。連邦最高裁は、Walder事件判決で示された例外を僅かに拡げたに過ぎないという態度でいるが、その本質は全く異なる。Walder事件判決においては、あくまでも訴追されている犯罪とは「付随的」なことがらでもって弾劾が許された。そしてそれは物的証拠であった。被告人はこの付随的なことがらについて自ら公判廷で証言し、これが弾劾の対象となったのである。このような特徴をWalder事件判決から見いだすとき、本件とは全く異なる事案であることが理解できる。むしろ、Agnello事件判決のものと類似しているともいわれる[33]。しかし、連邦最高裁は、Walder事件判決の特殊性やAgnello事件判決にとりわけ言及することなく、例外を適用した。厳しい批判にさらされつつも、弾劾例外は物的証拠のみではなく、本件のような訴追されている犯罪と直接的な関係にある供述証拠にも適用されるものとなった。これは、Warren Courtの後に、Miranda事件判決に対して与えられた最初の打撃であると評価されている[34]。

また、本件において注目すべきは、これまでとは異なり、弾劾例外適用の適否の判断にバランシング・テストが用いられたという点である。弾劾証拠が陪審の証拠評価に役立つことで真実の発見に資する一方、弾劾例外を否定したとしてもそれによる抑止はこの利益に勝らないというのである。ここから、排除法則の目的を抑止に限るとする動きが見て取れる。

4　Hass事件判決[35]

被告人のHassは、自転車窃盗事件における第一級侵入罪で訴追された。被告人は逮捕後にMiranda警告を与えられて自転車窃盗を認め、パトカー内で弁護人に連絡したい旨述べたが、これに対し警察官は警察署に着けば連絡できると答えた。その後、Hassは雑木林を示して、そこから自転車が発見されたのだと供述した。のちに、弁護人への連絡を要求した後のこれらの供述は不許容とされた。検察官は主立証において、被告人が自転車を持ち去ったことを認めたということを内容とする警察官の証言を得た。その後、Hassが自転車を盗んだのは二人の友人であると証言したので、訴追側は反証として、警察官に、被告人が自転車を盗み出した二件の家を指示した旨の証言をさせた。公判裁判官は、弁護人の要求により、用いられた排除証拠は被告人の信用性の判断にあたってのみ考慮できる旨の説示をした。再び証言台に立った被告人は、自分が複数の家を指し示したという警察官の証言は誤りであると述べた。結果、被告人は有罪とされたが、控訴裁判所は排除された供述を弾劾証拠として使用したことを批判し、これを破棄、オレゴン州最高裁が四対三でこれを維持したが、連邦最高裁は原判決を破棄した。

本件は、先のHarris事件判決の亜種として取り扱われた。「Harris事件判決の原理の適用がなされるにあたって同判決と本判決の間に実質的な違いは見受けられない。[36]」というのである。そして、Harris事件判決と同様、検察官の主立証において不許容とされた証拠は一切使用され得ないとはいえず、陪審が被告人の信用性を判断するにあたって価値が高いということ、問題の証拠が検察官の主立証において使用できないとされた時に抑止効は十分に達成されているということ、そしてMiranda事件判決によって与えられた盾は、以前の不一致供述の対決の危険を伴わずに矛盾した証言や偽証をするためのライセンスへと変えられるべきではないということを理由として、排除された証拠での弾劾を許容すると結論づけたのであった。

本件でも、四年前のHarris事件判決と同じく抑止効が取り上げられ、弾劾証拠としての排除証拠の許容が違法捜査を促進するということは「推論的」可能性に過ぎず、違法捜査の抑止は検察官の主立証において証拠排除された時点で効果があるとされた。しかし、その抑止効についての見積もりもまた「推論的」ではないかという疑問が生じる。

5　Havens 事件判決(37)

本件の被告人である Havens は、McLeroth という人物と共にペルーからフロリダ州マイアミに渡った。税関における身体検査によって McLeroth が上着の下に着ていたTシャツに縫い付けられたポケットからコカインが発見されたが、彼が既に税関を通過していた Havens の関与をほのめかしたので、Havens は逮捕され、その荷物が令状なしに捜索された結果、McLeroth のTシャツに縫い付けられたポケットと一致するように切り取られた箇所があるTシャツが発見された。この過程で押収されたそのTシャツと他の証拠は公判前の申立てによって排除された。

二人は起訴されたが、McLeroth は有罪答弁をし、とりわけ Havens がTシャツを改造したという彼に不利な証言をした。Havens は証言台に立ちコカインの密輸について否認し、ポケットの切り取られたTシャツに関する反対尋問での質問に対して、それについては知らなかったと答え、税関職員にそれが McLeroth のものであると述べたということについても否定した。反証として、税関職員は、証拠物件九号は Havens のスーツケースから発見され、Havens がそのTシャツを含む証拠物件九号は McLeroth のものであると述べた、ということを証言した。そして、このTシャツは、Havens の信用性を弾劾するためだけに考慮されるべきであるという説示が陪審に対してなされ、証拠として許容された。控訴裁判所は、Agnello 事件判決と Walder 事件判決に依拠してこれを覆した。しかし、連邦最高裁は五対四で、原判決破棄という結論に至った。

これまでは、直接尋問での被告人の証言と矛盾する違法収集証拠が弾劾証拠として許容されてきた。しかし、本件における争点は異っていた。連邦最高裁は次のように述べている。「Harris 事件判決も、Hass 事件判決も反対尋問において初めてなされた虚偽の証言の弾劾とは関連していなかった。しかし、これらのケースにおける理由づけは本件をコントロールするものである。我々は、被告人が証言する場合には、彼らは正直に証言しなければならない、又はその結果を甘受しなければならないということを、繰り返し述べてきた。このことは、被告人が彼の意思に反して証言することを強制されたとしても、真実である。従って、それは被告人が証言台に立つときに真実を引きだすことを試みて行う適切で効果的な反対尋問を政府が許されるという、当事者主義の適切な機能にとって不可欠なものである。正直に証言をする被告人の義務は、反対尋問される時にも彼をたしかに拘束する。彼の自己負罪拒否特権は、適切な質問への盾ではない。反対尋問で故意に嘘をついたならば、彼が偽証罪の訴追を受けることは疑いようがない。被告人の以前の矛盾した発言、又は政府が利用できる他の信用性ある証拠によって、彼の虚偽と見られる証言を弾劾するという点からは、我々は、直接尋問での被告人の供述と、明らかに被告人の直接尋問の範囲内の反対尋問でなされた質問に対する彼の答弁との間には、憲法上の重要性に違いはないと考える。この機会がなければ、反対尋問の通常の機能は激しく妨害される[38]」。かくして弾劾例外は、反対尋問における答弁にまで拡大されることになった。

更に、法廷意見は、抑止効の点についても触れ、Harris 事件判決や Hass 事件判決と同様に、証拠排除の目的は、当該違法収集証拠が訴追側の主立証において使用を禁じられたことで十分に達成されているとし、反対尋問に応じてなされた被告人の証言への弾劾証拠としてこれを許容しうると結論づけたのであった[39]。

Havens は、本件における反対尋問は不相当であると主張した。しかし、Havens がTシャツを用意して密輸の手助けをした旨の McLeroth の証言と、直接尋問で Havens が、コカインが彼の身体に貼り付けられていたという McLeroth の以前の供述を認めたものの、「McLeroth とそういった類の行為に従事したこと」を否定したこととの間には矛盾が認められるということ、そして、政府側が反対尋問においてTシャツを縫い付けたことに関して尋ねたのは、Havens の直接証言から合理的に生じたものであり、それに続く弾劾は彼の憲法上の権利を侵害しなかった、という理由によって、この主張は聞き入れられなかったのである[40]。

これに対し、Brennan判事が反対意見を執筆した。彼は、本件の判示は、主立証におけるがごとくに反対尋問に当該排除証拠を提出することを検察官に許すものであり、これを避けるために、被告人は彼自身の利益のための証言を諦めることを強制されることになるが、連邦最高裁は、憲法を侵害して得られた証拠に基づいて有罪にされない権利を要求する対価としてこのことを被告人に課しているのだと指摘した。しかし、Harris事件判決における反対意見でもBrennan判事が述べたとおり、憲法は、被告人に十分な防御の機会を保障しているのである。(41)

本件において、連邦最高裁は、真実発見という価値に重きを置き、弾劾例外を反対尋問にまで拡大した。また、Agnello事件判決を覆したものとは認めず、あくまでも両者の違いを強調した。即ち、Agnello事件判決における検察官が排除証拠を「こっそり持ち込む」ために反対尋問を利用した一方で、本件における検察官の反対尋問は、被告人の直接尋問で示されたその範囲内にあったというのである。しかし、実際には、排除証拠は弾劾証拠としても使用されるべきではないとしたAgnello事件判決を完全に葬り去ったといえる。

これらの判例の積み重ねのなかで、証拠排除による将来の違法捜査の抑止効は、弾劾例外の拡大という流れを堰き止める役目を果たすことはなかった。むしろ、すでに検察官の主立証において使用を認められなかったということで抑止は達成されているのであり、それ以上の抑止はわずかであると考えられたのである。

6　James事件判決(42)

夜間に家に帰ろうとしていた八人の若者たちは、金を要求する三人の若者たちと遭遇し、争いとなったが、その三人の若者のうち一人が拳銃を発砲し、八人のうち一人を殺害、一人に重傷を負わせた。警察官が到着したとき、被害者側のグループの者たちは目撃証言をした。次の日に、警察によってJamesという十五歳の少年が母親の美容院にいるところを発見された。彼は黒い髪をしていたが、警察署へ行く車の中で刑事が髪の色に関する質問をすると、前日までは赤茶色だったと答え、警察署において、美容院で自分の見た目を変えるために髪を黒く染めた旨の供述をした。その後、Jamesは殺人と殺人未遂で訴追されたが、公判前に彼は、令状によらない彼の逮捕は合理的な疑いを欠いており、髪色に関して彼がした供述は修正第四条侵害の果実であるとして証拠排除申立を行い、当該供述は排除された。

公判で、被害にあった少年達の仲間が州側の証人として、発砲した人物は赤茶色の髪をしていたこと、数週間前のパレードで同じ髪をしたJamesを見たこと、そしてJamesは発砲した人物と同一人物であるということを証言した。Jamesは証言台に立たず、彼の家族ぐるみの友人が証人として事件当日に彼の髪の毛は黒であったと証言をした。そこで州側は、この証言を弾劾するために、排除されていた供述を提出することを要求し、取調官の一人が、Jamesが事件当日には赤茶色をしていたが翌日に黒髪に染めたと供述した旨の証言をした。Jamesは有罪となったが、イリノイ州控訴裁判所はこれを破棄し新公判を命じた。しかし、イリノイ州最高裁は、被告人が「代理による」偽証をすることを防ぐために、州が違法収集証拠を被告人だけではなくその証人をも弾劾するために使用できることを認めなければならないとしてこれを破棄し、有罪を回復すべきであると命じた。しかし、連邦最高裁は原判決を破棄した。

Brennan判事の筆による法廷意見は、被告人の証人を弾劾するためにまで検察官が違法収集証拠を使用するというイリノイ州最高裁による弾劾例外の拡大は、排除法則を適用した先例が基礎とした価値の衡量とは一致しないと述べている(43)。排除法則が被告人による偽証の許可を与えるものであってはならないこと、弾劾例外の正当化の根拠は排除法則の目的である違法捜査の抑止であり、これは訴追側がその主立証において違法収集証拠を使用しえないとしたことで十分に達成されていること、そして、弾劾例外を許可することで警察官の違法捜査が助長されるという批判は推論的可能性にすぎないのだということを主張してきたこれまでの連邦最高裁判例の立場がまず確認された。

しかし、法廷意見は、本件のような場合にまで弾劾例外を適用するという拡大は、排除法則の目的の達成に資するどころか、阻害するものであるとした。証人の証言にまで弾劾例外を拡大することは、被告人に自己のための最良の防禦または全ての防禦を他者の証言によって行うことを萎縮させるというのである。正直な証言を要求される証人は、違法収集証拠と何らかの関わりのある事柄について証言する可能性を含んでおり、それによって検察官に弾劾証拠として違法収集証拠を提出することを許すためのドアを開くからである。こういったおそれを抱く被告人は、自己の防禦のために証人に頼るということをしなくなる可能性を有している。連邦最高裁はこれまで、排除法則が被告人の偽証のための盾となることを否定してきたが、その一方で、弾劾例外が訴追側の剣、すなわち、他の証人を介しての意味ある防禦を提出することを被告人が思い止まるようにさせる手段とすることをも相当でないとした。偽証を阻止、あるいは暴露することで真実発見のプロセスに与えられる利益は、証明力のある証言を失うことによってある程度相殺されることにもなる。従って、他の証人に弾劾例外は適用されないというのである。

続いて、法廷意見は次のように、これまで弾劾例外の拡大のための根拠とされてきた抑止効の点についても触れている。すなわち、連邦最高裁はこれまで、弾劾例外を認めることによる違法捜査の促進は推論的な可能性に過ぎないと批判してきたが、これに比べて被告人側の全ての証人に弾劾例外を拡大することによる違法捜査促進の可能性ははるかに高い。その理由は、第一に、被告人が自己の防禦のために証人を喚問することは、被告人自身が証言する数よりも多いので、弾劾例外の拡大によって違法収集証拠を用いることができるケースは著しく増えるということである。そして、第二に、弾劾例外の拡大によって、被告人は自己のための証人喚問を思い止まることになるが、このことは、被告人に有利な証明力ある証拠を陪審から遠ざけることになる。これらの理由によって、警察官とその上司は、違法な手段によってでも証拠を獲得しさえすれば、検察官の有利にはたらくという認識を持ち、違法捜査は促進されることになるというのである。

　これまでは、弾劾例外の拡大が真実発見に役立ち、排除法則による違法捜査の抑止よりもその価値が勝るのと考えられてきた。しかし、本件においては、弾劾例外を拡大することそれ自体が真実発見を阻害するのであるとされ、更なる弾劾例外の拡大はみられなかった。これまでの連邦最高裁が取り上げた要素を扱いながらも、本件は結論を異にしたのである。このことは、本件が被告人以外の者の証言の弾劾を取扱ったものであるとしても、証拠を排除するか否かの判断において、これまでとは異なる一つの方向性を示しているものだといえる。即ち、これまでは排除法則を弱体化させるために利用されてきたように見えた抑止効は、それを防ぐためにもまた、利用されうるという側面を有しているということである。

(18) Agnello v. United States, 269 U.S. 20, 46 S. Ct. 4, 70 L. Ed. 145（1925）.
(19) Siverthorne Lumber Co. v. United States, 251 U.S. 385, 40 S. Ct. 182, 64 L. Ed. 319（1920）.
(20) Agnello, 269 U.S. at 35.
(21) Walder v. United. States, 347 U.S. 62, 74 S. Ct. 354, 98L. Ed. 503（1954）.
(22) Walder, 347 U.S. at 63.
(23) *Id.* at 64-65.
(24) なお、Black 判事と Douglas 判事は理由を付さずこれに反対意見の立場をとった。
(25) Harris v. New York, 401 U.S. 222, 91 S. Ct. 643, 28 L. Ed. 2d 1（1971）.
(26) Miranda v. Arizona, 384 U.S. 436, 86 S. Ct. 1602, 16 L. Ed. 2d 694（1966）.
(27) Harris, 401 U.S. at 224.
(28) *Id.*, at 225.
(29) これに、Douglas, Marshall 両判事が同調しているが、Black 判事は反対であるとするのみである。
(30) *Id.*, at 228（Brennan, J., dissenting）.

(31) *Id*, at 229-231 (Brennan, J., dissenting).
(32) *Id*, at 231-232 (Brennan J., dissenting).
(33) Dershowitz & Ely, 80 Yale L. J. 1198, at 1211-1213 (1971).
(34) Kamisar, at 476.
(35) Oregon v. Hass, 470 U.S. 714, 95 S. Ct. 1215, 43 L. Ed. 570 (1975).
(36) Hass, 470 U.S. at 722.
(37) United States v. Havens, 446 U.S. 620, 100 S. Ct. 1912, 64 L. Ed. 559 (1980).
(38) Havens, 446 U.S. at 626-627.
(39) *Id*, at 627-628.
(40) *Id*, at 628.
(41) *Id*, at 631-632 (Brennan, J., dissenting).
(42) James v. Illinois, 493 U.S. 307, 110 S. Ct. 648, 107 L. Ed. 2d 676 (1990).
(43) James, 493 U.S. at 308.

四　比較衡量アプローチ

先に述べたように、排除法則は、不合理な捜索・押収を禁じた修正第四条の要請である憲法上のルールであるとWeeks事件判決において明言された。

一方、排除法則への反対者たちは、このドラスティックなルールに厳しい批判を加えた。Cardozo判事は、「おまわりがへまをしたから、犯人が無罪放免になる」[44]という後世において非常によく知られることになる言葉によって痛烈な批判をした。こういった立場からは、民事訴訟、当該違法行為をした捜査官の刑事訴追、そして組織内部での懲罰などが、違法捜査からの保護をする代替手段として主張されてきた。[45]彼らによれば、修正第四条が、証拠排除について何ら明言をしていないという点からも、排除法則は否定されることになる。(46) こういった批判はその後も消えることはなく、まさに排除法則の適用を制限し、あるいは適用範囲を縮小してきた諸判例に具体化されている。そのための第一段階は、排除法則を司法上創造された救済策へと格下げすることであった。第二段階は、その目的を将来の違法捜査の抑止に限定する。そして、第三段階として、この目的に資さない場合、あるいは、この目的の達成に役立つというベネフィットが認められようとも証拠排除によって真実発見が阻害されるというコストがそれに勝る場合には、証拠は排除されないという結論に至る。こうして、排除法則は、もはやMapp事件判決当時の姿とは別ものとなった。そして、この排除法則の改変に大きな役割を果たしたファクターが抑止効といえ、既に概観したとおり弾劾例外の拡大においてもとりあげられてきた。

連邦最高裁による格下げによって、排除法則の目的とされた違法捜査の抑止の効果は、そう多くは見積もられなくなった。その程度のベネフィットで証拠排除によって真実発見が阻害されるというコストに目を瞑ることはできない、したがって排除法則は適用されず証拠は許容される、というやり方がとられていた。

ところが、James事件判決においては、弾劾例外不適用による抑止効とともに、真実発見のための適正な事実認定に役立つという点が強調されることとなった。証人の証言に弾劾例外を適用することで、捜査官たちは違法収集証拠であっても何らかの方法で使用されるのだということを確信し、違法な手段で証拠を獲得する動機となる可能性がある。したがって、この動機を削ぐために排除証拠を弾劾証拠として使用することを控えねばならない。一方で、証人の証言を用いて自己の防禦をしようとする被告人は、もしも証人の証言に対して弾劾例外が適用されるのであれば、証人が排除証拠と何らかの関わりのある証言をすることを恐れ、証人の喚問を差し控えるようになる。このことは、被告人に十分な防禦をさせないだけではなく、証明力ある証言が提出されないことで適正な事実認定に影響を及ぼすのである。従って、弾劾例外を証人の証言にまで拡大することは真実発見を阻害する。こうしてこれまで比較されていた両者はともに弾劾例外不適用の根拠となったのである。

しかし、この分析には二つの批判が加えられる。第一として、証人の証言を高く評価しすぎているということである。Brennan 判事は、被告人が証言し、かつ、うっかりと違法収集証拠へのドアを開くような証言をすることはないというわずかな可能性に基づいている点で、被告人の証言を弾劾するために違法な手段で証拠を収集するという警察官の動機は比較的弱いのだと主張している。これと比べて、前述のように証人に関しては、そのような証拠が使用される可能性は、彼らが証言するという実際の数の多さからいっても、高いというのである。しかし、これに対しては、被告人が自己の利益のために嘘をつきやすく、陪審が被告人の証言を厳しく吟味する点を見逃している、という批判がされる。加えて、証人は自己に利害関係を有しておらず被告人に比べると嘘をつかないとする彼の主張に対してもまた、証人が偽証したということを疑わずに誤って陪審が信用する可能性を含んでいることになるのだといわれる(47)。これらのことから、被告人の証言の弾劾と証人の証言の弾劾との間に、真実発見を阻害する働きの違いが有意に存在するのかという疑問が生じるのである。

第二に、抑止効についての Brennan 判事の評価に対する次のような批判がある(48)。彼は、被告人の証言に比べて数の多い証人の証言に弾劾例外を拡大することは違法捜査を促進させるので、弾劾例外の拡大をしないことが抑止になるという。しかし、連邦最高裁は、被告人の証言を違法収集証拠で弾劾することを既に認めている。このことを認識している捜査官は、被告人の証言の弾劾を期待して違法な手段に頼る可能性がある。Brennan 判事は、被告人がうっかりと違法収集証拠へのドアを開く可能性は低いという理由で、被告人の弾劾に使用するためだけに捜査官が違法な手段を用いて証拠収集をするという動機は弱いと述べた。しかし、そもそも違法に獲得された証拠は、被告人の弾劾のために使用し得るどころか、もしも被告人がそれへのドアを開かなかったとしても、あるいはドアを開かないために、被告人に有用な証言をすることを差し控えさせるという効果をもつのである。こちらの方が余程、違法捜査の十分な動機になるともいえる。

以上のような問題を含みつつも、James 事件判決は、これまでと同様の比較衡量を用いることなしに、更なる弾劾例外の拡大を阻止したことにおいて評価されるべきものである。更に注目すべきは、法廷意見に White 判事が加わっていることであるといわれる。彼は、善意の例外の提案者であり、排除法則に敵対していると考えられていたにもかかわらず、排除法則は違法捜査の抑止に役立つとした法廷意見に同調した。このことによって、排除法則は更なる例外の拡大を踏みとどまることができたと評価されている[49]。しかし、ここにおいてもやはり排除法則の目的として唯一違法捜査の抑止を捉えている点においては、更なる検討の余地があるように思われる。

証拠排除によるコストとベネフィット、あるいは弾劾例外適用によるコストとベネフィットは、決して容易に比較し得るものではない。抑止という言葉と、コストとベネフィットの分析には、「麻薬のような作用」がある。それらはまるで技術上の適正さや経験上のデータさえもがそのバランシング・テストの結果を裏付けているかのような錯覚を見せるのであり[50]、連邦最高裁が依拠してきたこの分析はあまりに直感的である[51]。これまで抑止効にはその実効性はないとされてきたが、このバランシング・テストそれ自体も信頼しうるなデータに基づいているとは言い難い[52]。そもそも、コストとベネフィットを設定し、それを天秤に乗せるという作業の段階のみをとっても、裁判所の恣意が働いていないとはいえない[53]。

その方法自体に疑問があるばかりではなく、秤に載せられるファクターが抑止効であるという点においても問題がある。上述のように、排除法則は当初は修正第四条の要請だと考えられたのであって、司法が創造した救済策として歩み出したわけではなかった。判例の積み重ねの中で司法が創造した将来の違法捜査抑止を目的とするものへと変貌を遂げてしまったのである。それゆえに、比較衡量されるファクターとして抑止効が俎上にあげられてきたわけであるが、秤のもう一方に載せられるとされてきたのは刑事司法の究極の目的である真実の発見である。これと比べられるとき、「推論的な可能性」にすぎないといわれる抑止効の価値が重いという判断にならないことは、容易に想像できる。

　この問題を解決するために取り得る手段は二つである。即ち、James事件判決が示唆したごとくに比較衡量のアプローチを用いない方向に進むか、あるいは、このアプローチを維持したとしても、比較される要素を変更するか。このときに、排除法則は司法上創造された救済策に過ぎないのかという点を改めて問い直すという作業が必要になる。

（44）People v. Defore, 242 N.Y. 13, at 21, 150 N. E. 585, at 587（1926）.

（45）これらの手段はいずれも証拠排除ほどの効果を持ち得ないと反論されているが、しかし、排除法則と排斥し合う関係にあると断じるのは早計であり、排除法則ではカバーしきれない損害を回復する手段として用いられる場合を検討すべきである。

（46）しかし、合衆国憲法の極めて重要な命令のほとんどは、一般的な文言で述べられており、これらの解釈は、具体的な裁判所の判断に委ねられているのであるから、修正第四条が明確に不合理な捜索・押収の果実を排除する旨述べていないことからただちに、排除法則が憲法上のルールではなく司法創造上の救済策に過ぎないということはできない。*See*, Leon, 468 U.S. at 932（Brennan, J., dissenting）; Wayne R. Lafave, SEARCH AND SEIZURE: A TREATIES ON THE FOURTH AMENDMENT 72（5th ed. 2012）.

（47）James L. Kainen, *The Impeachment Exception to the Exclusionary Rule: Policies, Principles, and Politics*, 44 Stan. L. Rev. 1301, 1313-1314（1992）.

（48）*Id*, at 1318.

（49）Tracey Maclin & Jennifer Rader, *The Exclusionary Rule:No More Chipping Away: The Roberts Court Uses an Axe to Take Out the Fourth Amendment Exclusionary Rule*, 81 Miss. L. J. 1183, 1198（2012）.

（50）Leon, 468 U.S. at 929（Brennan, J., dissenting）.

（51）*Id*, at 942（Brennan, J., dissenting）.

（52）　*See*, Norton, at 276.
（53）　比較衡量理論に批判的な検討を加えるものとして、松岡武彦「アメリカ合衆国における違法収集証拠排除法則の変容（一）：レオン・シェパード判決を中心に」同志社法学三八巻四・五号四九-八九頁、および「アメリカ合衆国における違法収集証拠排除法則の変容（二）：レオン・シェパード判決を中心に」同志社法学三八巻六号九二-一二六頁がある。

五　おわりに

排除法則は、これまでにその本質を揺るがす例外則が創設され続け、もはや風前の灯火ともいえる。本稿で検討したとおり、それをもたらしたのは、排除法則の根拠を抑止効に限ったことと、証拠排除の判断にあたって用いられたコストとベネフィットの比較衡量アプローチであった。修正第四条が保障する不合理な捜索・押収を受けない人民の権利は、いまや刑事司法における真実発見という目的の後ろで霞んでいるともいえる。連邦最高裁が排除法則を司法上創造されたものへとグレード・ダウンしたということは、修正第四条の保障を直接的に保護するルールは存在しないということをも意味する。この現実にあって、再び排除法則は見直されるべきではないのか。James事件判決は、抑止効を捉え直す可能性を示した。しかし、それが実際になされたとは言い難い。本稿はアメリカにおける議論を取り扱ったものであるが、決してわが国がこの問題を抱えていないと断言することはできない。たしかに、わが国においては、とりわけ最高裁による証拠排除は極めて稀であり、排除法則が実際に発展をしているとは言い難い。しかし、確かに排除法則は存在している。違法収集証拠の排除を検討するにあたって、排除法則の根拠をいかに捉えるべきか、そして証拠排除の判断基準をいかに設置すべきかということは、今後も問い続けられねばならない。アメリカにおける排除法則の崩壊は、わが国がそれを見つめ直す必要性を示しているのではないだろうか。

アメリカ法における積極的抗弁と挙証責任分配について
――Apprendi 準則の余波を測る試みとして――

八百章嘉

一　問題の所在

二〇一二年十二月、東京高裁は、第一審において覚せい剤自己使用罪で有罪とされた被告人に対し、彼の緊急避難の主張を認め、無罪判決を言い渡した(1)。本判決の詳細な検討は他日に期すこととするが、第一審は緊急避難の成否を検討することなく有罪としたようであり、被告弁護側によるその主張の困難さが本判決からも看取される(2)。

我が国においては、違法性阻却・責任阻却の事実については被告人に挙証責任があるとする説(3)が主張されていたところもあったが、今日では「疑わしきは被告人の利益に」の利益原則からこの見解は不当と退けられている(4)。しかし、検察官が阻却事由についても実質的挙証責任を負うとしても、つねにその不存在を積極的に証明する必要はなく、被告弁護側が違法性・有責性を阻却する具体的事実を主張した場合にはじめて、その不存在を検察官が証明する必要が生じると考えられている。(5)

この見解に問題がないわけでもない。第一に、被告弁護側に課される当該主張の具体的程度がなお不明瞭であること（例えば、一応の証拠を提出しなければならないのか又は被告人の意見陳述で足りるのか）、第二に、このように被告弁護側に一定程度の責務を課すとしても、その合理性を担保する方策が十分に検討されていないこと、最後に、ドイツ法にほぼ由来する挙証責任論を下地にしつつ、英米法に由来する「証拠提出責任」の概念(6)を借用するなど、訴訟構造論レベルでの一貫性に疑問が残ること、などが挙げられよう。

とくに、第二の点に関しては、本問題を訴因特定の問題と関連づけ、訴因にその合理性担保の役割を担わせるべきとする見解(7)がすでに主張されており、いまなお理論的検討の必要性は減じられていないと評価できよう。このような状況下において、本問題を再検討するにあたって、当事者主義的刑事手続を標榜するアメリカ法の議論を参照することは有意義であろう。

アメリカでは、抗弁（defense）を巡る議論(8)のひとつとして、積極的抗弁（affirmative defense）(9)における被告人の挙証責任の負担の是非が問題とされてきた。この問題は古くから提出されてきたものであるが、連邦最高裁が二〇〇〇年に下したApprendi事件判決(10)のインパクトを避けることはできず、刑事手続における他の諸問題と同様、さらなる洗練の必要性に迫られ、丁々発止の議論が展開されている。

そこで、本稿では、積極的抗弁と挙証責任分配を巡る連邦最高裁判例を概観し、その震央を把握した上で、Apprendi準則がその議論に与える影響について検討を加える。以上の考察を踏まえ、我が国の挙証責任分配論に若干の示唆を提供することが本稿の目的である。

（1）東京高判平成二四・一二・二八（Lexis As ONE データベースにて判決文の取得可）。
（2）実務的検討として、特集「正当防衛・緊急避難の争い方」刑事弁護三一号（二〇〇二年）二〇頁以下参照。
（3）小野清一郎『犯罪構成要件の理論』（一九五三年）一六五頁。
（4）田宮裕『刑事訴訟法〔新版〕』（一九九六年）三〇六頁。
（5）このような被告人の責務は、多少の異同があることから、証拠提出責任（平野龍一『刑事訴訟法』（一九五八年）一八四頁）、争点形成責任（松尾浩也『刑事訴訟法・下〔新版補正第二版〕』（二〇〇四年）一九頁）、主張責任（三井誠『刑事手続法・Ⅲ』（二〇〇四年）六六頁）などと呼称されている。
（6）アメリカ法の挙証責任（証拠提出責任及び説得責任）について、邦語文献として、ヨシュア・ドレスラー（星周一郎訳）『アメリカ刑法』（二〇〇八年）九九頁以下参照。
（7）久岡康成「訴因の機能と訴因の特定の再検討―憲法レベルおよび刑訴法レベルでの防禦権保障の視点から―」立命館法学三三九・三四〇号（二〇一一年）三九八頁。
（8）一般的な抗弁の区分は、正当化（justification、緊急避難など）、免責（excuse、精神異常など）、無罪証明ではない抗弁（non-exculpatory defense、公訴時効など）である（*see*, Paul H. Robison, *Criminal Law Defenses : A Systematic Analysis*, 82 Colum. L. Rev. 199 (1982), at 203）。
（9）典型的には、自己防衛（self-defense）、緊急避難（necessity）、強制（duress）、精神異常（insanity）などが積極的抗弁である。模範刑法典（Model Penal Code）§1. 12 参照。
（10）Apprendi v. New Jersey, 530 U.S. 466 (2000). 本判決および Apprendi 準則につき、拙稿「犯罪構成要素と量刑要因の区分と訴因の告知機能―アメリカにおける Elements rule の議論を中心に―」法学研究論集三八号（二〇一三年）一頁以下参照。

二　連邦最高裁判例の素描

本章では、積極的抗弁と挙証責任分配を巡る連邦最高裁判例の中から、Apprendi 事件判決以前・以降のものをそれぞれ一つずつ取り上げ、問題の外観を整える。

1　Martin 事件判決

本節では、Apprendi 事件判決以前のものとして、Martin 事件判決[11]を取り上げる。本件は、オハイオ州の立法府が自己防衛（self-defense）を積極的抗弁として規定することは修正一四条のデュー・プロセス条項違反に当たるか否かを検討したものである。

White 判事による法廷意見は、被告人の主張を斥け、自己防衛を積極的抗弁として定義する立法府の判断は州法によく根付くものであると判示した[12]。謀殺の構成要素と自己防衛のそれは重なり合う（overlap）ものではないため、自己防衛の挙証責任を被告人に課すという立法府の判断もまた、合衆国憲法に反するものではないとした[13]。

反対意見を述べる Powell 判事は、法廷意見は立法府に対し過剰な授権を行っていると厳しく批判する[14]。挙証責任分配については、自己防衛の主張にあたって、被告人は「急迫の危険」を証明しなければならないが、そのような状況に置かれる者は殺害の意図を事前に有することはないため、換言すれば、自己防衛はオハイオ州の謀殺の構成要素である予謀的故意を阻却するものであることから、「自己防衛の存在＝予謀的故意の不存在」の挙証責任を被告人に課すことは不適当であると結論づける[15]。

ある事実を、検察側が証明しなければならない犯罪構成要素とするか、もしくは被告弁護側が証明しなければならない積極的抗弁とするか、立法府による制定法の規定方法に関するその裁量問題が、この問題の背景にあるといえよう。

Martin 事件判決以降、この対立は「犯罪構成要素か量刑要因（sentencing factor）か」という争いに見た目を変え、なお継続することになる[16]。

二〇〇〇年、Apprendi 事件判決が連邦最高裁によって下され、アメリカ刑事司法にビッグ・インパクトを与える。本判決については、以前別稿にて詳細な検討を加えているので、そちらの参照を乞いたい[17]。Apprendi 準則または〈Elements rule〉と呼ばれるものは、「制定法に規定された刑の上限を越えて刑を加重する前科以外のあらゆる事実は、陪審に提示され、合理的な疑いを越えて証明されなければならない」という憲法上の準則であり、「犯罪構成要素か量刑要因か」という問題系に一応の終止符を打ったものである。

しかし、当該判決の意義は、積極的抗弁と挙証責任分配の問題にもその余波を与えることになる。なぜならば、被告人に有利なある事実（例えば違法性阻却事由）の不存在は、被告人の刑罰を重くする事実の存在とも見なすことができ、そうであるならば、当該事実の不存在は、検察官によって、合理的な疑いを越えて証明されなければならない事実といえるからである。言い換えれば、立法府が犯罪構成要素を積極的抗弁として規定することは、Apprendi 準則の下で許容されうるのかという問題が生じるに至ったのである。

2　Dixon 事件判決

Apprendi 事件判決から六年後、ついに連邦最高裁は Dixon 事件判決[18]において、この問題に取り組むこととなる。本件は、積極的抗弁の一類型である強制（duress）の抗弁は、被告人ではなく、検察官がその不存在を合理的な疑いを越えて証明しなければならないかどうかを検討したものである。

Stevens 判事による法廷意見は、連邦法の規定はデュー・プロセス条項に反するものではないと判示した。たしかに、デュー・プロセス条項はメンズ・レアを含む全ての犯罪構成要素を政府が合理的な疑いを越えて証明することを要求している。しかし、強制は、メンズ・レアを阻却するものでもなければ、被告人が有罪となった犯罪の構成要素を阻却するものでもないため、Winship 事件判決[19]で確立された合理的な疑いを越える証明という憲法上の基準は本件被告人の強制の抗弁には適用されないと、その理由を述べる[20]。

Breyer 判事の反対意見は、他の積極的抗弁と同様、強制の不存在について挙証責任を政府に課すべきであると強く主張するもので、Souter 判事も加わる。連邦の巡回裁判所の多くは法廷意見の立場に与するものではないし、精神障害や罠の抗弁（entrapment）は政府がその不存在を証明しなければならないのに、強制の抗弁はその限りでないと特別に扱う理由は見出すことができないと述べる。(21) とくに、後者の点につき、法廷意見―さらに Kennedy 判事の同調意見(22)―は、強制の抗弁に関係する事実は被告人個人の知識に属するものであるため、その抗弁の挙証責任は被告人に課すべきとするが、その問題は強制の抗弁に限られるものではないと、他の積極的抗弁との同一性を挙げている。(23)

本判決は、デュー・プロセス条項は「被告人が訴追されている犯罪を構成するに必要な全ての事実が、合理的な疑いを越えて証明される」ことを要求していると判示した Winship 事件判決を引用しているが、そこで言われる「犯罪を構成するに必要な全ての事実」についての洞察が不十分であるように思われる。何が犯罪構成要素であるかは「通例立法府の定義が決定的（dispositive）である」とした McMillan 事件判決(24)の立場に依拠しているように看取できるが(25)、この立場は Apprendi 事件判決によって放棄されている。すなわち、犯罪構成要素か否かは、立法府が制定法で使用する表現（ラベル）ではなく、量刑に与える効果に依拠して判断されなければならないのである。(26)

さらに、Apprendi 準則は一見、陪審の認定を経ることなく裁判官が刑罰加重事由（sentence enhancement）(27)を考慮することを禁じているのみであると言いうるが、立法府が積極的抗弁を被告人に課すこと自体をも禁止しているというリベラルな解釈も成り立ちうることが指摘されている。(28)

そこで、以上の連邦最高裁判例を下敷きにし、章を改め、現在のアメリカ刑事法における積極的抗弁と挙証責任分配の問題について考察を進めることとしたい。

（11）Martin v. Ohio, 480 U.S. 228 (1987).

（12）*Id.*, at 235.

（13）*Id.*, at 234. ただし、検察側の主張に合理的な疑いが残るか否かを決する際に自己防衛に関する証拠を考慮に入れることはできないと陪審が説示を受けていた場合は、憲法違反の可能性があるとする（*Id.*, at 233）。

（14）*Id.*, at 236, 240 (Powell, J., dissenting).

（15）*Id.*, at 238-239.

（16）この問題系の諸判例については、拙稿・前掲注（10）八–一三頁参照。

（17）拙稿・前掲注（10）一三–一六頁。

（18）Dixon v. United States, 548 U.S. 1 (2006).

（19）*In re* Winship, 397 U.S. 358 (1970). 本判決の詳細につき、拙稿・前掲注（10）五頁参照。

（20）*Dixon*, 548 U.S., at 5-7. 政府が強制の不存在を合理的な疑いを越えて証明しなければならない犯罪類型（malice に関するメンズ・レアなど）もあることを法廷意見は認めている（*Id.*, at 7 n.4）。

（21）*Id.*, at 22-27.（Breyer, J., dissenting）(Souter, J., joining).

（22）*Id.*, at 17-19 (Kennedy, J., concurring).

（23）*Id.*, at 27-28. 強制の点を明らかにするには被告人に証言をさせる必要性が高くならざるを得ないと法廷意見は述べるが、それは自己防衛の証明の場合でも当てはまることである。

（24）McMillan et al. v. Pennsylvania, 477 U.S. 79 (1986). *See also*, Patterson v. New York, 432 U.S. 197 (1977), at 210. 両判決の詳細につき、拙稿・前掲注（10）六–九頁参照。

（25）*See*, *Leading Cases*, 120 Harv. L. Rev. 322 (2006), at 328.

（26）Jonathan F. Mitchell, *Apprendi's Domain*, 2006 Sup. Ct. Rev. 297 (2006), at 316.

（27）Apprendi 事件判決で、従来量刑要因として位置づけられてきたもののうち、効果の観点から犯罪構成要素と同値されるべきとされたのが刑罰加重事由である（拙稿・前掲注（10）一七–一八頁参照）。

(28) Nancy J. King & Susan R. Klein, *Essential Elements*, 54 Vand. L. Rev. 1467 (2001), at 1481-1482.

三 積極的抗弁と挙証責任分配の相克

本章では、積極的抗弁の定義方法の是非を問い、いかなる基準で挙証責任を分配すべきかという点を中心に考察する。

1 犯罪構成要素／量刑要因／抗弁

連邦最高裁は、Apprendi 事件判決以降、犯罪構成要素／量刑要因／抗弁の妥当な取り扱いに苦心してきたように見えるが、(29) その区分は盤石なものと言えるのであろうか。そもそも何が犯罪構成要素であるのかという定義的問いに答えない限り、量刑要因や積極的抗弁との区別をつけることは不可能であろう。(30) この問いへの連邦最高裁が採る手法は大きく二つに分類できる。

(1) 形式的アプローチ　第一に、形式的アプローチであり、立法府による定義が決定的とする立場である。『犯罪(crime)』とは、立法者が犯罪と述べるものである(31)」との言明がそれである。この立場では、抗弁一般もまた立法府により同定される特別な状況を意味することになる。さらに、犯罪構成要素と刑罰加重事由／減刑事由との区分も必要的となる。立法府の定義によって犯罪構成要素を判断するのであれば、立法府がそれとは別に定義づける刑罰加重事由／減刑事由もまた立法府の定義が決定的となるからである。(32)

形式的アプローチは、連邦最高裁の犯罪構成要素／抗弁の区分に関して、Patterson 事件判決および Dixon 事件判決において採用されているといえよう。前者では、「極度の感情的動揺」の存在／不存在は犯罪構成要素として制定法では言及されていないとし、この要件は抗弁として位置づけられるべきであると判示した。また、後者は、連邦議会は銃火器法において強制の証明が当該犯罪の犯罪構成要素を阻却するものと規定していないため、強制の不存在は犯罪構成要素ではないとしたものであった。しかし、形式的アプローチは、Apprendi事件判決およびその後継諸判例と相容れるものではない(33)。むしろ、このアプローチはApprendi準則が示しているように、連邦最高裁によって放棄されたものとさえ評せよう(34)。

（2）**実質的アプローチ**　第二のものとして、実質的アプローチが挙げられる。これは、制定法上の文言を越えて犯罪構成要素を定義しようとする立場である。犯罪とは「行為者に罪を帰せしめるのに必要な最小限度の構成要素群（the minimal set of elements necessary to incriminate the actor）」とする見解(35)に親和性を持つ。この見解では、ある行為が行為者に罪を帰せしめるものでかつ典型的には不正（wrongfulness）の認定を内包するものであるときに、当該行為は犯罪となるに至り、それは必ずしも立法府の犯罪定義とイコールの関係になるわけではないのである。

また、犯罪と（正当化）抗弁の差異は、ある行為の実行にでるべきでないとする理由とでるべきであるとする理由の差異に存在すると主張する見解(36)も、実質的アプローチに近いものといえよう。この見解では、犯罪は一定の行為の実行に出るべきでない理由を提供し、正当化の抗弁は―犯罪構成要素を充足するものではあるが―その行為の実行に出るべきとする理由を提供するものであり、当該行為が正当化される場合とは後者の理由が前者のそれを上回るときのみという結論に至る(37)。しかし、正当化されたとしても、当該行為は本来犯罪行為であり歓迎されないものには変わりがなく(38)、行為者にとっても後悔が残るもの―例えば、自己防衛であったとしても死に至らしめるような有形力の行使は避けるべきであると思わせるもの―であるとする点に特徴がある(39)。つまり、この見解でも、ある行為が犯罪であるか否かは制定法上の用語と必ずしも一致する必要はないことになる。要するに、これらの両見解に従えば、犯罪とは、最も基礎的かつ余分なものを取り除いたある行為の記述であり、その実行を思いとどまる一般的理由を我々が抱いている行為と説明できる。よって、行為者の責任を評価するにあたって影響を与えうる追加的要素（例えば、殺人における自己防衛）は、行為者への非難相当性（blameworthiness）を決する際にレレバントなものではあるが、当該犯罪の成立を阻却する際にはイレレバントなものとなるのである。[40]

さて、この実質的アプローチは、連邦最高裁判例と整合的であろうか。Apprendi 事件判決以前では、Mullaney 事件判決[41]はこのアプローチに依っているといえるが、基本的には上述のように形式的アプローチをもって犯罪構成要素／抗弁の区分を検討していたとするのが妥当であろう。また、Apprendi 準則の採用は実質的アプローチの採用を意味すると言えるが、論理的整合性に疑問が残るとの指摘もある。すなわち、刑罰加重事由は当該準則によれば事実上の犯罪構成要素として扱うことになるが、刑罰加重事由は「行為者に罪を帰せしめるのに必要な最小限度の構成要素群」を確立する点に全く寄与するものではないため、実質的アプローチの下ではそれは犯罪構成要素とは見なされないのであると。[42]

（3） 連邦最高裁の混乱

以上二つのアプローチは、いずれも連邦最高裁によって採用されているものの、自己の諸判例と論理的一貫性の点で軋みを生じざるを得ないものと言えよう。[43] Winship 事件判決および Mullaney 事件判決では、ある要因が制定法上規定されているか否かではなく被告人の刑罰に影響を与えるか否かで判断しようとし（実質的アプローチ）、一方 Patterson 事件判決や Martin 事件判決ではある要因を立法府が明確に法文上規定しているか否かで判断しようとする（形式的アプローチ）。さらには、Apprendi 事件判決では「犯罪構成要素か抗弁か」の問いに対しては形式的アプローチをもって答えている。その上、犯罪構成要素／量刑要因＝実質的アプローチを、犯罪構成要素／抗弁＝形式的アプローチを採用するといったご都合主義的な二重の基準を用いることについて、連邦最高裁は正当な説明を全くもって提供していないのである。

このような混乱の原因は、連邦最高裁が合衆国憲法修正六条の「陪審裁判を受ける権利」の保障とWinship事件判決で宣言されたデュー・プロセス上の要求である「合理的な疑いを越える証明」（Winship法理）という二つの問題を十把一絡げにして扱っている点に由来すると考えられている。(44) この混同は、「陪審の評決は合理的な疑いを越える証明に基づかなければならない」ことをデュー・プロセスは要求しているとするApprendi事件判決の法廷意見の言明からも容易に看取できる。(45) このような一絡げが起きた原因は、修正六条が被告人に対し「全ての刑事訴追に」陪審裁判を受ける憲法上の権利を保障しているため、陪審裁判を受ける権利が公判の全ての側面に拡大されているせいだとの指摘がある。(46)

陪審の究極的な責務は被告人の有罪／無罪を決することであり、また被告人が正当化または免責の下で犯罪を実行したと認定されれば有罪とされないことを併せて考えるならば、陪審は、被告人が当該犯罪構成要素を満たしているかどうかのみならず、当該違法行為は正当化／免責されるべきかどうかをも判断しなければならないことになろう。だが一方で、Winship法理の要求は、政府が犯罪構成要素を合理的な疑いを越えて証明しなければならないことであり、刑事事件において陪審が認定しなければならない全ての要素がその基準で証明されなければならないことまでは要求していない。つまり、陪審裁判を受ける権利は罪責に関する全ての事実にまで拡大されるが、Winship法理は犯罪構成要素を確立するのに必要かつ十分な事実にまでしか適用されないのである。

また、両法原理は異なる目的を有していることも看過されてはならない。陪審裁判を受ける権利は、刑事法の恣意的な執行を批判的にチェックすること、(47) およびコミュニティのコモン・センスを刑事手続に導入しその観点から個人の自由を保護することである。(48) 対して、合理的な疑いを越える証明の法理は、被告人を不合理な有罪判決から保護することである。(49) 目的が異なる以上、これら両法原理はそもそも性質上異なるものであると言わざるを得ないであろう。

ここまでの議論から明らかなように、連邦最高裁の犯罪構成要素／量刑要因／抗弁の区分は盤石なものとは評価できないであろう[50]。そうである以上、積極的抗弁の挙証責任を論理的かつ公正に分配することは困難なように思われるが、解決の糸口を見出すことは不可能ではないように思われる。節を改め検討を進めよう。

2　挙証責任分配の基準

連邦最高裁による犯罪構成要素／量刑要因／抗弁の区分を頼りにできない以上、挙証責任分配を考察するにあたって、他の基準を使用しなければならない。本節では、〈Apprendi 準則はそもそも積極的抗弁に適用されるべきか〉という視点からアプローチを図り、連邦最高裁が用いていると思われる他の基準を探りたい。この問いを探ることで何かしらの基準を提供できる可能性があるように思われるからである。

（1）Mullaney 事件判決への回帰？

Apprendi 準則は直接的には積極的抗弁に適用される余地はないと、判決文から読み取ることも可能である。しかし、一方で当該準則は、立法府がある事実を積極的抗弁として規定することで陪審によるその考慮を除外すること自体をも禁止しているものであるとの解釈も成り立ちうる[51]。ともすれば、Apprendi 事件判決は Mullaney 事件判決への回帰を企てていたということになろう。

拡張的手続主義（expansive proceduralism）の立場を採用すれば、Mullaney 事件判決への回帰を肯定するであろう。なぜならば、この立場は犯罪構成要素／刑罰加重事由／積極的抗弁の区分は認めず、被告人の刑事責任に影響を与える全ての事実は合理的な疑いを越えて証明されなければならないとするからである[52]。対して、制限的手続主義（restrictive proceduralism）の下では、その区分は立法府の判断に依拠することになり、犯罪構成要素として規定されない限りそれ以外の事実は合理的な疑いを越えて証明される必要はなくなるため、Mullaney 事件判決への回帰を否定する結論へと至ろう[53]。

連邦最高裁は、Apprendi 事件で Patterson 事件判決を判例変更（overrule）し Mullaney 事件判決への回帰を宣言することも可能ではあったが、そうすることを選択しなかった。その理由は、前述したように、Apprendi 事件判決は犯罪構成要素／量刑要因を、Patterson および Mullaney 両事件判決は犯罪構成要素／積極的抗弁を取り扱ったものであることに見出せよう。しかし、刑罰加重事由と積極的抗弁は、①連邦最高裁自身、双方の判断をするにあたり互いの先例を引用していること、②双方の規定において立法府が陪審による考慮を排除する立法技術を使用できる共通点があること、③双方とも刑罰に影響を与えるものであることから、これらを共通のフィールドで議論することはできるであろう[54]。実際、Apprendi 事件判決の法廷意見はその判決理由を Mullaney 事件判決のそれと同様の点に多く求めていることは、この証左を示すものである。

そこで、以下ではこの回帰の是非を探るため、同列に位置づけられることができる Apprendi 事件判決、Jones 事件判決および Mullaney 事件判決において[55]、非犯罪構成要素（積極的抗弁および刑罰加重事由）の挙証責任を分配することの許容性を測るための諸要因として挙げられた基準について検討を加えることとする。これら三つの判決を総合的に考察すると、立法府が刑事訴追において挙証責任を適切に分配しているかどうかを判断するための基準として、①歴史的考察、および②立法府の権限濫用の可能性、という二つの検討課題が抽出される[56]。

（2）　歴史的考察　Mullaney 事件判決、Jones 事件判決、そして Apprendi 事件判決では、連邦最高裁はその結論を支持するために、南北戦争以前の立法史にまで遡り検討を加えている[57]。この試みは、「歴史的な観点から刑罰の諸原理を見るとき、当該挙証責任を検察官に負わせることは妥当か」という問いに置換できよう。

まず、積極的抗弁の歴史を概観すると、それはコモン・ロー初期から被告人に積極的抗弁の挙証責任を課すことが認められていた。例えば、一四世紀においては、検察官が被告人の犯罪事実を証明する責務を負っており、被告人は証人を喚問することも弁護人を雇うこともできず、被告人は有罪判決の後に減刑を求めて王に抗弁の証拠を提出できるに過ぎなかったのである[58]。この時代の起訴相当の犯罪の刑罰は死刑または重大な身体刑であったため、被告人は王への当該抗弁の提出に成功し、恩赦を受けることもままあったとされる。このような起源を持つイギリスのコモン・ローでは、被告人が酩酊、強制、緊急避難および自己防衛の抗弁の証拠を提出することが認められてきたのである[59]。やがて、積極的抗弁はアメリカにも伝播し、例えば模範刑法典にこれら種々の抗弁は規定される[60]。以上のことから、積極的抗弁の観念およびその定義は、アメリカ刑事司法の歴史をよく投影するものと言えよう[61]。

一方で、刑罰加重事由は立法府による現代的な産物であるとみなされている[62]。コモン・ローに基づく刑法理論を有していたアメリカは、立法府が制定法に犯罪およびその刑罰を明確に規定する道を歩み出す。この潮流は次第に、伝統的なコモン・ロー上の犯罪に付随する一定の状況を特定させ、それを刑罰加重的状況として規定することに至る。元々この刑罰加重的状況は実体犯罪の外延部分としてではあるがその一部であったために、検察官は当該状況を含めて証明しなければならなった。しかし、Winship事件判決以降、立法府は、「犯罪を構成するに必要な全ての事実」の観点から犯罪構成要素を定義し、それとは別に単に刑罰を加重／軽減する要因を規定する方策に乗り出したのである[63]。このような刑罰加重事由の規定目的は、本来は常習犯罪者に狙いを定めたものであったが[64]、やがて立法府は治安対策の容易な達成―合理的な疑いを越える証明を果たさなくても、犯罪者をより長く刑務所に収監できる―にこれを利用することになる。つまり、刑罰加重事由は、民衆によって選出される立法者が犯罪へ速やかに対応していることを示すものとして利用され、刑罰の諸目的を素早く達成する使い勝手のよい手段として見なされてきたのである[65]。

このように、歴史的観点からは、積極的抗弁と刑罰加重事由は異なるものであるため両者を同一のものとして扱い、同一の憲法的吟味にさらす手法は不適当となる。

（3）立法府の権限濫用の可能性

次に、Mullaney＝Jones＝Apprendi系において、適切な挙証責任分配かどうかを検討するときに使用される第二の基準、積極的抗弁または刑罰加重事由を規定する際に立法府が法制定権を濫用するリスクが存するか否かという基準から、両者の異同を確認しよう。

積極的抗弁は、基本的にはコモン・ロー上のそれを継承しているが、たしかに新たな抗弁を立法府が創設していることも事実である[66]。しかし、近時の傾向は、積極的抗弁を拡大するのではなく、むしろ制限する方向性にあると指摘されており、新たな積極的抗弁の創設が稀であるという事実は立法府の権限濫用の可能性は低いということを指し示すものといえよう[67]。この主張は、Mullaney事件判決におけるPowell判事の危惧[68]と一致しないものであるが、挙証責任分配にあたって立法府に大きな裁量を付与してきた連邦最高裁の諸判例からは、積極的抗弁の場合におけるその濫用の可能性は導出できず、むしろ被告人の罪責を軽減する可能性のある要素を陪審による考慮から除外する能力の行使にあたっては、立法府は制限的であったと評価されている[69]。

対して、刑罰加重事由を規定するにあたっては、立法府による濫用的な権限行使のリスクが高い。Apprendi事件判決でもまさに上述のPowell判事の危惧を指摘し、問題となったニュー・ジャージー州法の規定を合憲とするならば、立法府の権限濫用を許すこととなり、Winship法理を骨抜きにする結果を招くだろうと懸念を表明する[70]。連邦・州を問わず、凶悪犯罪に対する刑罰の可能性を増大させる抜け道的な方法として、刑罰加重事由を採用してきたことが明らかにされている[71]。

要するに、積極的抗弁と刑罰加重事由の規定において、前者は立法府の権限濫用のリスクは低く、後者の場合はそのリスクが高いと位置づけられる。第二の基準においても、両者は異なるものと評価できるのである。

（4）Apprendi準則の積極的抗弁への適用可能性

以上の考察から、Apprendi準則が刑罰加重事由への適用のみならず、積極的抗弁にまで適用されるか否かについての問いへ結論を提出するならば、答えは否となろう。なぜ、積極的抗弁の挙証責任を被告人に課すことができる立法府の能力は否定しえないのか。

第一に、歴史的に見れば、積極的抗弁はもともと有罪判決の後に恩赦を受けるため公判終了後に提出されていたものであり、次第に公判でそれが提出されるようになっても、その挙証責任は被告人側にあった。一般的事柄として、アメリカの裁判所はデュー・プロセスの保護を積極的抗弁にまで拡張はしてこなかったのである。(72) したがって、歴史的観点からは、積極的抗弁（厳密にはその不存在）の挙証責任を検察官に課すことは肯定されない。

第二に、立法府がWinship法理を迂回し、デュー・プロセスの保護から被告人を追放することになるような、立法技術を使用できるか否かという点につき、積極的抗弁にはその懸念が妥当しない。たしかに、Apprendi事件判決で問題となったように、犯罪構成要素を「刑罰の幅にのみ関わる要因（factors that bear solely on the extent of punishment）」(73)であると位置づけ、立法府が効果的にWinship法理の意義を制限するおそれは否定できないが、立法府が抗弁の挙証責任を分配する際ないし新たな積極的抗弁を創設する際に同様の危険が存在するということはこの事実からは引き出せない。したがって、立法府の権限濫用の危惧という基準からも、積極的抗弁は刑罰加重事由とは異なり、その挙証責任は被告人に課すことが妥当となろう。

以上のことから、Apprendi準則は積極的抗弁に適用されず、連邦最高裁もMullaney事件判決へ回帰しているわけではなく、積極的抗弁／刑罰加重事由の区分については、歴史的観点および立法府の権限濫用の観点から別個のものとして扱う立場に固守しているといえよう。(74)

しかし、最後に明記しておくべきことは、積極的抗弁という理由のみをもって、無条件に被告人にその挙証責任を課すのではなく、何かしらの制度的担保も必要とされていることである。例えば、Dixon事件判決において、法廷意見は強制の抗弁を正当化と位置づけ、(75) 反対意見はそれを免責と位置づけているが、(76) そもそも強制の抗弁は規範的内容を問題とする点でその論争性を孕むものである。(77) この問いに明確な解を与えることは不可能であり当該抗弁はフレキシブルに扱われることが必要であるとし、公判前手続でいずれに挙証責任を課すかをケース・バイ・ケースで決定すべきとする案が主張されている(78)。この主張の背景には、攻撃防御を中心とした訴訟観があり、公判前の準備活動に一定の価値を認めるものといえよう。

また、刑事訴訟における告知の意義とApprendi準則の関係については拙稿の参照を乞いたいが(79)、積極的抗弁を被告人がなすにあたっても、事前の準備活動が枢要となるであろうことは言を俟たないであろう(80)。検察側の具体的な主張を前提にしてこそ、被告弁護側の反論は展開可能となるのである。したがって、積極的抗弁の挙証責任を被告人に課すとしても、合理性担保としての機能を訴因（起訴状）に課すことが必要であるように思われる。

（29）*See*, Blakely v. Washington, 542 U.S. 296 (2004), at 303-304. また、拙稿・前掲注（10）一七-一九頁参照。

（30）*See*, Kyron Huigens, *Solving the Apprendi Puzzle*, 90 Geo. L. J. 387 (2002), at 393.

（31）Joshua Dressler, *Understanding Criminal Law* (6th ed. 2012), at 1.

（32）この区別に関する立法府の意図を判断することは容易ではないが（*see*, Jones v. United States, 526 U.S. 227 (1999)、本判決につき拙稿・前掲注（10）一一-一三頁参照）。

（33）*See e.g.*, Rita v. United States, 551 U.S. 338 (2007); Cunningham v. California, 549 U.S. 270 (2007); Ring v. Arizona, 536 U.S. 584 (2002).

（34）*Apprendi*, 530 U.S., at 494.

（35）George P. Fletcher, *Rethinking Criminal Law* (2000), at 552-569, 705.

（36）John Gardner, *Fletcher on Offences and Defenses*, 39 Tulsa L. Rev. 817 (2004), at 819.

（37）*See*, Luis E. Chiesa, *Normative Gaps in the Criminal Law : A Reasons Theory of Wrongdoing*, 10 New Crim. L. Rev. 102 (2007), at 137.

（38）いわゆる「蚊を殺害することと正当防衛で人を殺害することは同じことではない」という表現を想起されたい（ハンス・ヴェルツェル（福田平＝大塚仁訳）『目的的行為論序説』（一九七九年）三七頁参照）。

(39) Gardner, *supra* note 36 at 820.
(40) *Id.*, at 824-827.
(41) Mullaney et al. v. Wibur, 421 U.S. 684 (1975). 本判決の詳細につき、拙稿・前掲注（10）五-六頁参照。
(42) Luis E. Chiesa, *When an Offense Is Not an Offense : Rethinking the Supreme Court's Reasonable Doubt Jurisprudence*, 44 Creighton L. Rev. 647 (2011), at 678.
(43) 他に、①消極的構成要素アプローチと②包括的アプローチが挙げられる。①は禁止規範に反しない故に合法とされる行為と禁止規範に反することを許す許容規範がある故に合法とされる行為を区別する観点から、犯罪とは積極的要素と消極的要素の双方から成るものであり、正当化事由の不存在も犯罪構成要素とする立場（*see*, Judith Jarvis Thomson, *Some Ruminations on Rights*, 19 Ariz. L. Rev. 45 (1977), at 50）であるが、Martin事件判決と調和しない。②は犯罪定義において最も広く射程をとるものであり、禁止規範違反のみならず正当化および免責の不存在も犯罪構成要素であり、さらには無罪証明ではない抗弁も含まれるとする見解（*see*, Markus Dubber, *Criminal Law : Model Penal Code* (2008), at 28-31）だが、連邦最高裁判例のいずれとも整合しない。
(44) Chiesa, *supra* note 42 at 688.
(45) *Apprendi*, 530 U.S., at 476-477.
(46) Chiesa, *supra* note 42 at 689.
(47) Taylor v. Louisiana, 419 U.S. 522 (1975), at 530.
(48) Rachel E. Barkow, *Recharging the Jury : The Criminal Jury's Constitutional Role in an Era of Mandatory Sentencing*, 152 U. Pa. L. Rev. 33 (2003), at 58-59.
(49) *Winship*, 397 U.S., at 362.
(50) Chiesaは新たに不法行為アプローチを提唱している。この見解は、刑罰は犯罪構成要素を充足し（禁止規範違反）かつ法的正当性を伴わない（許容規範の不存在）行為にのみ科されるとし、検察側は①被告人の行為は犯罪構成要素を充足していること、および②法的正当化なしに当該行為を実行したことを合理的な疑いを越えて証明しなければならないと主張する（*see*, Chiesa, *supra* note 42 at 693-702）。正当化抗弁は検察官に、免責抗弁は被告人に課すとするが、Martin事件判決と整合しない。
(51) *See*, King & Klein, *supra* note 28 at 1481-1482.
(52) Scott E. Sundby, *The Reasonable Doubt and the Meaning of Innocence*, 40 Hastings L. J. 457 (1989), at 464. したがって、

検察官は抗弁の不存在についても挙証責任を負う。

(53) *Id.*, at 471.

(54) *See*, Leslie Y. Garfield, *Back to the Future : Does Apprendi Bar a Legislature's Power to Shift the Burden of Proof Away from the prosecution by Labeling an Element of a Traditional Crime as an Affirmative Defense?*, 35 Conn. L. Rev. 1351 (2003), at note 232.

(55) Apprendi および Jones 両事件判決の法廷意見は、Mullaney 事件判決の判決理由と同一の論理に基づいて、それぞれの結論を導いているのである。

(56) Garfield, *supra* note 54 at 1382-1383.

(57) *Apprendi*, 530 U.S., at 501 (Thomas, J., dissenting); *Jones*, 526 U.S., at 244-248 ; *Mullaney*, 421 U.S., at 692-696.

(58) Theodore F.T. Plucknett, *A Concise History of the Common Law* (5th ed. 1956), at 438, 445.

(59) James F. Stephen, *A Digest of the Criminal Law* (4th ed. 1887), at 20-29.

(60) 模範刑法典§2.08（酩酊）、§2.09（強制）、§3.02（緊急避難）、§3.04（自己防衛）参照。しかし、その挙証責任の分配についてはいずれの条文も明記していない。

(61) Garfield, *supra* note 54 at 1385.

(62) Stephans Bibas, *Judicial Fact-Finding and Sentence Enhancements in a World of Guilty Pleas*, 110 Yale L. J. 1097 (2001), at 1124. *See also*, Kate Stith & Jose A. Cabranes, *Fear of Judging* (1998), at 9-38.

(63) この点は、Apprendi 事件判決の「州立法府が犯罪を構成するに必要な事実以外の事実を定義する権限に対しては憲法上の制限がある」との文言からも看取できる（*Apprendi*, 530 U.S., at 486）。

(64) *See*, State v. Collins, 180 S.W. 866 (1915).

(65) Bibas, *supra* note 62 at 1110-1111.

(66) 模範刑法典の「極度の感情的動揺」抗弁の採用はまさにその例である。

(67) Garfield, *supra* note 54 at 1391.

(68) *Mullaney*, 421 U.S., at 698-699.

(69) King & Klein, *supra* note 28 at note 82.

(70) *Apprendi*, 530 U.S., at 485 (quoting *Winship*, 421 U.S., at 698).

(71) 州レベルについてはKing & Klein, *supra* note 28 at 1546を、連邦レベル（量刑ガイドライン）についてはStith & Cabranes, *supra* note 62 at 38-77を参照。
(72) Garfield, *supra* note 54 at 1395.
(73) *Apprendi*, 530 U.S., at 485.
(74) *But see*, Donald A. Dripps, *The Constitutional Status of the Reasonable Doubt Rule*, 75 Calif. L. Rev. 1665 (1987), at 1703-1717.
(75) *Dixon*, 548 U.S., at 11. 強制の抗弁と正当化抗弁一般の証明対象の類似性を指摘するものとして、*see*, Monu Bedi, *Excusing Behavior : Reclassifying the Federal Common Law Defenses of Duress and necessity Relying on the Victim Role*, 101 J. Crim. L. & Criminology 575 (2011), at 591.
(76) *Dixon*, 548 U.S., at 22-23 (Breyer, J., dissenting).
(77) Joshua Dressler, *Exegesis of the Law of Duress : Justifying the Excuse and Searching for Its Proper Limits*, 62 S. Cal. L. Rev. 1331 (1989), at 1367. 前掲注（48）およびその本文も参照。
(78) Madeline Engel, *Unweaving the Dixon Blanket Rule: Flexible Treatment to Protect the Morally Innocent*, 87 Or. L. Rev. 1327 (2008), at 1341-1349.
(79) 拙稿・前掲注（10）二〇-二二頁参照。
(80) *See*, Hamling v. United States, 418 U.S. 87 (1974), at 117.

四　結論

本稿では、アメリカ法の積極的抗弁とその挙証責任分配を巡る議論を中心に、連邦最高裁の犯罪構成要素／量刑要因／抗弁の区分の正当性、Apprendi準則の積極的抗弁への適用可能性を探ることを試みた。結論としては、前者の区分における形式的アプローチも実質的アプローチも先例と整合性を有さないため、維持することは困難であり、別の基準を提供する必要性があることを指摘した。後者の問いは、新たな別の基準として連邦最高裁自身も使用している、歴史的アプローチおよび立法府の権限濫用アプローチを採用し、その基準から積極的抗弁／刑罰加重事由を区分することは正鵠を射るもので、当該準則は積極的抗弁には適用されないとの知見を示した。

しかし、Apprendi 事件判決において Scalia 判事も強調するように[81]、アメリカにおいて「告知は合衆国憲法の核心的な事柄[82]」として考えられており、積極的抗弁の挙証責任を被告人に課すにあたっても、この観点は放棄されるべきではないであろう。それは、我が国の挙証責任の議論においても同様であるべきであろう。

また、検察官の訴追裁量が緊急避難抗弁に影響を及ぼしている（極限事例しか起訴されない）との指摘[83]もあり、この観点からの検討も必要となろう。

我が国の検討が不十分なままとなってしまったが、それは今後の課題とし本稿を締めくくることとしたい。

（81） *Apprendi*, 530 U.S., at 498 (Scalia, J., concurring).

（82） Bibas, *supra* note 62 at 1140.

（83） Shaun P. Martin, *The Radical Necessity Defense*, 73 U. Cin. L. Rev. 1527 (2005), at 1539. *See also*, John T. Parry, *The Virtue of Necessity : Reshaping Culpability and the Rule of Law*, 36 Hous. L. Rev. 397 (1999), at 463（陪審制度の意義と検察官の訴追裁量権行使の関係について）.

死刑廃止への戦略
――死刑に代替する終身刑の導入――

菊田幸一

一　はじめに

筆者は、死刑廃止への戦略として終身刑の導入をかねてから主張している。(1)筆者は二〇〇四年に弁護士登録していらい、日本弁護士連合会（以下、日弁連）会長の指名により同会内の「死刑廃止検討委員会」の委員として参加している。

日弁連は、二〇一一年一〇月に開かれた第五四回人権擁護大会において、これまでの「死刑執行停止を求める」から、「死刑廃止に向けて」全社会的論議を呼びかけ、死刑に代わる刑罰として仮釈放のない終身刑導入を検討する、等を骨子とした宣言をするに至った(2)。

わが国における死刑廃止に向け日弁連が先頭に立つことを鮮明にした点で、その歴史的意義は大きい。これを受けて日弁連内に、これまでの「死刑検討委員会」を「死刑廃止検討委員会」と改称し、同委員会は、「死刑廃止と終身刑導入についての基本方針」(案)作成に着手している。

筆者は、これらの動きを受けて、二〇一二年八月二九日、同委員会の夏合宿において「死刑に代替する終身刑」と題して講演をした。さらに同委員会では、終身刑を採用し、現在まで一四年にわたり死刑執行を停止し、事実上の死刑廃止国として国連が認めている韓国での調査(3)、同じく終身刑を採用し、死刑判決、処刑が激減したアメリカのテキサス州の視察を実施したが、これらのいずれにも委員の一人として参加する機会を得た(4)。

本稿は、これらの現地での調査資料を基に死刑に代替する終身刑について多角的検討を加え、死刑廃止への、いわば戦略を展開する。

(1) 菊田幸一『死刑廃止に向けて―代替刑の提唱』(明石書店、二〇〇五年)

(2) 日本弁護士連合会「罪を犯した人の社会復帰のための施策の確立を求め、死刑廃止についての全社会的論議を呼びかける宣言」二〇一一年一〇月七日

(3) 韓国での調査は二〇一二年六月三日から六日まで一四名(前・法務大臣・杉浦正健、元法務大臣・平岡秀夫氏らを含む)に毎日新聞、共同通信記者らが同行した。その成果は、日本弁護士連合会・死刑廃止検討委員会「死刑制度に関する大韓民国調査報告書」(二〇一二年一〇月)として刊行。筆者は、ここで「死刑廃止への戦略―韓国の死刑状況を視察して―」として報告した。本

稿はこの報告をもとに後述のアメリカ・テキサス州の報告を加え補修・加筆したものである。
（4） アメリカ・テキサス州の調査は、二〇一三年二月二二日～三月一日まで死刑廃止検討委員会の委員らを中心として二一名が参加した。その報告書は日本弁護士連合会・死刑廃止検討委員会「テキサス州終身刑調査報告書」（二〇一三年八月）として刊行。

二　戦略を組む前提

国連の死刑廃止条約（一九八九年）の採択を持ち出すまでもなく、筆者は長年にわたり死刑の即時廃止を求めてきた。しかし現段階では、残念ながらそれをどのようにして実現するかという状況にある。しかも日本において近い将来に刑法典からも死刑を全面廃止が可能とは想定できない。たとえば、わが国で刑罰としての死刑は、刑法典で規定している（一二種類）ほか、刑事特別法等を加えると合計一八種類に及ぶ。これらのすべての死刑条項を即時廃止することは理論的には望ましいにしても率直に言って現実的ではない。

その理由について、ここで詳細を述べる余裕はないが、刑法では、内乱罪（第七七条）、外患罪（八一、八二条）など人を殺さなくとも死刑にすることができる（国家転覆の罪）条項がある。それらを含めて法的にもすべての死刑罰を削除することは、現実問題としても困難であるし、その必然性はない。

筆者自身も、かつては死刑は悪であり、これをいかに即時廃止するかを論じてきた。むろん現在もその基本姿勢には、いささかの狂いもない。しかし現実にいかにして死刑廃止を実現させるかの手段は、単に声高らかに「死刑即時廃止」の原理を訴えることだけで実現できるものではない。その目標達成には踏むべき順序がある。(5)

まず日本において現在求められているのは、死刑執行の停止を実現することである。われわれの当面の課題は、刑法上での死刑条項があり、死刑判決を受けても、その執行を阻止する状況をいかに構築し、実現させるかが第一の課題である。つまり死刑執行のモラトリアム時代を、法務大臣に誰がなるかに関係なく、いかに実現させるかにある。まさに韓国が死刑執行停止状態（必ずしも法的に固定したものではないが）を継続させている現状をいかに日本で実現させるかを当面の課題とすべきなのである。

その過程において求められている課題が、死刑廃止に代替する終身刑について論議し、その実現を図ることである、と考える。それは死刑廃止へのこれまでの運動のなかから体感したものである。一見、後退したかの批判を受けることは承知であるが、その批判をも受け入れ、一歩後退、二歩前進の姿勢が今や求められている、と判断する。

（5）　本稿で紹介する韓国やテキサス州（この州で死刑が廃止されたわけでない）での死刑廃止への道程が、必ずしも論理的段階を得ているわけではない。むしろ死刑廃止先進国の多くは、その国のおかれた偶然の産物、あるいは功利的理由（？）から結果したことが多い。

三　死刑執行停止を阻止している要因

当面の課題である死刑執行停止を実現させるには、その執行停止が実現しない背景に何があるかを、まず確認しておく必要がある。ただし、以下で検討する死刑を存続させていると思われる状況あるいは存続の根拠も、それらの理由が死刑廃止または死刑執行停止にとり無視・排除すべき問題である、と主張するつもりはない。たとえば日本政府が死刑存置理由の一つとして示す国民世論の多数が死刑存置であるから、日本での死刑廃止は時期尚早である、との主張についても、死刑の存廃論は、こんにちでは十分に論じつくされている、との見解があることを前提に丁寧に反論すべきである。いたずらに理論的原理主義に巻き込まれる時代ではない。

死刑廃止・死刑の執行停止を実現するには、このような論議をも抱き込み、あるいは抱き込まれながらも、いかに本丸に迫るかが大事である。つまり存置論と対立するのではなく、存置論者とともに死刑廃止、その前提である死刑執行停止を実現するかに焦点が合わせられるべきである。

そのような視点から、死刑存置の根拠とされている、いくつかの課題について改めてまず検討しておきたい。

1　世論

当局者が死刑廃止が時機尚早であるとして挙げる理由の一つは、国民世論の大多数が死刑存置である、としている。これについては死刑廃止先進国のイギリス（一九六九年廃止、死刑支持率八一パーセント）、フランス（一九八一年廃止、死刑支持率六二パーセント）等の例として、時の為政者が世論の多数が死刑の存置であっても、世論を無視して廃止を強行したことを挙げるまでもない。死刑の存廃が世論に追従するものではない。

むしろ国は、凶悪な犯罪者とはいえ、法の名のもとにその者の生命を断つことが許されないとする人権へのありようを市民に先導する役割をもつべきである、と主張することは正論である。しかし死刑存置支持の背景には、理由を越えた感情が拭えないものとして存在することを無視することは得策ではない。その素朴な人間感情をも無視することなく、一般市民の根強い死刑存置感情をどう死刑廃止に向けて捉えていくかの配慮を欠いてはならない。

2　被害者感情

死刑を廃止しない重要な他の理由は、被害者感情にある。殺された被害者の遺族等の立場からは、たとえ何人もの人を殺しても死刑にならないことは被害者感情として許されない、と主張する。

この問題も多角的検討が求められる課題であるが、論理的には、殺人者を法の名のもとで殺しても、それで被害者感情は癒されない。加害者問題と被害者問題は両者を対立的に考えるのでは問題解決に至らない。不幸にも被害者となった者の生命は、たとえ加害者を抹殺しても元に戻すことはできない。少なくとも残された遺族への金銭的、精神的支援を社会全般の問題として現在以上に対策（現在は自動車の強制保険なみの基準まで引き上げられた）を講じることは国家の優先課題である、との主張も正論であろう。あるいは、被害者感情から死刑廃止は困難であるとの主張は、むしろ被害者対策の無策を隠蔽する意図があると指摘されても不自然ではない。被害者感情を死刑存置の理由とする根拠は成り立たない、と主張することも間違いではない。

しかし、そのような論議（あるいは正論？）が果たして死刑廃止あるいは執行停止実現にプラスとなるかは疑問である。

3　存置要因への対処

死刑存置の要因には、その他、死刑の凶悪犯罪抑止力などの主張もあるが、これらの存置要因（証明されてはいないが）にどう対処すべきか。重ねて主張したいのは、これらの要因の存在をあえて認め、それらを根拠とする死刑廃止に反対する立場・意見を尊重し、あるいは受け入れ、そのうえで死刑執行停止さらには、事実上の死刑廃止を実現するには、いかなる手段があるかを提示し、実現するかである。

筆者が主張する終身刑の採用は、上述の仮設を実現させる唯一の手段である。

四　終身刑がなぜ必要か

1　終身刑への批判

死刑問題は、「人間の尊厳は不可侵である」（ドイツ基本法）といった原理主義それ自体が原点であることは言うまでもないが、同時に上述したように死刑制度には、「人間の感情」という、論理では解明できない情緒的問題をも含む。単純に言えば、死刑存廃論はすでに論じ尽くされている。残る課題は、こうした情緒的課題をどのように乗り越えるかにある。

具体的戦略としては、多くの死刑存置論者を、いかに廃止へ誘導するかにある。その橋渡しとしての終身刑の導入を求めたい。それには、誤解を恐れず言えば「限りなく死刑に近い終身刑」を提唱する。つまり仮釈放のない絶対的終身刑である。

これについては、むろん多くの反論がある。

① 終身刑は死刑より残虐である。
② 仮釈放のない終身刑受刑者が希望を失くし、精神異常になる可能性が大きい。
③ 社会復帰の可能性がない受刑者への刑務官の処遇目的が喪失される。
④ 終身受刑者を死ぬまで刑務所におくことは経済的に問題である。
⑤ 無期懲役が事実上、長期化している現状では、終身刑の採用は、重刑罰化に寄与するだけである。
⑥ ドイツやフランスなどでも終身刑は残虐であり否定されている。

これらの各項目についての詳細は後述するが、要旨を述べておく。

①終身刑が人間の生命を断つ死刑より残虐との論拠そのものが理解できない。たしかに終生を刑務所で過ごさせることは、「死ぬより苦である」との感情を無視できない。しかし死刑のある日本において、現に極刑である死刑を回避する手段の一つとして終身刑を代替するのであって、死刑がない時代、あるいは執行停止が長期（国連規準では一〇年以上）にわたり事実上の死刑廃止時代になれば、その時の極刑であろう絶対的終身刑は、これを見直す。つまり代替刑としての絶対的終身刑は、暫定的なものとすることを前提とする。

②終身刑受刑者が精神障害になる危険性については、アメリカでも多くの研究報告がある。(6) その危険性は、入所初期に顕著ではあるが、一定期間を過ぎれば、むしろ短期受刑者より平穏な生活を送るのが多数であるとの調査結果もあり、「処遇困難者になるという予測は、表面上当たっていないように見える」との報告もある。この問題については、想定されている終身刑者の居房が死刑囚監房と類似の三畳一室に終生拘禁することであろうが、アメリカの終身受刑者が広大な農場でトラクターを運転しているのが日常である例から見ても、この問題は、むしろ、いかなる受刑者生活をさせるかにあって、終身刑特有の問題ではない。

③この反論に関しては、それでは死刑囚を担当している刑務官はどうなのか、を反論としたい。ちなみに韓国では死刑囚も刑務作業に従事し、一般受刑者と同じ居房で生活する事例を増やしつつある。

④終身刑は懲役であり刑務作業に従事する。刑務所への収容が経費のかかることは一般受刑者も同じである。

⑤この点については項を改めて論じたい。

⑥ＥＵ諸国は、すべて死刑を廃止した。これらの諸国やアメリカでは、死刑廃止前の絶対的終身刑は、死刑廃止後に仮釈放や特赦の機会を与える方策がとられることが多い。極刑としての死刑がある日本で、いかにして終身刑を死刑に代替し、死刑廃止するかを模索している現状とは段階が異なる。絶対的終身刑の課題は、死刑

廃止あるいは事実上の死刑執行停止後に議論しても遅くはない。

2　終身刑の導入は、重刑罰化に加担するか

現在の死刑、無期懲役の間に、新たに死刑を残したうえで絶対的終身刑を導入することは、むろん形式的には重刑罰化であろう。とくに近年では懲役刑の併合罪について、上限をこれまでの二〇年を三〇年に引上げる等、重刑罰化が続いているなかで、このような意見が出ている。

しかし、それを認めたうえで、それ故に絶対的終身刑の導入が必要であると主張している。繰り返しになるが、死刑に代替する終身刑は、仮釈放のある終身刑では意味をなさないからである。死刑存置論者を含む被害者感情としては、死刑に代替する終身刑に仮釈放の可能性があり、いつの日かこの社会に再び殺人者が社会復帰し、あるいは再犯罪を犯す可能性は許せない。こうした感情の空気抜きの役割を果たすのが絶対的終身刑である。

これを批判する立場からは、現在の無期懲役の実態が法的には一〇年以上で仮釈放の資格がつくとは言え、現実には二〇年~三〇年を経過しなくては仮釈放の機会がない、事実上の終身刑であり、そのうえに絶対的終身刑を採用することは許せない、と主張している。

また、仮に絶対的終身刑を採用し、死刑判決が減ることなく、従来の無期懲役が終身刑になる危険性がある。こうした可能性を否定する手立てもないままの主張は無責任だとの批判がある。これらの主張については、その対処について後述する。

無期懲役の現実を踏まえても、法的に仮釈放が認められている以上は、死刑との落差は比較のできないものがある。現状のまま死刑を廃止するとの主張は、原理としては正論であるにしても、多数の存置論者を説得するには役立たない。

韓国の絶対的終身刑や、死刑廃止議員連盟が提示する仮釈放なしの「重懲役」の提唱には、このような戦略がある。あえて言えば、重刑罰化に乗じて死刑廃止を求める、それが求められている。

3 なぜ終身刑か

韓国をはじめアメリカの多くの死刑廃止州、あるいは後述するテキサス州のごとく、終身刑を採用したことにより死刑判決、死刑執行が減少した州のように、終身刑の採用が死刑そのものに大きな影響を与えている。終身刑を採用する理由にも、国あるいはアメリカでは州による、それぞれの背景と事情が異なるが、いずれにしても事実上を含めた死刑廃止へのインパクトを与えていることが実証されている。それらの背景は後述するように単一ではなく、また必ずしも死刑制度との直接的結びつきのない背景、あるいは単なる偶然をも作用していると言ってもよい背景もみられる。

そうした背景の事情を考慮しても、最近においてアメリカでは、DNA鑑定技術の進展から死刑の誤判事件が頻発することによって、死刑への不信が強くなったことを特筆する必要がある。終身刑の採用は、誤判回避の手段としてにわかに注目されてきた。むろん、それだけではない背景がある（詳細は後述する）。

その他に被害者感情、死刑執行に至るまでの経費の過大化等が、終身刑採用に踏み込む要因となり、さらに死刑を全面廃止した欧州連合（EU）諸国との経済連携協定（EPT）とも死刑の存否が関連している（とくに韓国において）。

かくしてアメリカにおいても、二〇〇一年九月一一日のニューヨーク貿易ビル爆破事件でのテロ事件容疑者のアメリカへの犯罪人引渡拒否問題をはじめ、グローバル化した経済・政治的課題に死刑の存否が関連し、死刑の存否は単にその国の犯罪対策といった問題につきるものではなく、一見したところ人権問題とは無縁と思われる国際社会の重大な課題として死刑問題が位置付けられる状況にある。

（6）詳細については菊田幸一『死刑廃止に向けて―代替刑の提唱』（明石書店、二〇〇五年）二七七頁以下参照。

五　韓国における終身刑の導入と死刑執行停止

韓国では一九九八年いらい、今日まで一五年余り死刑執行がない。これにより二〇〇七年一二月に、執行停止いらい一〇年を超えたことにより国際的には「事実上の死刑廃止国」と位置づけられている。このような現実がどのような背景から結果したのか、去る二〇一二年六月三日から六日にかけて日弁連「死刑廃止検討委員会」の委員を中心とした総勢二〇名（委員一四名、同行者、通訳らを含む）の調査団が関係機関（韓国死刑廃止運動協議会、法務部、国家人権委員会、憲法裁判所、大韓弁護士協会、カトリック・ソウル大教区矯正司牧委員会等）を訪問した。筆者はその委員の一人として同調査に参加した。(7)

（1）執行停止実現の背景

事実上の死刑廃止国となった韓国でも、日本と同じく死刑存置の世論は六〇パーセント以上となっている（二〇〇九年の世論調査では六四・一パーセント、韓国法務部リサーチ）。しかも凶悪犯罪が起きるたびに、死刑執行再開を要望する意見が強く出ている。しかし、韓国では死刑執行再開の危険性は現状では予想されていない。(8)今回の調査で判明した死刑執行停止の主たる要因は以下のごとくである。

①一九九七年、独裁政権下のキム・ヨンサム大統領が辞任するに当たり同年一二月三〇日に二三名の死刑執行をして退任した。これが野蛮な出来事として死刑執行の拒否反応の下地となった可能性がある。

これを受けて就任した民主党のキム・デジュン氏（金大中、元・死刑囚）は、一九九八年に大統領就任後、同年一〇月には市民団体が主催した「死刑廃止国家宣布式」で「人権先進国の仲間入りを果たした」と語ったと言われている。(9) その後のノ・ムヒョン大統領らも人権問題に関心が深く、事実上執行していない。(10)

② 軍事政権が長く続いたなかで、死刑判決を受けた議員らが誤判による死刑、政治犯への死刑といった司法殺人につき、死刑は正義のためだけにあるのではない、とのことがひろく国民に知られるに至った。

③ 死刑に批判的な韓国のパン・ギムン氏が国連の事務総長に就任した（二〇〇七年）。死刑廃止を主導する国連に背いて、その国連事務総長の母国が死刑執行することは国の恥と考えられている。

④ 韓国は、EUの「刑を言い渡された者の移送に関する条約」（CE条約、一九八五年発効）に加盟し、その批准同意案が二〇〇九年一一月四日に国会へ提出された。同引渡条約（案）第一一条（死刑）は、犯罪人請求国が被請求国に対し、死刑が執行されないことを信じる保証を提供しない限り引渡請求を断ることができる、とある。(11)

⑤ 韓国では、事実上執行のない死刑囚が拘置所から一般刑務所へ移送され、そこで受刑者と同じく刑務作業に従事している。仮に死刑執行となれば同人を刑務所から処刑場がある拘置所へ再度移送しなくてはならないが、あるいはこれらの事情が執行を不可能にしている、との見方もある。

(2) 死刑廃止法案の状況

韓国では、これまでに死刑廃止法案が四回国会へ発議されている（一九九九、二〇〇一、二〇〇四、二〇〇八年）。このうちの一九九九、二〇〇一年案は、代替刑として無期懲役（仮釈放の可能性）を提示していたが、いずれも廃案となった。第三回目に提出された二〇〇四年法案は、代替刑として絶対的終身刑を取り入れた。

筆者は、二回目の法案（二〇〇一年法案、無期刑、ただし罪種、罪質を考慮し一五年間仮釈放や恩赦を禁止する）が出された段階で、韓国死刑廃止運動協議会の会長（当時）・李相赫弁護士の招請を受け、アメリカの終身刑に関する資料の提供と、ソウルでの講演を実施した。その主たる目的は、仮釈放の可能性がある終身刑は、多くの死刑存置論者の賛成を得ることは困難であることを主張するにあった。

三回目の法案（二〇〇四年法案）は、「終身刑とは、死亡するまで刑務所に留置し、仮釈放、赦免または減刑のできない懲役刑をいう」（要旨）とした（絶対的終身刑）。同法案は、国会議員二九九人の三分の二に近い一七五人の議員の同意を得たが、この時期に非人間的な連続殺人事件が頻発し継続審議となった。しかし、この法案を契機に国会司法委員会が公聴会を開くなど議論が活発となり、その後も二〇〇八、二〇〇九、二〇一〇年にいずれも法務委員会へ提出されたが現在は保留状態にある。[12]

他方、韓国でも凶悪犯罪が多発した影響もあり、懲役刑の長期を従来の一五年から三〇年にする（二〇一〇年改正）など重刑罰化の傾向がある。

（3）人権委員会による死刑廃止勧告

韓国では、東西冷戦終結（一九九〇年）後の一九九三年に発足した金泳三政権以降に、かつての軍事政権下で弾圧され、投獄され、死刑判決を受けた民主化運動家の多数が国政に参加した。金泳三大統領の後の一九九八年に大統領となった金大中氏は死刑判決を受けている。

こうした背景のなかで、二〇〇二年に国家人権委員会が行政府とは独立した、[13] 国連が定めるパリ原則（人間に最上の価値をおき、人間の価値を最上のものとする）を基本理念とする委員会が成立した。同委員会は、二〇〇五年に死刑廃止を勧告した。その内容は、「死刑制度は、生命権の根源的な侵害に当たるため、法律的に廃止されなければならない」とし、「生命権というものは、絶対的な基本権利であるため、それを制限することはできない」、「死刑制度には犯罪の抑止力はなく、仮に抑止力があるとしても、死刑制度は決して認められるものではない」というものである。

同委員会は、国会に対し死刑廃止を勧告しているが、別に述べるごとく憲法裁判所では、この勧告は受容されていない。

（4）憲法裁判所の判断

憲法裁判所は、通常の裁判所とは独立し、憲法問題につき最終的な審査権を有する裁判所として一九八八年に設立された。大統領、国会、裁判所からそれぞれ三名が推薦され九名で構成されている。

憲法裁判所は、一九九三年、一九九六年および二〇一〇年の三度にわたり死刑制度が合憲であると判断している。

一九九六年の判断は、その後の死刑執行停止の最後に執行した金泳三大統領下での憲法判断として注目された。同裁判では、①人間の生命を否定する犯罪行為に対する刑罰として極めて限定的に科される刑罰である、②死刑は、死に対する人間の本能的な恐怖心と犯罪に対する応報欲求が相まって考案された「必要悪」として不可避的に選択される刑罰である、としている(14)。

この判決書はA四版で五〇ページに及ぶ長文である。判決では死刑は合憲であると判断されたが、九名の裁判官のうち合憲五名、違憲四名という一名の違いで合憲とされた（ただし違憲判決には六名の違憲判断が必要であり、事実上は二名不足。一九九六年の判決では、合憲七名、違憲二名）。

この判決の合憲論と違憲論の最大の分岐点は、生命権をどのようにとらえるかにあったが、憲法の原理論ではなく、いわば相対的見地から違憲論を展開した金鍾大裁判官（元大法院長）の注目すべき意見がある。

同裁判官の違憲論（要旨）は以下のごとくである(15)。

「刑罰として死刑を言い渡す時点に、国家の存立や被害者の生命が犯人の生命と衝突する状況はすでに存在せず、国家が犯人を教導所に収容している限り、個人と社会を保護する目的は犯人を死刑に処したときと同じく達成できる。死刑制度は犯罪の抑止という刑事政策上の目的のために人の生命を奪うものであり、それ自体が人間としての尊厳と価値に反し、死刑制度によって一般予防の目的を達成されるか否かも確実ではない。ただし、現在の無期懲役が個人の生命と社会の安全の防御ということから、死刑の効力を代替できないため、仮釈放や赦免等の可能性を制限する最高の自由刑が導入されることを条件として、死刑制度は廃止しなければならない」。金裁判官は、死刑の存在根拠が仮にあるとしても、死刑に代替する制度がその目的を達成できるならば、死刑制度の存在は無意味である、と主張した。単なる解釈論からの判決である以前に、死刑廃止への道筋を憲法論から提示したとも言えるものであって、終身刑導入への国会での立法への示唆をも与えている。

（7）本稿は、主として、この調査団による、日本弁護士連合会・死刑廃止検討委員会「死刑制度に関する大韓民国調査報告書」（二〇一二年一〇月）、とくに同報告書に提出した、菊田幸一「死刑廃止への戦略―韓国の死刑状況を視察して―」（前掲報告書七九頁以下）に加筆したものである。

（8）李　相赫（韓国死刑廃止運動協議会名誉会長）は、死刑執行の可能性が高いとし、その理由として、①憲法裁判所では、死刑廃止の意見を持つ裁判官の多くが交代する予定である。②李大統領は、死刑存否に関する態度を明らかにしていない。③国民の多数が死刑を支持しており、国会議員の中には「良心」よりも「票」を大切にする者が多い、と述べている（前掲報告書一〇頁）。

このような危機感を持つことは死刑廃止運動をしてきた人物としては大事な意識である。

（9）平岡秀夫・元法務大臣「韓国死刑制度の状況調査に同行して」（前掲報告書六四頁以下）。

（10）二〇一二年一二月に就任した朴槿恵（パククネ）大統領は、朴正熙（パクチョンヒ）元大統領の娘であり、死刑執行を再開するのではないか危まれていたが、就任前に同氏は、死刑執行について聞かれ「執行を再開する理由がありますか」と質問に答えた、と言われる。

（11）許一泰「憲法裁判所の死刑制度の合憲決定に対する批判的検討」（韓国死刑廃止運動協議会、二〇一二年）一一頁参照。なお、日本では二〇〇三年にCG条約に加入している（官野哲也「国際受刑者移送について」罪と罰　四九巻三号（二〇一二年六月）三〇頁参照。

（12）「死刑廃止に関する特別法案」（二〇〇八年九月一二日　発議）

第一条（目的）この法は、刑の種類のうち、死刑を廃止して終身刑を新設することによって生命権を保障し人間としての尊厳と価値を尊重しながら、犯罪者の人権保護および教化・改善を目指す国家刑罰体系を樹立することを目的にする。

第二条（終身刑の正義）終身刑とは、死亡する時まで刑務所内に拘置し、「刑法」に伴う仮釈放でも「赦免法」に伴う一般赦免・特別赦免または減刑をすることもできない懲役刑をいう。

第三条（死刑の終身刑代替）刑の種類のうち死刑を終身刑に代える。

この法案は国会での審議期間が過ぎた。現在は刑事訴訟法の修正に関する特別文化委員会（法務大臣の諮問機関）で死刑を含む改正の検討に付されている。

(13) 同委員会は、受刑者処遇、人格権の侵害、健康医療問題、外部交通問題などの人権救済の受付けをし、これらの是正にも大きな効果をあげている。なお、日本では人権委員会の設立が現在議論されているが、内閣府内での設立が予定されており、独立性の点で批判が出ている。

(14) 日本弁護士連合会死刑廃止検討委員会・前掲・報告書三三頁参照。この判決を批判的に考察したものとして、許一泰「憲法裁判所の死刑制度の合憲決定に対する批判的検討」（韓国の死刑廃止運動・韓国死刑廃止運動協議会、二〇一一・六・三）参照。

(15) 日本弁護士連合会死刑廃止検討委員会・前掲・報告書一四七頁以下参照。同判決書の紹介として、海渡雄一「韓国憲法裁判所の死刑制度に関する判決について」同報告書七〇頁以下。

六　アメリカの死刑状況と廃止への現状

1　アメリカの死刑状況

アメリカでは、この五年間に、ニュージャージー（二〇〇七年）、ニューヨーク（二〇〇七年）、ニューメキシコ（二〇〇九年）、イリノイ（二〇一一年）、メリーランド（二〇一三年）、及びコネチカット州（二〇一三年）が死刑を廃止している。これで廃止している州は全米五〇州のうち一八州となったが、デラウエア州は近く廃止の予定であり、ニューハンプシャ州、カンザス州で一九七六年いらい、インデイアナ、ノースカロライナ、サウスカロライナ及びバージニア州等は、昨年は執行をしていない[16]。

一九七二年のアメリカ連邦最高裁による死刑違憲判断（ファーマン判決[17]）により、一時中止されていた死刑執行が一九七六年に再開された。その時点で全米死刑存置州一八州のうち二〇〇〇年には死刑執行数は八五名であったが、昨年は四三名に激減した。この四三名のうち、その四分の三は、アリゾナ、ミシシッピーおよびテキサス州での執行であった（New York Times, Jan. 2 2013）。

死刑判決を受けた者は、二〇〇〇年の二二四名から二〇一二年には七七名となっている。この判決数は、ピーク時の一九九六年に比べて七五パーセント減である。

アメリカでは今後も死刑判決の減少、死刑廃止州の増加が続くものと予想され、楽観的見方とは言え、今後一五年内に事実上の死刑廃止国となるだろうとの見方もある[18]。

その背景にあるのは、冤罪事件の多発、死刑執行までの費用、死刑判決規準の曖昧性、さらに人種的偏り等が挙げられる。しかし、そうした現象を敏感に感知している世論の動きが死刑の存廃に現実に影響することに注目しておく必要がある。基本的には法執行に関与する専門家や被害者家族を含む一般市民のなかにも死刑制度に対する不信感が強くなっている。それをいち早く感知した為政者が自らの政治的地位保全に結びつけている。それは死刑存置、廃止のイデオロギーとは関係ないようだ。これらの状況を簡略に見ておく[19]。

アメリカにおいても死刑の存置が世論の多数を占めていることが重要な根拠になっていることに変わりはない。しかし、一方では、個人的な態度では、死刑への批判に向かっている。世論の大勢は死刑支持にあるが、大部分の市民は、死刑が任意的に適用されることとの問題意識がいぜんとして強い。世論調査において、たとえば仮釈放のない終身刑を採用すれば死刑は廃止してもよいか、のように選択的質問があれば、被害者を含めて、それでも死刑を望むとの意見は減少する。さらに古くから死刑を廃止しているミシガン州では、こんにちでも市民の七〇パーセントは死刑支持であるが死刑廃止復活には影響を与えていない。

一方、ファーマン判決が出た直後の一九七三年連邦最高裁判決（Roe v. Wade, 410 U.S. 113（1973））[20]はローマカトリックがその後のマサチューセッツ、ニューヨーク、ニュージャージー、ニューメキシコ、イリノイス州等の死刑廃止に事実上の窓口を与えたものとして位置付けられている。一九九九年一月二七日、パウロ二世は、残虐で不用な死刑を終息させると呼びかけた。[21]

Ｒｏｅ判決は、アメリカのカトリック教徒が多数を占める州（マサチューセッツ、ロードアイランド、ニューヨーク、ニューハンプシャ州等）に死刑廃止をもたらした。[22]こんにちでは、宗派を超えて、国が市民を殺す権限はない、とする点では一致している（市民を殺す権限は神のみにある）。

一九七二年以降、死刑問題は、刑罰論に終止符をうち、妊娠中絶、女性の権利、市民権、ゲイの権利、被告人の権利、福祉の権利、差別撤廃のような政治的、文化的課題に「法と秩序」の闘争分野を求めるに至った。

この背景には次の問題がある。

（1）　冤罪の多発　　一九七六年以降、死刑判決の後で冤罪により釈放された者は一一二人におよび、死刑囚全体の二パーセントに相当する。とくにフロリダ州ではＤＮＡ鑑定を含む冤罪で二一名が釈放され、フロリダ州では五名の執行が行われる間に二名が冤罪で釈放された。このため連邦議会は有罪確定後のＤＮＡ鑑定を受ける権利を保障する「冤罪者保護法」（Innocent Protection Act 2004）を制定した。

この問題で話題となったのは、イリノイス州のライアン知事（Governor George Ryan of Illinois）である。彼は、一九九九年に強固な死刑支持者として知事に就任したが、ＤＮＡ鑑定で冤罪者が多発したのを受け二〇〇〇年一月に死刑執行を停止し、三名の死刑囚を釈放し、一六四人を終身刑に減刑、同州では死刑囚がいなくなった。彼はドウポール大学（De Paul University）法学カレッジでの講演で「死刑制度が過誤の悪魔に取り憑かれている」と発言している。[23]

（2）　死刑判断基準の曖昧さ

ファーマン判決の後数年にわたりアメリカでは死刑執行が停止されたが一九七六年のGregg v. Georgia（グレッグ対ジョージア州事件）判決[24]により、一定の犯罪に対し必ず死刑を科する法律（絶対的死刑）は違憲だが、死刑にあたる罪について加重事由を列挙し加重事由がその程度において減軽事由を超えるのでなければ死刑を科すことは違憲ではない、との判断をした。この判決以後にアメリカでの死刑が復活した。同時に死刑支持の世論は一九六六年の四二パーセントから一九七六年の六五パーセントまで劇的に上昇した。ある意味でグレッグ判決は世論に迎合したとの指摘もある。むろんグレッグ判決により裁判所は死刑事件判決により慎重になったが、その反面として、後述のように死刑事件に莫大な財政的支出を余儀なくされることとなった。またグレッグ判決の基準そのものが後述の死刑適用への人種差別を解消するものとはならなかった。

（3）　人種問題

死刑判決が人種的に偏っているとする問題はアメリカ特有の課題である。

アメリカの全人口に占める黒人系は一二パーセントであるが、死刑囚に占める割合は三四パーセントである。黒人被害者よりも白人被害者の方がほぼ四倍、死刑になる可能性があるとのスタンフォード大学の研究グループの調査報告がある。[25]それによるとオハイオ州では白人による白人殺害事件一七三件のうち四四件（二五・四パーセント）で死刑判決を受けているが、黒人殺害事件四七件のうちの死刑判決はゼロ件であった。

（4）　死刑事件の経費問題

メリーランド州が二〇一三年五月二日に死刑廃止の州法案を可決し、一八番目の死刑廃止州となったが、その理由の一つが長期化する裁判費用であった。

テキサス州でも後述するように死刑に代替する終身刑を採用した主たる理由の一つが死刑判決と処刑までに莫大な税金の出費を要することが挙げられている。このことはテキサス特有ではなく、アメリカでは州内での最高裁までの必要的上告制度を採用しており、それでも不服がある場合は連邦最高裁へ上告することができる。公設弁護人は最低でも二人付けなくてはならないが、その弁護人一人の経費は上限が三〇〇〇万円（これには鑑定人、証人費用も含まれる）。陪審員への日当を含め巨額の経費がかる（詳細は後述）。

むろん死刑の凶悪犯罪抑止力の有無がいぜんとして論争されているし、世論の死刑支持も根強くある。こうした死刑をとりまく環境のなかで、上述のような死刑の周辺の課題が死刑廃止への方向付けへの需要な支えとなっている。以下において、テキサス、ニューヨークおよびニュージャージー州についてさらに詳細に検討する。

(16) カリフォルニア州では二〇〇三年一月に死刑廃止の州民投票がなされ否決されたが一九七八年の投票では、存続七一パーセント、廃止二九パーセント、二〇一二年は存続五二パーセント、廃止四八パーセントと僅少差となった。

(17) Furman v. Georgia, 408U. S. 238 (1972).「裁判官や陪審員に死刑か無期かを選択させる完全な裁量権を付与する制度は憲法違反であり、これにより言渡される死刑は残虐かつ異常な刑罰である」と判断された。

(18) Bernard E. Harcourt *Abolition in the United States by 2050－on Political Capital and Ordinary Acts of Resistance, Charles. Ogietree, Jr. and Austin Sarat, ed, The Road to Abolition*, 2009, *p*72.

(19) *Larry W. Kouh, Colin Wark and John F. Galliher, The Death of The American Death Penalty*, 2012 参照。

(20) 妊娠中絶を受ける権利を認めた連邦最高裁判決（Roe v. Wade）この判決後におカソリックのリーダーは積極的な死刑廃止キャンペーンを開始した。

(21) ibid 161.

(22) ibid 162

(23) ibid

(24) グレッグ判決の詳細については、生田典久「英国連邦最高裁の死刑に関する新判例とその背景」ジュリスト六二六号、六二七号（一九七六年）参照。

(25) ノースカロライナ州では、二〇〇六年四月、五人の内科医師らが「医師が死刑執行に関わるのは『命を救う』医師倫理の観点から医学界としての立場を明確にしなければならない」と求めた。これにより事実上執行ができない状態にある。週刊医学界新聞二七三六号（二〇〇七年六月一八日）。

2　テキサス州の終身刑採用[25]

（1）　二〇一三年二月二二日～三月一日、日弁連「死刑廃止検討委員会」委員としてテキサス州を視察した（総勢二〇名余の調査団）[27]。

テキサス州は、二〇一二年の全米四三名の死刑執行のうち一五名の死刑執行をしている。減少したとはいえ、死刑執行数はいぜんとして全米第一位である。

その原因は単純ではないが、メキシコから独立したテキサス州では一九二三年まではカウンテイー（郡）内で絞首刑が実施されていた。現在でも基本的には郡司法の管轄であるが人種偏見がもっとも強い州であることが背景にある。黒人はテキサス州の人口一二パーセントしか占めていないが、この州で過去五年間に死刑判決を受けた、ほぼ七五パーセントが有色人種である。

同州には二五四郡があり、同じ数の裁判所がある。裁判所が死刑判決の言い渡しをした郡は七郡（全体の三パーセント）に限定されている。アメリカの他の州でみられる全州的な公設弁護人事務所がなかったため（公設弁護人事務所は五年前に設立）、量刑に偏りが生じやすかったことも関係している。

第二に考えられるのは、テキサスの刑事裁判では、陪審員が有罪か否かを決める。この点は、他の州と異ならないが、死刑か終身刑（新法が成立するまでは四〇年服役すれば仮釈放が可能であった）かの選択が単純に「イエス」か「ノー」かの二つの陪審員による質問で決まることにある[28]。

これら陪審員はもとより、検察官、検事正、裁判官もすべて選挙で選ばれる（ただし法曹界に入るには最低でも弁護士資格が必要ではある）。いずれにしても市民感情が裁判に色濃く反映する背景がある。

このテキサス州を視察した理由は、同州が二〇〇五年に仮釈放のない終身刑法案（LWOP）を採用し、その後の五年間に死刑判決および同執行が激減したからである[29]。もっとも近年のアメリカ全般では死刑廃止州も増え、さらに死刑の執行そのものが激減しているが、終身刑採用と死刑の関係を視察するには見逃せない州であった。日弁連では終身刑の導入に積極的に調査する意図があった。

テキサス州での終身刑法案成立の背景とされている、第一の理由は、死刑制度には終身刑と比較して裁判等に莫大な経費がかかる（スーパー・デュープロセス（super due process）、一人の事件で二三万ドル〔二億三千万〕との計算もある）。アメリカでは死刑事件は例外なく上告する（必要的上告制度）。それまでの第一審からの裁判、弁護士費用や鑑定費等のすべてが税金で賄われている。再審弁護費用も同じである。日本での再審弁護費用が原則として国費から支給されない点からみれば格段の差がある。テキサス州のある郡では、これら死刑事件の公的出費により予算が不足し、次年度予算から借用したとも言われている。

（2） 二月二五日、テキサス州上院議員で終身刑法を提案し、成立させるに尽力したエディー・ルシオ・ジュニア（Eddie Lucio, Jr.）氏に州議会会議室で面会した。

彼の主張は、死刑事件に莫大な州予算を使うことより終身刑の経費が少なくて済むといった功利主義はともあれ、死刑は、再度社会内で殺人を犯させない制度ではあるが、仮釈放のない終身刑でも、同じく被害者遺族の不安を除く目的を達することができる。

むろん、今日のアメリカで死刑事件の受刑者がＤＮＡ鑑定により冤罪が明るみに出る事件が多発し、死刑制度に対する不信感が市民間に広まっている背景もある。

彼は死刑廃止論者ではない（今では死刑廃止に傾いていると言う）。政治家としての視点から市民の意見を忖度して終身刑導入に尽くした。その結果として現時点では死刑判決が減り、同時に執行数が激減した。その現象がいつまで続くかは不明ではあるし、それに終身刑法成立後まだ短い経過のなかで終身刑採用と死刑との関係を検証するには時期尚早である。しかし、どの死刑廃止先進国においても単一の要素で死刑が廃止あるいは執行停止されるものではない。むしろ偶然性が大きく影響していると言った方が正しい。テキサス州の終身刑採用も一政治家の視点から実現したが、民意をいち早く察して法案成立に尽くした点で政治家として評価されなくてはならない。同じく民間から選ばれている検察官は、「死刑が相当な事件に死刑相当と判断しないなら、市民を代表する検察官ではない」と述べている。当然のことではあるが、政治家の知見がなければテキサス州の終身刑採用は、はるか先であったことは間違いない（テキサス州の終身刑採用により、仮釈放なしの終身刑を採用していない州はニューメキシコ州のみとなった）。

筆者は、かねてから「終身刑を導入すれば死刑執行停止・死刑廃止は後からついてくる」と主張している。テキサス州の終身刑導入は、まさにそれを実証している。

テキサス州でも終身刑法案は一九九九年に最初に提出されたときは、死刑、終身刑、無期懲役の三つの刑種を重大事件の法定刑としていたが、三度にわたって否決された（二〇〇一年、二〇〇三年）。二〇〇五年案は、無期懲役（仮釈放付終身刑）を削除して提出し可決した。

（3） 面会者との質疑（要旨）

① テキサス州「死刑廃止連盟」大会場（二〇一三・二・二三）

Texas Defender Service（TDS）代表理事・弁護士

・死刑判決（執行）の減少原因を一つの事象だけに絞ることは困難であるが、終身刑の導入がその原因の一つであることは間違いない。導入前は、検察官は死刑を求める際に、陪審員に対し「この凶悪犯人は将来釈放されないとは限らない、（だから死刑でなければならない）」という働きかけが終身刑導入によりできなくなった。

・死刑事件で冤罪が発覚したことが、陪審員の判断を慎重にさせ死刑減少の原因の一つになった。有罪か無罪かの微妙な事件では、有罪となった場合に死刑より終身刑を選択するようになった。

・死刑事件でない事件では、死刑事件に比較して上訴による裁判をうける手続が保障されていないので、終身刑の事件の弁護人によるチェックが弱い。今後の課題である。
・終身刑法案を提出したのは死刑廃止側であったが、殺人被害者の多くが、この法案に賛同した。
・アメリカでは多くの人が応報刑概念を支持している。終身刑は「改善を目的としない意味」で納得させやすい。刑罰の目的が応報か改善かの議論は、知的議論であって立法の議論ではない。
・二〇一〇年より、よりひろい意味でＤＮＡ鑑定を認める法律が成立したため弁護団による新たなＤＮＡ鑑定が増えている。

②テキサス州上院議員　Eddie Lucio, Jr.　終身刑法案提案者（二〇一三年二月二五日）
・終身刑法案可決までに六年かかった（二〇〇五年上院法案六〇号）
・成立までの六年間に世論調査をしたが七八パーセントの州民が終身刑導入に賛成した。
・陪審員たちも、終身刑により社会や市民の安全が守られるなら終身刑導入に賛成した。
・終身刑を採用する前は、州内で二九人の仮釈放可能な凶悪犯罪者がいた。陪審員たちは死刑を求めなければ将来再び社会に出てしまうことの葛藤があった。
・被害者遺族も加害者を社会から封鎖することが確実な終身刑を求めた。
・終身刑であれば冤罪が判明し無罪の人を救うことができる。
・終身刑になれば死刑判決が減ると多くの人が予想していた。
・死刑囚から終身刑に反対との意見もあったが、研究によると終身刑受刑者の多くは穏やかに生活している。
・一九九二年の調査で死刑事件一件につき二三万ドルかかっている。これは終身刑で四〇年間拘束した場合の三倍に相当する。

・終身刑法案提出前は死刑存置派であったが、DNA鑑定で冤罪が出てから廃止すべきと考えが変わった。

（4）テキサス州での終身刑採用と死刑求刑等の減少について、視察した人がどのような印象をもったか。参加者の一人、石塚伸一教授（龍谷大教授・弁護士）は、報告のなかで「終身刑導入から死刑が減ったという命題の真偽は、そんな簡単には答えが出ない」と結んでいる(30)。その印象は筆者を含む他の参加者もおおむね異論はないであろう。

ただし、肝心な一点で意見を異にする。この問題は、参加者の一人がハリス郡ヒューストン次席検事に対し「死刑・無期の選択が、死刑と終身刑の選択になったことで、検察官は、これまで第一級殺人で起訴することを躊躇していた事件まで、第一級で起訴し、弁護側に否認すると死刑を求刑するぞと脅かし、司法取引で終身刑にしてしまうケースもあるのではないか」と質問したことについて、検察官は、「確実に楽になった」と答えている。この背景には被告人を第一級の殺人で起訴し、危険な犯人の生命を奪うことなく、終身刑にすることで、治安と経費を安くすることができる、と検察官は考えている。

石塚氏は、この検察官の答弁に説得力があると評価しながらも「実際は冤罪であっても生命が助かるなら、という理由で有罪を認めてしまうかもしれない。一か八かで無罪を主張するより、着実に終身刑をとろうという戦術です。しかし、これでは誤判の可能性が高まる」としている。

改めて論点を整理しておくと、テキサス州では、無期と死刑の選択に対し、終身刑と死刑の選択となった。そもそも死刑はもとより無期、終身刑にせよ、刑罰一般に残念ながら誤判は不可欠である。無期と終身刑のどちらの冤罪が理不尽かの比較はここでは問題にならない。質問者の危惧は、従来は無期の求刑で争った事件を検察官が安易に終身刑を求める、とするようであるが、終身刑の裁判が無期の裁判より軽視されるものではない。死刑で脅かし終身刑とする、との危惧であろうが、無期も死刑で脅かす（？）可能性があると同様に誤判の危険性は刑罰には例外なくある。

ここで基本的に大事なことは無期であれ、終身刑であれ、誤判はあってはならないが、死刑は生命挽回が不可能であることにつきる。そこに死刑廃止の根拠がある。無期に比較して終身刑が重いことはあり得る。しかし、死刑に比較して生きて誤判回避を可能とする点で死刑廃止の根拠がある。

テキサス州の終身刑導入と死刑の関係について、実践から生まれたこの動きへの消化を間違えてはなるまい。

（26） *Larry W. Koch, Colin Wark, and John F.Galliher, The Death of The American Death Penalty, 2012.*

（27） 堀和幸「アメリカにおける死刑の動向」（二〇一二年）、その他、視察団資料を参照。

（28） グレッグ判決（Gregg v. Georgia, 428U. S. 153（1976）が示した規準では、刑を加重すべき事情（aggravating circumstances）と情状酌量すべき事情（mitigating circumstances）を比較衡量する。

（29） 二〇一二年の死刑判決数九名は、二〇〇二年の三七人にくらべて四分の一以下となっている。同じく同年の執行数一五名は、二〇〇七年の二七名の半数近くとなっている。

（30） 死刑廃止国際条約の批准を求めるFORUM90 vol. 129（二〇一三年六月三〇日）九～一二頁

3　ニューヨーク州の死刑廃止

（1）　ニューヨーク州は二〇〇四年一月二四日に死刑廃止州となった。同州の死刑廃止法は、他の州と異なり死刑が憲法違反であることを理由とした点で特質がある。

ニューヨーク州では、民主党のクオモ知事（Mario Coumo、一九八三～一九九四年）が死刑法草案への署名を拒否していたのに反対し、パタキ現知事（George Pataki）が一九九四年の知事選挙で死刑復活を公約し、一九九五年に死刑法草案に署名した。[31] これに対し全州で死刑反対の声があがり、とくに死刑復活が人種問題、陪審員の不公平な判断基準を招くことに批判が集中した。

実務的にも死刑制度導入に伴う行政機構の準備、たとえば死刑法に基づき「死刑被告人援護局」を設置することになっていたが、各カウンティーごとに三人の死刑事件に経験のある専門家を任命することも準備不足から困難であった。そもそも死刑復活を現実のものとする想定はなかった（一九六三年以来死刑執行はない）。そうしたところから法案の可決にもっと時間をかけるべきであったし、政治家は法案を可決させ、その後に何が起こるかに無頓着であり、まさに死刑復活は大きな政治的見世物であるとのマスコミの論調で満たされていた[32]。

州議会では、その後も死刑の犯罪抑止力の有無を中心に死刑存置・廃止それぞれの立場から議論が展開されていたが、実りある議論の内容ではなかった。

こうした議論について著名な死刑問題研究者のH・ベドウ（Hugo Bedau）は「殺人で有罪を宣告された者は再び殺人を犯さないから、再犯可能性を測定することは不可能だ」と批判している[33]。

（2） 死刑復活後の一〇年を待たずしてニューヨーク州控訴裁判所は、四人のうち三人の賛成で死刑が憲法違反であるとの判決を出した。
本件は女性強姦事件に関する裁判で、「死刑の選択は裁判官の全員一致でなければ陪審員の判断に委ねることはできない[34]」と判断した。この件につきニューヨーク司法長官（Attorney General）アンドリュウー・クオモ（Andrew Cuomo）は上告しなかった。彼は強く死刑に反対していた。

議会で最初の反応は、法案修正し死刑回復を予定した。そのため委員会での二日間の公聴会が開かれた（最終的にはさらに三日間延長された。二〇〇四年一二月一五日〜二〇〇五年一月一一日）。ここでは皮肉にも死刑支持者の意向に背く公聴会の結論となった。

証言した一七〇人のうち九人だけが死刑に賛成し、他の一四八人が反対の証言をした。証言したのは宗教界、学界、検察官、被害者の家族、刑事裁判の専門家等であった。このなかでは、ファーマン判決後の犯罪抑止力と応報に批判が出て、殺人の抑止力は、仮釈放のない終身刑より効力がない、との結論となった。

死刑裁判の費用に関しては公聴会を通じての関心ごととなった。ニューヨークではこの一〇年間の七人の死刑判決に一・七億ドルを費やしていると証言された。

人種と経済的バイアス、誤判の危険性、精神障害者の処刑、処刑が被害者家族に与える意義といったことが公聴会を通じての問題となった。

アンドリュー・クオモの父親マリオは一九九四の選挙で死刑廃止を主張し落選したが、二〇一〇年一一月二日に若いクオモはニューヨーク知事に楽勝した(35)。二〇一一年ニューヨーク州は死刑廃止州となった。

（31） New York State Assembly and Senat, Record of Proceedings, 1977—1995.
詳細は、菊田幸一『死刑廃止に向けて—代替刑の提唱』（明石書店、二〇〇五年）一〇八頁以下参照。

（32） 菊田・前掲書一一頁。

（33） Hugo Adam Bedau, "The Controversy over Deterrence and Incapacitation" *Hugo Adam Bedau, The Death Penalty in America*, 1998, pp. 127—134.

（34） People v. Stephen S. Lavalle, 3N. Y. 3d88, 817N. E. 2d 341, 783 N. Y. S. 2d485 (2004), 18.

（35） Nicholas Counfessore,"Big Victory in New York Caps a Long Comeback" *New York Times*, 3 Novenber 2010.

4 ニュージャージー州の死刑廃止(36)

ニュージャージー州では二〇〇七年一二月一〇日に上院で、三日後の一三日に下院で死刑廃止法案を可決した。これは連邦裁判所が一九七六年に死刑合憲判断（グレッグ判決）を下して以降で初めての死刑廃止州である。これにより同州の死刑囚八名は「仮釈放のない終身刑」に減刑された。なお同州では、実質的には一九七六年以降は執行していなかった。

今回の両院の可決は、下院の五〇人のうち共和党員の三人と民主党員の四一人の賛成で成立し、上院では、四人の共和党員が一七人の民主党員に合流し可決に必要な二一人の票を得て州知事のジョン・コーザイン（Jon Corzine、共和党）の署名で成立した。

知事は、法案可決について「われわれの生命尊厳の公約を害した州による殺害（死刑）の終焉である」と叫び、ニュージャージー州カトリック教徒の支援に感謝を述べた。しかし、この死刑の終焉は、きわめて実利的な動機に裏付けられている。共和党上院議員ジェームスJ・マッキュロー（James J. McCullough）氏は「われわれは死刑囚監房の人々の裁判に何十万、いや何百万ドルを費やしている。そして、実はこれらの人々は老衰で死んでいく[37]」と。

これまでの世論調査では、他の州と同じく、プロテスタントの七四パーセントは死刑を支持していた。カトリック教徒が必ずしも死刑廃止に助けとなったとは思えない。しかし、カトリック教徒の州上院議員ロウリイ・ポスト（Lorry Post）氏は、彼の娘がその夫によって殺害されたことから死刑廃止の活動を始めた。このころ二〇〇五年から二〇〇七年に死刑廃止運動で著名なヘレン・プレジャン（Sister Helen Prejean）[38]がニュージャージー州を何十回か訪れ州立法府とカトリック高校に出向いて死刑廃止運動のための旅をした。その影響を受けてかカトリック教徒の州代表・セレステ・フイッツジェラルド師が「死刑の代替案」の推進のため組織の予算六〇万ドルを約二〇〇の支援グループに拠出し一九九九年に州議事堂近くにオフィスをオープンさせ、草の根運動をはじめた[39]。その成果があって二〇〇七年にカトリック教徒の上院議員レイモンド・レスニアク（Raymond Lesniak）氏が死刑廃止の法案共同対案者となった。

二〇〇三年、ニュージャージー立法府は死刑のモラトリアム法案（No. 1913）の審議を調査会に提出した。
①死刑に犯罪抑止力あるいは、その他の正当な行刑学の意図があるか。
②死刑判決までの費用が終身刑の費用より多額となるか否か。
③死刑は、「品位の基準」の進展に合致するか。
④死刑判決の選択が任意的か公平であるか、または差別があるかどうか等の判決過程の調査。
⑤死刑判決を受けた者と終身刑の判決を受けた者との犯罪に著しい違いが存在するか否か。
⑥無実の者を死刑にする可能性が、死刑の潜在的な価値として正当化されるかどうか。
⑦そして最後に、死刑に代替する手段があるか。
つぎの手として、死刑廃止法案を通過させるに必要な立法上の支援を獲得するため「調査会が死刑の存否を調べる報告書を完成するまで、死刑の執行を中断すべきだとの上申」が通過した。しかし当時の民主党の知事・ジェームス・E・マグリーベイ（James E. McGreevey）は、これを拒否した。しかし二年後の立法府は、ほぼ民主党の全員と共和党の一部の賛成で二〇〇三年に完全なモラトリアム法が可決された。この法案は米国での最初のモラトリアム法となった。

その後にニューヨークと同じく公聴会が開かれ（五回）、最終的には仮釈放のない終身刑が採用された（下院では二〇〇七年一二月一七日に可決、四四対三六）。同州の上院も同じく可決し、知事は八人の死刑確定者を終身刑に処した。

ニュージャージー州が死刑廃止に至ったには存置派が多数を占めるカトリック教徒を草の根運動で死刑廃止に持ち込んだところにある。死刑問題調査会を設置し、上述のような課題を検討させたが、その設問自体が死刑の存続を証拠だてることが不可能な課題であった。宗教家、被害者、研究者等により公聴会も実施されたが、その公聴会自体がすでに死刑存続の根拠を示す場とはなっていない。死刑執行停止が長年にわたり継続し、死刑廃止法案の成立はすでに約束されていた。

調査会の結論がどうであれ、たとえば死刑の凶悪犯罪抑止力にしても死刑廃止が実現した後では「死刑廃止後に凶悪犯罪が増えないこと自体が死刑の存在が抑止力に無関係であること示している」[40]と関係者は述べている。

（36）Larry W. koch, Colin Wark and John F. Galliher, The Death of The American Death Penalty, 2012, pp. 33～49.
（37）ibid. p. 38.
（38）米国人　一九三九年生　米国死刑廃止運動会長［一九九三年―九五年］、著書・デッド・マン・ウオーキング
（39）ibid. p. 42.
（40）ibid. p. 46.

七　日本の死刑状況―廃止への取り組み―

終身刑採用が死刑廃止への一里塚であるとの視点から、これまでに現地を視察した韓国、テキサス州をはじめ、近年の廃止州であるニューヨーク、ニュージャージー州等の廃止への経過を検証した。最後に議連および日弁連の動きを検討し、私見を展開する。

（1）　死刑廃止を推進する議員連盟（以下、議員連盟、会長・亀井静香衆議院議員）は終身刑法案の上提を準備している。

議員連盟では、二〇〇三年六月五日に、①終身刑を創設する（法案では重無期懲役）、②国会に死刑制度調査会を

設け、死刑存廃を論議する、③臨時死刑制度調査会で死刑制度を議論する間は死刑執行を一時停止（モラトリアム）する、を骨子とする法案を公表した（「終身刑導入及び死刑制度調査会設置等に関する法律案」）。しかし党内を説得できずに法案提出を断念した。その後に若干の変更がなされたが、法案の提出機運はなく現状では遅滞している。

（2） 日弁連では、「死刑廃止検討委員会」が発足し、同委員会で活発な議論がなされ、終身刑導入について委員多数の同意を得るところまで至ってはいるが、これまでに明らかとなった「終身刑導入方針」の基本姿勢（要旨）は以下のごとくである（検討段階）。

基本方針「死刑のない社会が望ましいことを見据え、死刑廃止について全社会的に議論する際に、死刑を廃止する場合、死刑に代わる最高刑として仮釈放のない終身刑を導入することを検討するよう呼びかける」。そのため、①法務省内での有識者会議の設置、衆議院、参議院法務委員会に小委員会を設置する。②死刑廃止を全社会的に議論している間、死刑の執行は停止されるべきである、等である。

議連および日弁連では、「死刑に代替する終身刑導入」の点では一致しているが、どのように採用するかについては微妙な相違がある。その主な論点は、①終身刑を採用し、死刑を廃止する、②死刑、無期懲役を存続させ終身刑を新設する、③終身刑を採用し死刑執行停止をする、④調査会を設け検討する間は、死刑執行を停止する、③調査会を設けるが、死刑執行停止は考慮しない、等である。

議連案は、死刑を存置したまま無期懲役に加えて、新たに終身刑を採用するものであり、法案の実現性からも評価されるべきである。これに対し、日弁連では、終身刑を採用する前提として、死刑の執行停止もしくは死刑廃止を実現させる、とする。日弁連案は、現状では、およそわが国の現実を踏まえたものではない。ただし、日弁連案は前述のように検討段階であること、現段階では、終身刑採用に踏み切ったという点だけに注目しておきたい。

議連案では、調査会で死刑論議をしている間は、死刑執行を停止することを骨組の一つとしている。この点に関しては日弁連案と同じく、わが国の現状を理解できていない。そもそも死刑執行停止が実現できれば事実上の死刑廃止とも言える。韓国でも事実上の執行停止であり法的根拠があるものではない。議連案は一時的にせよ法的根拠を求めており、現状からは実現を想定したものとは言えない。

こうした簡略な現状紹介からも理解されるように、わが国における死刑廃止への路は、残念ながら停滞している。そこで終身刑採用の流れを契機として、この先の戦略を提示する必要がある。

八　終身刑の採用

韓国、アメリカおよび日本の現状から、今後における死刑廃止への戦略を提示する段階となった。

これまでの検証から明らかなことは、死刑執行停止の韓国をはじめ、アメリカの死刑廃止州において、その結末に至る経過は、いずれも一口で言えば計画的なものではない。諸般の状況が（偶然も加え）相互に作用しながら結果した、と言うべき面が多い。むろん、その現象を執行停止もしくは廃止に結びつけたのは、しかるべき為政者が存在したことにある。しかし、さらに複雑なのはその為政者も死刑廃止論者だけではなく、存置論者も自らの保身から動いたとも言える事例すらあると言うことである。

このような分析が可能であるとするなら、死刑廃止への戦略の道筋は、どうあるべきか。本稿の目的は、むろん単に「果報は寝て待て」の類を主張するものではない。

ここでは、あえて終身刑採用の戦略をまず提示する。結論から言えば本稿の目的である死刑、無期懲役に加えて、新たな終身刑を採用することである。

その根拠として、本稿で素材とした韓国およびテキサスでの視察から得たことは、終身刑の採用が死刑求刑および死刑判決の激減という結果が出ていることにある。むろんその根拠が証明されたものではないが、事実が証明している。

テキサス州での終身刑採用の大きな原因は、被害者の多数が終身刑に賛同したことにある。終身刑が死刑と同一の再犯可能性を不可能とすることを知ったからである。同時に死刑の誤判を終身刑では避けることができる点で、多くの市民が賛同した。

韓国およびテキサス州で偶然にも一致したことは、「仮釈放のない終身刑」の採用である。日本で検討されている終身刑もその点では同じであるが、一方では議連案では、恩赦による減刑の条項をあえて提示している。恩赦権は、受刑者全般が有する権利であり、終身刑特有のものではない。いたずらに「恩赦」の言葉で終身刑が絶対的ではないとの印象を与えることは得策ではない。

「死刑、無期懲役に加え新たな終身刑を採用する。」それ以外の条件は無用である、と筆者は主張する。

テキサス州の視察に朝日新聞・論説委員の野呂雅之氏が参加された。その間に彼と議論する機会を得た。彼は、帰国後に「テキサスで死刑を考えた」（朝日新聞（東京）二〇一三年三月二八日朝刊一八頁）を報告している。そのなかで「当面は死刑と無期懲役の間に終身刑を導入し、量刑の選択肢を増やすのが現実的だろう」と述べている。

今求められているのは、いかにして「無条件で絶対的終身刑」を採用するかであり、その手立てをどう求めるかにかかっている。もとより、法案成立には国会議員を説得することも必修であるが容易でない現実がある。筆者が主張する終身刑の採用それ自体が、これまでの状況からは容易ではない困難な現実がある。

以下においては、終身刑採用への戦略につき私見を付加しておきたい。

九　人類共同体のなかで

欧州評議会は、一九八五年（ヨーロッパ人権条約第六議定書）いらい死刑を全面的に廃止し、死刑廃止が評議会加盟の前提条件となっている。日本はアメリカ、カナダ、メキシコ、バチカンとともに評議会のオブザーバー国であるが、このうち日本およびアメリカだけが死刑を存置している。評議会では死刑執行停止手続を早急に実現しない場合はオブザーバー国から排除する通告を（二〇〇一年六月）出している（ただし強制力はない）。

欧州連合（ＥＵ）が生まれたことは、国交はもとより、通貨・貿易等においてＥＵ諸国としてヨーロッパ自体がその後の世界のグローバル化の発端となったことは周知のところである。それは単に物理的問題のみならず、いわゆる人権問題のグローバル化を基本的に内包している。死刑制度の廃止がＥＵの存続の基本にある。

その具体的例が、「刑を言渡された者の移送に関する条約」（一九八五年発効）である。韓国がこの条約を批准したことで死刑執行停止の現状であることは前述した。この条約を批准したのは、貿易協定の締結が先行したものである。

それだけではない。経済協力開発機構（ＯＥＣＤ）（アジアでは日本と韓国が加盟、世界貿易機関（ＷＴＯ）でも基本的に民主主義と市場経済の自由化の背景に人権問題が重要な地位を占めている。今や地球共同体時代だと言われている。

日本が加盟をすすめているＴＰＰ（自由貿易協定）もその例外ではない。と言うよりＴＰＰ加盟は、必然的に死刑廃止もしくは執行停止の実現なくしては地球共同体時代に加盟国内で対等な関係を維持することが困難となる、と筆者は考える。

すでにヨーロッパでは、凶悪犯罪者とは言え、死刑囚を絞首刑にしている「ダーティー」な国である日本で生産されたトヨタや日産の車購入を拒否する運動が民間段階で広まっている。

死刑問題は、単に誤判の危険性、犯罪の抑止力あるいは世論の背景といった、いわば原理主義的論議を超え、死刑は、地球共同体時代にふさわしくないとする物理的圧力で限界に来ている。今や先進国でアメリカと日本だけが死刑存置であることは前述した。そのアメリカもドル支配からの脱落の可能性を余儀なくされ、経済的にも地球共同体のなかで人権問題において死刑廃止なくして共存できない状況におかれつつある。

むろん日本もその例外ではない。ちまたではアメリカが死刑を廃止したなら日本はただちに廃止するだろうと言われている。そのアメリカでは、この先一五年内に死刑は廃止されると言う専門家もいる。しかし先に述べたTPP加入、さらに言えば二〇二〇年の東京オリンピックでは、死刑廃止なくしてその成功は不可能との指摘も根拠なきものではない。

十　むすび

私は、かつて海外からの留学生たちに日本の死刑について講演する機会があった。その時イタリアからの女子留学生が「東洋の先進国である日本に、死刑制度が今だにあることを知って驚いた」と発言した。これを受けて、日本の学生が「私も大学に入って日本では殺人者に縄で首をつる絞首刑をやっていることを知って悲しい」と発言した。

これを聞いて、筆者は今さらながら愕然とした。私は「次世代を担う若者の心の灯を消すような死刑は、われわれの生きている間に、この日本からなくさなくてはならない」と新たに心に誓った。

終身刑の採用だけが死刑廃止に直結すると、短絡的な主張をするものではない。ただ、今やらねばならない課題が終身刑の採用である。それを多くの市民が望んでいることも事実である。その手立ては、「これから生まれくる子どもたちの灯を消すような死刑を廃止せよ」との合言葉をひろく保守、革新を問わず国会議員たちに、そして被害者家族、宗教家、死刑に意識ある人びと、さらに、ひろく一般市民に語り続けたい。

ところで、ＥＵをはじめとする死刑廃止先進国では、仮釈放のない終身刑には批判的である。(41)しかし、死刑のあるわが国にあっては、終身刑を採用することで死刑の執行停止を実現させ、さらに死刑廃止を求めるのであって、終身刑の問題解決は死刑もしくは死刑執行停止後でも遅くない。死刑も終身刑もない社会が望まれることは当然であるが、終身刑採用はその動きに手助けとなるものである。急がば回れである。（二〇一三・八・一七　記）

(41)　監獄人権センター（会長・海渡雄一・弁護士）では「仮釈放の可能性のない自由刑は非人道的である」として終身刑導入に批判的である（詳細は、同センター　政策シリーズ　vol. 6（二〇〇八年三月二三日））参照。国連やＥＵが終身刑に批判的なのは、死刑とともに終身刑を問題にしている。「死刑廃止に向けて終身刑」を主張することは、国連等の姿勢と矛盾するものではあり得ない。

保護処分の正当化根拠―保護原理と危害原理―

上野正雄

一　はじめに

少年法上、保護観察、児童自立支援施設送致、児童養護施設送致及び少年院送致の四種が保護処分として規定されているが（少年法二四条一項）、例えば、少年院送致は、これを行動の自由が公権力によって厳格に制限されるという側面について観る限り、刑罰としての懲役、禁錮（刑法九条、一二条二項、一三条二項）等の自由刑と何ら変わるところはない。この、人権制約処分としての保護処分はどのような根拠によって正当化されるのであろうか。たとえば、澤登俊雄教授は「少年法はパターナリズムを基盤に成立する意味で福祉法であるが、刑罰を含む強制的な手段の適用が認められているから、手続開始の条件としても、処分決定の条件としても、非行という侵害性のある行為の存在が不可欠である。その意味では、少年法の基底に侵害原理がある。また、少年の同意に基づく処遇であっても、その同意は強制的手段を含む公的枠組の中での同意であるから、その処遇の正当根拠はやはりパターナリズムである。」としている。(1) また、後藤弘子教授は虞犯（少年法三条一項三号）について言及したうえで、「直接的な権利侵害行為が存在しないにも拘わらず、国家が介入する根拠としては、本人の判断能力の未熟さゆえに、適切な判断を行うことができず、自らの利益を侵害する場合が考えられる。この介入の根拠を一般的にパターナリズムと呼んでいる。少年法においては、このパターナリズムが、親に代わって国家が子どもの成長発達権を保障するという形で行われるために、『国親思想』（パレンス・パトリエ）に基づいて正当化されることになる。」としている。(2)

いずれも、公権力による強制ないし介入としての保護処分を正当化する根拠はパターナリズム（以下本稿では「保護原理」ともいう。）であるとするものであり、このような理解は少年法の理解としてごく一般的なものであるようである。

しかし、少年院送致であれば数ヶ月から数年に亘って身柄が拘束されることをも内容とするような保護処分が、保護原理によって正当化されうるのであろうか。公権力による、ある人権制約が正当化されるか否かは、人権保障の反面ないし射程の問題であるから、憲法上解決されるべきことがらであることは言うを俟たない。憲法によって許容されてはじめて、さらにいえば、その範囲内においてのみ、下位規範である少年法は、その目的を達成するための保護処分の内容を決定しうるのである。

本稿は、このような観点から、保護原理は保護処分の正当化根拠となるのか、それは危害原理によって根拠付けるべきではないのか、そうだとしたら、そのことは、例えば、どのような場面で具体的に意味を持つことになるのか、について検討しようとするものである。

（1）　澤登俊雄『少年法入門〔第四版〕』六頁（有斐閣、二〇〇八年）
（2）　守山正ほか編『ビギナーズ少年法〔第二版補訂版〕』一一頁（成文堂、二〇〇九年）

二　保護原理

1　保護原理とはなにか。

保護原理は、「ある個人の行動が他者の利益を侵害することがなくても、そのまま放置することによってその個人自身の利益が侵害されるという理由で、その個人の行動に介入・干渉するというものである。」とされる[3]。ポイントは、本人のために人権を制約するということであり、「最近の議論では、これらの実質的正当化理由を『本人自身の保護のために』と総括的にとらえて、本人自身の保護のためにその自由に干渉するという形態をパターナリズムに共通の基本的特質とみるのが一般的である[4]。」とされる。換言すれば、「自己加害」の阻止を理由に人権を制約することが正当化されるということである。

その具体的な例としては、未成年者についていえば、「男子中学生丸刈り校則」、「バイク規制校則（バイク三ない原則）」、「内申書の不利益記載問題」などが挙げられる[5]。また、道路交通法では、オートバイ運転者や自動車運転者にヘルメットやシートベルトを着用することを義務付けており（道路交通法七一条の三、四）、加えて、その義務に違反した者に対しては、交通反則通告制度によって運転免許の停止・取消などの行政処分の基礎となる点数が付されることになっている。これらを着用せずに運転しても、それによって他者を害することはないが、事故を起こした場合、運転者本人に生命にかかわる重大な結果が発生する可能性が極めて高いがゆえに、着用を法的に義務づけているものと理解すれば、自己加害を阻止するため、つまり、本人の保護のためになされる、公権力による介入として保護原理に基づくものということができよう。

2 保護原理の正当性と限界

他者の権利・利益を侵害したり危険に晒したりしていないにもかかわらず、それが「あなたのためになることだから」という理由で人権制約を正当化する保護原理は、では、どうして正しいものとして受け入れられるのだろうか。「個人は、一定の個人的事柄について、公権力から干渉されることなく、自ら決定することができる権利を有する」が(6)、人権の中でも中核的な位置を占める、このような自己決定権と、保護原理による人権制約すなわち自律への介入とは、正面から、しかも原理的に常に衝突するとも思われるために問題となる。

これについて、田中成明教授は「自由な社会においては、他人の迷惑にならず、本人の自律的人格としての全体的統合を損なわない限り、他の人びとには愚かとか奇異にみえる非合理的な選択・活動をする自由もまた許容されなければならない。」として、保護原理を正当化する決定的な理由は「パターナリズム的干渉を受ける者の『人格的統合』の形成、維持と両立するか否かということになるであろう。(7)」とし、佐藤幸治教授は「人格的自律そのものを回復不可能なほど永続的に害する場合には、例外的に介入する可能性を否定し切れないと解される（限定されたパターナリスチックな制約(8)）。」とする。

人権保障を基本原則とする憲法の下において、自己決定権を保護原理によって、換言すれば、「その決定はあなたを害することだから」という理由によって自己決定そのものを制約しようとするのであるから、それは極めて例外的な場合に限定されるべきであることはいうまでもない。では、それはどのような場合なのかといえば、結局のところ、右に引用した見解のように、保護原理によって介入しないと、本人に自己決定権を認めたこと自体が無意味になってしまうような場合というべきである。

それでは、保護原理による人権制約が正当化されるとして、その内容・手段に限界はないであろうか。人権制約である以上、一般的に必要最小限度でなければならないことはいうまでもないが、さらに、他者加害が存在しないにも拘わらず制約されるのであることも考慮されなければならない。この点については、右に挙げた道路交通法上のヘルメット・シートベルト着用義務が参考になる。事故に遭遇した場合に、これらを着用していれば死なずに助かったのに、ということがあるとすれば、この場合に問題となる自己加害の内容は自己存在の基点となる生命にさえ及ぶ。それは本人に自己決定権を認めたこと自体が無意味になってしまう場合といえるかと問えば、まさにその究極的な場面といえる。では、着用の義務付けという介入をしているにも拘わらず、それを遵守しなかった場合、それに対して道路交通法は加えてどのような介入をしているのであろうか。例えば義務付けられている初心者マークの表示をしなかったというだけの行為に対してさえ上限二万円の罰金刑を規定（道路交通法一二一条一項九号の三）している同法が、ヘルメット・シートベルト不着用には一切の刑罰を科していないのである。これは、まさにこの着用義務が保護原理に基づくものであり、それゆえに、法的義務付けという限度までは介入するものの、さらに進んで、刑罰という手段をもって介入することまでは躊躇させているものとみるべきである。そして、それは、憲法が保護原理による人権制約の内容として、一定の作為・不作為を許さないということまでは許容しながら、その作為・不作為を許さないことを刑罰によって強制的に実現することまでは許容していないことを承けてのことであろう。

3　少年法における保護原理

以上のように、保護原理は、極めて例外的な場合に、極めて抑制的な内容・手段による介入を許容するものと考えられる。

このような観点から、少年法のあり方を観るとき、保護原理に基づいて保護処分を正当化することは困難なのではないかと思われるのである。

まず、極めて例外的な場合にあたるかという点についてはどうか。家庭裁判所はともに審判の対象である非行事実と要保護性があってはじめて保護処分決定をすることができる。その際、保護処分に付することが必要な程度の要保護性があるということは、少なくとも、当該少年をそのまま放置しておくと、将来、犯罪（ないし触法、虞犯）を行ってしまうと予測される（「再非行性」あり）ということである。とすれば、「将来犯罪者にならないようにする」[9]ためになされる介入は、対象者が未成年であり、したがって、良くも悪くも非常に可塑性に富む存在であるということを前提にすれば、例外的な場合においてなされる、本人の利益のための介入と理解することも、なお、できるかも知れない。

しかし、介入の内容・手段として保護処分を考えた場合、これを保護原理によるものとして正当化することはできないのではないだろうか。一で述べたように、例えば少年院送致ということになれば長期間に亘って身柄が拘束され続け、その限りでは懲役・禁錮刑に比肩しうる人権制約が科されるものである。保護原理によって、つまり自己加害を阻止するため、ということを理由として、このような非常に重大な人権制約を強制することは、とうてい抑制的な内容による介入とは言えない。この点について、成人と異なり、少年の場合には、同じく一で引用したような「国親思想」がいわれることがある。しかし、これを、歴史的な意味合いでのみ取り上げるのであれば別論であるが、そこに法的な意味を与えて理解することは適当でない。親にそれに相当するような懲戒権があるすれば、それを国家が親に代わって行使するということもあり得ようが、少なくとも、我が国においては、そのような懲戒権を親は有しない[10]。憲法的に考えても、現代において、親が子に対する躾ないし教育的な指導を理由として長期に亘って子の身柄を拘束するような措置が執れるというのは到底許されるものではないであろう。

4　小括

結局、保護原理は憲法上、人権制約の正当化根拠とはなるが、それはあくまで例外的な場合に、ごく制限的な内容でのみ認められるものであって、例えば少年院送致のような重大な人権制約も内に含む保護処分を正当化しうるものではない。

では、保護処分はいかなる理由に基づいて憲法上許容されるのであろうか。つぎでは、人権制約を正当化する根拠としての危害原理を検討する。

（3）澤登俊雄「犯罪・非行対策における強制の根拠とその限界」（名古屋大学法政論集一二三号三一頁）

（4）田中成明『現代法理学』一七八頁（有斐閣、二〇一一年）

（5）佐藤幸治『日本国憲法論』一三七頁（成文堂、二〇一一年）

（6）佐藤・前注（5）一八八頁

（7）田中・前注（4）一八三、一八四頁

（8）佐藤・前注（5）一三五頁

（9）前注（2）六頁

（10）二〇一一年改正前の民法には、親権者は家庭裁判所の許可を得て子を懲戒場に入れることができるとの規定があった（改正前民法八二二条一項）。しかし、一九四八年に少年教護法が廃止されて以来、懲戒場は存在せず、事実上死文化していた。

三　危害原理

1　危害原理とはなにか。

危害原理は侵害原理ともいわれ、「ある個人の行動が他者の利益を現に侵害したか、もしくは侵害するおそれがあるので、その侵害もしくは侵害の危険に対処するため、その個人の行動に一定の制約を加えるというものである。」とされる。[11]これは、J・S・ミルが「その原理とは、人類が、個人的にまたは集団的に、だれかの行動の自由に正当に干渉しうる唯一の目的は、自己防衛だということである。すなわち、文明の成員に対し、彼の意志に反して、正当に権力を行使しうる唯一の目的は、他人に対する危害の防止である。[12]」と述べたものである。

この原理は、憲法において人権保障と人権制約を考える際にも妥当する。憲法は人権を至高なものとしているが、憲法が人間社会を前提にしている以上、人権一般を全く無制限なものとすることはできない。少なくとも他者の権利・利益を侵害し、またはその危険に曝す権利を内包するものではない。したがって、他者に危害を加える行為が許容されることはないから、それを為した場合には、それを理由にその人間の人権が制約されることが許容されるのである（憲法一一条、九七条、一三条前段及び同一二条、一三条後段）。それゆえに、この危害原理が憲法上の原則的な人権制約の正当化根拠となるのである。

2　犯罪・非行と危害原理

他者に対する危害を阻止するという、この危害原理が顕現している場面は数多くあるが、最も典型的なものは犯罪ないし非行対策の場面である。

犯罪が他者危害の最たるものであることについてはいうまでもないであろう。これは個人的法益に対する罪に限られない。社会的、国家的法益に対する罪であっても、刑法が犯罪を抑止することによって社会秩序を維持することを目的としている以上、それらに対する犯罪も社会構成員に対する危害として把握できるからである。[13]したがって、犯罪に対して、刑罰という刑事処分によって、行為者すなわち犯罪者の人権を制約することは危害原理によって、憲法上許容される。

では、非行についてはどうであろうか。少年法は、非行少年として犯罪少年、触法少年、虞犯少年の三類型を規定しているが（少年法三条一項）、まず、犯罪少年については、右に犯罪について述べたところと同一である。つぎに、触法少年については、犯罪との相違が行為者が一四歳未満であるという点だけであって、他者危害に関する限り犯罪と何ら変わるところはないから、これも、危害原理との関係では犯罪と別扱いする必要はない。

3　虞犯と危害原理留

問題となるのは、虞犯少年である。虞犯少年とは、未だ犯罪・触法行為をしていないが、現時点における問題行動の内容及び性格・環境から考慮すると、将来において犯罪・触法行為をするおそれがあるという少年であり（少年法三条一項三号）、そこには他者危害がないように見えるからである。たとえば、先に引用した「直接的な権利侵害行為が存在しないにも係わらず、国家が介入する根拠としては、本人の判断能力の未熟さゆえに、適切な判断を行うことができず、自らの利益を侵害する場合が考えられる。この介入の根拠を一般的にパターナリズムと呼んでいる。」というのは、まさにこの点に関わるものであり、要するに、他者加害が認められないから危害原理で説明することができず、それ故、保護原理で説明する、という趣旨と理解される。そして、保護原理によって保護処分の正当性を考える論者の多くは、このような論理展開をしている。たとえば、丸山雅夫教授は「もっとも、侵害原理になじまない虞犯少年の処遇は、保護的かつ教育的なものでなければならないから、保護・教育のために必要なものであって、有効性のあるものに限られる。(14)」とする。

しかし、虞犯は危害原理で説明できないのであろうか。まず、危害原理が現実に他者の権利・利益を侵害した場合に限定されるわけではなく、他者をしてその危険に曝した場合であっても成立することは問題ないと思われる。例えば、刑事処分すなわち刑罰という効果を帰結させる刑法において、その刑事処分の憲法上の正当化根拠が危害原理であることはいうまでもないところ、刑法には、既遂罪のみならず、未遂罪、さらには予備罪も規定されている。例えば殺人に関わるものであれば刑法二〇一条、二〇三条の規定がある。これらの場合に、被害者の生命身体が現実に害されているわけではない。予備罪についてはいうまでもないが、未遂罪についても全く負傷もなく、さらには被害者自身が攻撃の客体とされたことにさえ気付かない場合もあろう。そのような場合であっても、犯罪は成立するのである。これを、他者危害がないから危害原理が働かず、したがって、人権制約は正当化されず違憲である、と考える向きはないであろう。つまり、他者の権利・利益を侵害し、または、侵害する危険を発生させれば、危害原理は発動されるのである。

では、その危険とはどの程度のものをいうのか。これについては、二〇〇四年から二〇〇九年にかけて国会提出・廃案が繰り返されたいわゆる共謀罪が参考になる。同罪は当初の内閣提出法案によると、構成要件は「次の各号に掲げる罪に当たる行為で、団体の活動として、当該行為を実行するための組織により行われるものの遂行を共謀した」とされていた(15)。すなわち、共謀自体を犯罪とし、法益侵害の現実的危険性を惹起させる具体的な行為がなくとも犯罪が成立することを前提とするものである。これについては、反対する意見もあったが、賛成する学者も少なくなく、このような形態の犯罪も合憲であると理解することも可能なようである。

犯罪についてさえ右のような状況であるとすると、虞犯についても、その認定を厳格にすることによって、なお、危害原理を保護処分の正当化根拠とすることができるのではないか。そして、そのような努力は、現に立法においても実務においても行われているのである。立法においては、現行少年法になって、虞犯の成立要件として、旧法（旧少年法四条）にはなかった虞犯事由が新たに付加されたこと、実務においては、虞犯事由に関して、法定の事由を限定列挙と解し、かつ重複して認定することが多いこと、虞犯性に関して、法文上では単に「将来、罪を犯し」（少年法三条一項三号柱書）とされていて犯罪を限定していないところ、特定の犯罪か、少なくとも一定の犯罪類型まで絞り込んで認定していること、[16]などである。これらの結果、虞犯少年は、漠然と将来犯罪を起こしそうだという状態ではなく、直ちに介入しないとすぐにでも一定の犯罪を起こすことが予測されるという状態にある少年ということができ、虞犯と犯罪との結びつきは格段に強くなったといえるのではないかと思われる。

4　小括

そうすると、犯罪が右のような状況にあっても危害原理によって刑事処分が合憲とされるのであれば、触法も危害原理によって保護処分が合憲とされることに問題はないはずである。したがって、筆者は、危害原理をもって、保護処分一般の正当化根拠と考えるのである。

なお、犯罪の場合と虞犯の場合との違いを払拭することはできないという見解については、もとより理解はできるが、問題は、虞犯を危害原理で説明することの憲法上の困難さと少年院送致をも含む保護処分を保護原理で説明することの憲法上の困難さとの比較ということになると思われる。[17]これは刑事処分ないし保護処分として行われる人権制約が憲法上許容されるかという問題であるから、当然憲法上の問題として議論されなければならない。そうしたとき、筆者はこれまで述べてきたような理由から、保護原理によって保護処分を説明することの方が憲法上の問題がより大きいものと考えるのである。

この点について、後藤弘子教授は「しかし、少年法における保護主義は、犯罪を行った、もしくは、将来犯罪を行う危険性が高いことを理由とする介入である。犯罪者とならないことは、本人にとっても利益であるが、社会にとっても利益である。その意味で、少年法における保護主義は、純粋な保護主義とは言えない。」と言われる。[18]前者に拠ったうえで、しかし、本人の保護としての自己加害の阻止だけでは説明しきれないために、保護原理そのものを変容させることによって、それを回避したものと思われるが、ことは憲法上の問題なのであるから、それをいうためには、憲法上、人権制約の正当化根拠として純粋な保護原理と純粋ではない保護原理があること、そして、それぞれが憲法上いかなる場合に発動されるのかを明らかにする必要があるように思われる。

(11) 澤登・前注(3)
(12) 早坂忠訳「自由論」『世界の名著三八巻 ベンサム、J・S・ミル』二二四頁(中央公論社、一九六七年)なお、本文で引用した直後に「彼自身の幸福は、物質的なものであれ道徳的なものであれ、十分な正当化となるものではない。」として、以下保護原理について言及している。
(13) もっとも筆者としては、基本的には被害者なき犯罪は非犯罪化すべきと考えているが。
(14) 丸山雅夫『少年法講義』九六頁(成文堂、二〇一〇年)
(15) 犯罪の国際化及び組織化並びに情報処理の高度化に対処するための刑法等の一部を改正する法律案六条の二第一項
(16) 『少年法実務講義案(改定版)』三三頁(司法協会、二〇〇二年)
(17) このいずれかしか選択肢はないのではないかと考える。
(18) 前注(2)一二頁

四 具体的な帰結のいくつか

1 保護処分の位置付け

保護処分による人権制約の正当化根拠が、刑事処分(刑罰)と同様に危害原理であるとすると、そのことから具体的にどのようなことが帰結されるのか。

まず、保護処分がどのように位置付けられるかが問題となろう。筆者は、刑事処分とならんで保護処分は、犯罪ないし犯罪に関連する触法、虞犯という事実を行ったことによって科されるものであることからして、両処分をともに、制裁であると考える。他者危害の結果、憲法上、人権を制約されることが許容されることになったのであるから、その人権制約は他者危害に対する反動としての制裁として捉えられる。

そうすると、保護処分を決定する少年審判制度と刑事処分を決定する刑事裁判制度も実質的には同一のものか、ということが問題になるが、これは本質的に別個のものと考えるべきである。

犯罪ないし犯罪に関連する事実を行ったがゆえに、その者の人権を制約することが許容されるというところまでは憲法上の議論である。したがって、共通してこれらを制裁と捉えることが可能である。しかし、憲法によって許容された人権制約の範囲内において、どのような目的、方法によって具体的な人権制約を実施するかは、それが不合理であったり、反憲法的なものであったりする場合を除いて、下位規範に委ねられている。

そこで、刑法と少年法をみれば、まず、刑法は責任主義を採用し（刑法三八条、三九条等）、制裁としての刑事処分の性格について応報刑主義を採用しているが、少年法は同じく制裁としての保護処分を非行のある少年に対して行う「性格の矯正及び環境の調整」（少年法一条）のためのものとし、教育処分であることを明らかにしている。つまり、憲法上はともに制裁と把握できる処分であるが、刑法と少年法という各々の下位規範において一方は応報と位置付け、他方は教育として位置付けているのである。両処分はその性格を全く異にすると言わざるをえない。

2　犯罪少年についての有責性要件

犯罪少年の要件として有責性が必要かが問題となっている。最高裁家庭局が必要説を明確にしたこともあって[19]、決定例としては必要説を説示しているものが多いと言える状況である。必要説の根拠として、たとえば澤登俊雄教授は「形式的には、『罪を犯した少年』という言葉の文字どおりの解釈にあるが、実質的には、保護処分は少年の利益のための手段であるとはいえ、少年の意思に反して強制されるという点で不利益処分としての性格を持つから、強制の正当根拠として非難性の要素が要求されるという点にある。」と整理される。[20]しかし、保護処分を右のように位置付けた場合、この形式、実質双方の根拠はいずれも合理性がないものと考える。

まず、形式的根拠についてであるが、刑法は責任主義を採用しているために犯罪の成立要件として責任が必須となる。しかし、それはあくまで刑法が採用している制度にすぎず、少年法がそれを採用していない以上、少年法の解釈にあたって刑法のあり方に拘束される必要はない。

つぎに、実質的根拠についてであるが、「強制の正当根拠」という表現が強制的に行われる人権制約の正当化根拠の意味であるとすれば、憲法上危害原理が適用されて人権制約が正当化されるためには責任が必要なのか、という問題になる。しかし、これは否定されるべきであろう。右に述べたように、責任が要件とされるのはあくまで刑法が責任主義を採用している結果にすぎず、憲法上の要求ではない。とすれば、「強制の正当根拠」としては他者危害があればそれで十分なのであり、その内容をどのようなものにするかは少年法が独自に設定すれば足りる。この点について、仮に責任が憲法上の要件であるとすれば、例えば、同じく犯罪に関連する行為によって強制的に人権が制約されることを認める心神喪失者医療観察法は、責任のない心神喪失者を対象としている点で、違憲であることを免れないことになるといわざるをえない。

結論として、少年法独自に犯罪少年、触法少年、虞犯少年の非行少年全体について何らかの共通する「責任」を必要とするという解釈であればともかく、少なくとも刑法と同様な意味で責任が必要であるということは論理的に帰結し得ないことになる。

3　少年法の性格

少年法の性格として「少年法は『刑事＋福祉＋教育』の三位一体の法制度である。」とする見解がある。[21]確かに、少年法は犯罪ないし犯罪に関連する行為があることを前提にして、少年が将来犯罪者とならないよう、その福祉を目指し、強制的に教育的な働きかけをするという点でこれらの性格を有していることは否定しがたい。しかし、これら三つの要素の中で最も重視すべきはどれなのか、そして、三者はいかなる関係にあるのか、を明確にしておく必要はあるのではないだろうか。少年審判の場面において、刑事法、福祉法、教育法のいずれの側面を重視するかによって結論そのものが変わる可能性のある少年は決して少なくないであろう(22)。さらには、少年法に対する社会の評価が非常に大きく割れている理由の一つにもなっているように思われる。

まず、最も重視すべきはどれなのかという点については、刑事法の側面であると考える。ここで刑事法というのは、刑法、刑事訴訟法を中心とする狭い意味での刑事法ではなく、犯罪対策法としての、その意味では広義の刑事法であるが、人権尊重を基本原則とする憲法の下にある少年法としては、第一にその人権制約性を考えなければならないはずである。つまり、ここでの広義の刑事法は、危害原理を基礎におき、それによって許される範囲が限定されている人権制約としての制裁を発動させる法ということである。したがって、いかに福祉や教育の実現のために必要とされても、このような意味の刑事法としての枠を超えた保護処分をすることは憲法上許されないということになる。

では、刑事法と福祉法・教育法とはどのような関係にあるのか。保護処分は非行少年に対する強制的再教育ということができるが、教育法は、刑事法の側面によって明らかにされた制裁の内容と位置付けられる。制裁は強制であるが故に制裁としての意味を持つのであるが、その制裁の中身が刑法では応報であるのに対し、少年法では教育なのである。ところで、一般的に、無目的な教育というものはあり得ない。少年法における教育法的側面についても異なるものではない。福祉法的な側面は、この教育目的を設定するものである。先に引用したように、「犯罪とならないことは、本人にとっても利益であるが、社会にとっても利益」であり、これが福祉法的側面なのである。

つまり強制的再教育の目的であり、またそれが達成された結果でもある。

三者の関係をこのように捉えてとき、どのような具体的な結論が帰結されるかといえば、たとえば、非行事実と要保護性の関係について顕現する。非行事実は刑事法的な側面が強く現れるところであるが、そのために、非行事実によって、許容される制裁の範囲、換言すれば上限が画される。他方、要保護性は教育法的・福祉法的側面に強く関わるものである。どの程度の教育をする必要があるのか、それによって再非行が阻止され本人の立ち直りや社会の安全が確保されるのかが問題とされる場面だからである。このように考えると、両者の関係は、非行事実は保護処分の可能性であり、要保護性はその必要性であるということとなる。

(19) 家庭裁判月報二〇巻一一号八一頁
(20) 澤登・前注（1）八七頁
(21) 前注（2）七頁
(22) これは、家庭裁判所において少年審判を担当してきた筆者の実感でもある。

電子監視制度の法的性質に関する一考察
——韓国における電子監視制度の分析を中心に——

安　成　訓

一　はじめに

韓国においては、性犯罪の深刻化などから、二〇〇八年九月一日「特定性暴力犯罪者に対する位置追跡電子装置装着に関する法律」が施行され、犯罪者の再犯防止及び再社会化を目的として、ＧＰＳ等を用いた位置追跡型の位置情報確認制度が導入された。その後、二〇〇九年の同法一部改正により、対象犯罪に未成年者対象誘拐犯罪が追加され、法律の名称も「特定犯罪者に対する位置追跡電子装置装着に関する法律」に改められた。また、二〇一〇年の同法の一部改正では、対象犯罪に殺人罪が追加されたほか、形式的要件の緩和や装着期間の延長、遡及適用等の改正がなされた。さらに、二〇一二年の同法の一部改正では、対象犯罪に強盗犯罪が追加されたほか、刑執行後の保護観察制度が導入され、法律の名称も「特定犯罪者に対する保護観察及び電子装置装着等に関する法律」（以下、電子装置装着法という）に改められた(1)。

電子監視制度は、その導入に関する議論が始められてから制度の必要性や実効性に対する懸念と法的問題点をめぐる論争があり、今も依然として論争は続いている。実際に、現行の電子監視装着法に規定されている内容は、犯罪者の改善・更生や社会復帰を目指す保安処分の本質とはかなり距離がある。なぜならば、ある法的処分が保安処分としての法的性質を持つためには、刑罰と区別される本質的な特性、すなわち、将来の再犯の危険性に対する評価が前提にならなければならないが、現行の電子監視の保安処分の性質が、果たしてこのような認識ないし判断基準に基づいているのかに関しては疑問であるからである。また、本来、電子監視制度は、処罰よりは再社会化の重要性が強調される代表的な社会内処遇として、相対的に再犯の危険性が低い犯罪者、例えば、交通法規違反犯罪、窃盗犯罪、家庭暴力犯罪などの初犯者に電子監視制度を適用することが一般的であるが、韓国の電子監視制度は、むしろ凶悪犯罪（性暴力、未成年者誘拐、殺人、強盗など）を犯した者の中で、再犯のおそれがある者をその適用対象群と想定しているという点から、電子監視の保安処分の性質を評価するに疑問が生じる。

そこで、本稿においては、韓国における電子監視制度導入の背景と運営現況を調べた後、現行の電子監視制度の法的性質を、裁判所の判例も踏まえながら検討する。

（1）　但し、刑執行後の保護観察制度の導入は二〇一三年六月から施行され、また対象犯罪を強盗罪に拡大する内容は二〇一四年六月から施行される予定である。

二　電子監視制度の意義及び変遷

1　意義

電子監視制度（electronic monitoring system）とは、監視対象が特定の時間に特定された場所にいるか否かを確認するために、犯罪者の手首や足首などに電子装置を装着させ、着用者の位置を確認したり、移動経路を把握することによって犯罪者を遠隔監視する制度である。(2) 韓国は、二〇〇七年四月二七日に「特定性暴力犯罪者に対する位置追跡電子装置装着に関する法律」（現「特定犯罪者に対する保護観察及び電子装置装着等に関する法律」〈改正二〇一二年一二月一八日〉）の制定により電子監視制度の法的根拠を設けており、二〇〇八年九月一日に同法律は施行された。

同法律の目的は、特定犯罪を行った者の再犯防止のため、刑期を終了した後に保護観察などを通じて指導監督や支援をすることによって健全な社会復帰を促進し、また位置追跡電子装置を身体に装着する付加的な措置をとることによって特定犯罪から国民を保護することを目的とする（同法第一条）。電子装置の装着対象犯罪は、性暴力犯罪（「刑法」、「性暴力犯罪の処罰等に関する特例法」、「児童・青少年の性保護に関する法律」上の強姦、強制わいせつなどの性暴力関連犯罪）、未成年者対象誘拐犯罪（「刑法」、「特定犯罪加重処罰等に関する法律」などの未成年者略取・誘引関連犯罪）、殺人犯罪（「刑法」、「性暴力犯罪の処罰等に関する特例法」、「特定犯罪加重処罰等に関する法律」などの殺人、強盗殺人、強姦殺人など関連犯罪）、強盗犯罪と定めている（同法第二条第一項、第二項、第三項、第三項の二）。

電子装置の装着対象は、大別して三つに分類され、刑執行終了後の電子装置装着（同法第二章）、仮釈放及び仮終了時の電子装置装着（同法第三章）、刑の執行猶予時の電子装置装着（同法第四章）に分けられる。それぞれの場合において、電子装置の装着要件に差があるが、大体、性的暴力犯罪、未成年者対象の誘拐犯罪、殺人犯罪、強盗犯罪を行った者として犯行状況や前歴などを考慮して、再犯の危険性がある者を電子装置装着の対象とすることになる。電子装置を装着した場合、被装着者は装着期間中、義務的に保護観察を受けることになり、被装着者の移動経路の確認、現場訪問指導、調査、警告などの監督を受けることになる。懲役刑の終了後、仮釈放時、刑の執行猶予時それぞれの電子装置の装着に関する詳細は以下の通りである。

第一に、懲役刑が終了した後は、①性暴力犯罪で懲役刑の実刑を言渡された者がその執行を終了した後または執行が免除された後、一〇年以内に再び性暴力犯罪を行ったとき、②性暴力犯罪でこの法による電子装置を装着された前歴がある者が再び性暴力犯罪を行ったとき、③性暴力犯罪を二回以上犯し、その習癖が認められるとき、④一九歳未満の者に対して性暴力犯罪を行ったとき、⑤身体的あるいは精神的障害がある者に対して性暴力犯罪を行ったときのいずれかに該当し、性的暴力犯罪を再び犯すおそれがあると認められる者（装置法第五条第一項）、または未成年者対象の誘拐犯罪や殺人犯罪、強盗犯罪[3]を行った者として同種犯罪を再び犯すおそれがある者（法第五条第二項、第三項、第四項）が電子装置装着対象となる。

第二に、装着命令の判決を言渡されなかった特定犯罪者として刑の執行中に仮釈放され、保護観察を受けることになる者は、遵守事項の履行有無の確認などのために仮釈放期間中、電子装置を装着しなければならず（法第二二条第一項）、治療監護の執行中、仮終了または治療委託される被治療監護者や保護観察の執行中、仮釈放される被保護観察者に対して「治療監護法」または「社会保護法」（法律第七六五六号で廃止される前の法律を言う）による遵守事項の履行有無の確認などのために保護観察期間の範囲内で期間を決めて電子装置を装着させることができる（法第二三条第一項）。

第三に、法院は特定犯罪を行った者に対し刑の執行を猶予しながら保護観察を受けることを命じるときには、保護観察期間の範囲内で期間を決め、遵守事項の履行有無の確認などのため電子装置を装着することを命ずることができる（法第二八条第一項）。

装着期間は、法定刑の軽重により、最低一年から最高三〇年の範囲内で装着命令が言い渡される（同法第九条）。[4]また、複数の特定犯罪に対し同時に装着命令を宣告するときには、法定刑が最も重い罪の装着期間の上限の二分の一まで加重することができるが、各罪の装着期間の上限を合算した期間を超過することはできない。ただし、一つの行為が複数の特定犯罪に該当する場合には、最も重い罪の装着期間をその装着期間とする（同条二項）。[5]

なお、被装着者が、正当な理由なく、「保護観察等に関する法律」に基づく遵守事項に違反した場合や、特定事件に対する刑の執行が終了又は免除・仮釈放される日から一〇日以内に居住地を管轄する保護観察所に出頭し書面で申告しなかった場合、住居を移転又は七日以上の国内旅行をするか出国するときにあらかじめ保護観察官の許可を受けなかった場合又は虚偽で許可を受けた場合には、裁判所は、保護観察所長の申請により、検事の請求で、一年の範囲で装着期間を延長することができる（同法一四条の二）。

2　韓国電子監視制度の変遷

（1）　制度導入期

韓国の電子監視制度は、刑務所の過剰収容と予算の不足、そして官主導の硬直された矯正政策などの問題を解決しようという試みの一貫として提案された。[6]このような背景のもとで、韓国政府は、矯正施設の過剰収容を緩和することによって、国家の財政負担を軽減することができるという可能性を検討するため、アメリカなどの先進国で導入されている電子監視制度に対する調査など、電子監視制度の導入可否の検討を行った。

一九九八年五月、全国保護観察所長会議で、電子監視制度に対する検討の必要性が取り上げられ、一九九九年には、一時的に法務部保護局観察課にＥＭＰ（electronic monitoring program）研究会が設けられ、その年の一〇月に[7]

イギリスの電子監視制度の見学が実施されるなど、電子監視制度に対する検討が本格的に行われた。これを始まりとして、二〇〇一年一一月には、保護総合情報システム構築事業の一環として、法務部によりシステム構築が始められ、二〇〇二年九月には外出制限命令実施のための電子的システムとして音声認証による受動的監督方式を採用した、いわゆる、外出制限命令音声監督システム（Curfew Supervising Voice Verification System：CVS）の構築がソウル保護観察所電算室で完了した。そして、二〇〇三年一月に出された「外出制限命令示範運営指針」を根拠に、二〇〇三年四月からソウル保護観察所を含む五か所の機関が試験的に実施するに至った。その結果、肯定的な結果が認められて、二〇〇五年三月からは全国の保護観察所がこのシステムを導入して実施している(8)。

このような動きの中で、性暴力犯罪の増加を背景に(9)、電子監視を利用する対策が議論され、二〇〇五年七月には、国会議員らによって電子装置を利用した電子監視を通じて、性暴力犯罪者を統制するという発議がなされるに至った。その間、二〇〇六年二月に六歳の女児に対してわいせつな行為をして殺害した後、死体を遺棄して燃やした事件が発生することによって、子どもを対象にする性暴力犯罪が大きな社会的問題として現れた。これに対して、法務部は特定時間帯に犯罪者たちの外出を制限することにして、未成年者に対する性犯罪者を夜間外出制限の対象に入れるなどの措置を採った。しかし、マスコミなどの世論はこの措置に対する実効性に強い疑問を提起するなど、「我が社会もこれからは子どもに対する性犯罪者に対しては先進国で施行されている電子監視制度などの強力な制度を導入しなければならない時期が来た」という主張が国民に支持されるようになった。このような事情を背景に、二〇〇五年七月に発議されたが、人権侵害や二重処罰などの問題点ゆえに、これまであまり関心を集めることができなかった電子監視制度導入の世論が盛り上がり、ついに二〇〇七年四月「特定性暴行犯罪者に対する位置追跡電子装置装着に関する法律」が国会を通過して性犯罪者に対する電子監視制度が導入されるに至った。

（2）法律の第二次改正（二〇〇九年）

二〇〇九年四月一七日、国会本会議を通過し、同年八月に施行された第二次法律改正案では、対象犯罪が拡大され、またそれに従い法律名が変更された。法律第二条及び第五条の対象犯罪と請求要件に「未成年者対象の誘拐犯罪」を追加し、法律名も「特定犯罪者に対する位置追跡電子装置装着等に関する法律」に変更した。また、法律の各条項の「性暴力犯罪者」を「特定犯罪者」に、「性暴力犯罪」を「特定犯罪」に、そして「性暴力犯罪事件」を「特定犯罪事件」に変更した。また、同法第四条を改正し、一九歳未満の者に対する装着命令の言渡は可能であるが、装着執行は不可能であることを明確に規定し、装着命令の適用範囲を明確にした。

（3）法律の第三次改正（二〇一〇年）

韓国では、二〇〇八年一二月に、京畿道安山市所在の教会の中で八歳の女児を対象にした残虐な強姦致傷事件（いわゆる「チョ・ドゥスン事件」）が発生し、また、二〇一〇年二月には女子中学生を対象にした強姦殺害事件（いわゆる「キム・ギルテ事件」）が、さらに、同年六月には小学校に侵入して一年生の女児を対象に性的暴行を加えた、いわゆる「キム・スチョル事件」などが相次いで発生し、世間を騒がせた。このような衝撃的な事件がメディアで大々的に報道される度に、加害者への厳罰及び予防策の強化を求める声が高まり、特に、「キム・ギルテ事件」や「キム・スチョル事件」の場合、犯人が同法施行以前に性暴力犯罪を犯した前科者として再犯の危険性が高かったにもかかわらず、この法の適用を受けずに犯行へ至ったということから、このような性犯罪前科者に対してもこの法を適用しなければならないという世論が沸騰した。

このような強力な再犯防止対策を要求する国民世論を背景に、与党ハンナラ党のイ・チョンソン議員、チャン・ジェウォン議員が代表発議した改正案、すなわち、電子監視制度施行前に性暴力犯罪で刑が言い渡された人においても再犯の危険性が認められる場合には、電子装置の装着ができるようにする改正案が提出された。その後、政府案と国会議員の改正案、総四件についての法案統合審査後、二〇一〇年三月二三日に法制司法委員会の代案が作成され、二〇一〇年三月三一日に「特定犯罪者に対する位置追跡電子装置装着等に関する法律」の改正案が国会本会議で議決され、二〇一〇年七月一六日から施行された。

□ 第三次改正の主な内容

（ア） 過去の性暴力犯罪者に対する遡及適用

二〇〇八年九年一年以前に、既に性暴力犯罪事件の第一審判決を言渡され、改正法施行当時、懲役刑以上の刑・治療監護・保護監護、懲役刑などの執行終了日まで六ヶ月以上残っている者、懲役刑などの執行終了日まで六ヶ月未満である者及び懲役刑などの執行が終了、仮終了・仮出所・仮釈放または免除された後三年が経っていない者のうち二回以上の実刑判決など一定の要件に該当し、再犯の危険性のある性暴力犯罪者について検事の請求と裁判所の決定により電子装置を装着させることができるように規定された。

遡及適用の手続きは、次の通りである。性暴力犯罪によって現在懲役刑などの執行中である者に対しては執行終了三ヶ月前までに検事が装着命令を裁判所に請求することができ、請求が理由あると認められる場合、裁判所は執行終了一ヶ月前までに装着命令を決定する。また、すでに出所した場合や、改正法施行当時、懲役刑などの執行終了日が六ヵ月未満である者に対しては、改正法施行日から一年以内で検事が装着命令を裁判所に請求することができ、請求が理由あると認められる場合、裁判所は請求日から二ヶ月以内で装着命令を決定する。

（イ） 装着命令の請求要件の緩和及び対象犯罪の拡大

改正前の法律は、性暴力犯罪者が「性暴力犯罪で二回以上懲役刑の実刑を言渡され、刑期の合計が三年以上の者が執行終了または免除後、五年以内に性暴力犯罪を行ったとき」に該当し、再犯の危険性が認められる場合に電子装置を装着することができるようになっていたが、改正法は「性暴力犯罪で懲役刑の実刑を言渡された者が執行終了または免除後、一〇年以内に性暴力犯罪を行ったとき」に該当し、再犯の危険性が認められる場合に、装着命令の請求要件を緩和した。また同様な趣旨で「一三歳未満の者に対して性暴力犯罪を行ったとき」を「一六歳未満の者に対して性的暴力犯罪を行ったとき」と拡大した。

他方、殺人犯罪は、国民の安全を大きく脅かす凶悪犯罪であり、再犯率が低くないことから、現行の性暴力犯罪と未成年者対象の誘拐犯罪のほかに殺人犯罪を追加した。当初の政府案は再犯率が高く、被害者が女性である場合、性暴力犯罪に変わる可能性が高い強盗なども対象犯罪に含めたが、国会審議過程の中で予算などの問題により対象外となった。

（ウ）　装着期間の改正

従来の装着期間は最長一〇年になっていたが、装着期間を最長三〇年に引き上げた。また、装着期間の改正とともに、合理的な期間の決定のために特定犯罪の法定刑によって装着期間を違えるように規定した。さらに、子供を対象とする犯罪に対する強力な対応策として犯罪被害者が一三歳未満の場合、装着期間の下限を二倍にした。

（エ）　保護観察の義務的実施

従来の法律においては、刑期終了後、電子装置装着時の保護観察の実施規定がなく、電子装置装着者の移動経路の確認だけが可能であった。そのため、現場訪問指導及び調査、警告などの密着指導・監督が困難であり、再犯防止の活動に限界があったということから、改正法には装着期間中、被装着者は義務的に保護観察を受けるように規定した。これにより、法改正直前に発生した「チョ・ドゥスン事件」の場合、懲役一二年と刑期終了後七年の位置追跡電子装置装着命令が言渡されたが、法改正によって保護観察ができるようになった。

（オ）　遵守事項の追加及び遵守事項違反者の装着期間の延長

被装着者に一定の居住地がない場合、再犯の危険性が高いため、裁判所が被装着者に課することができる遵守事項に「住居地域の制限」を加えた。これは住居地域を制限することによって、例えば、被装着者を避けて引っ越した被害者を追い、被害者の住居地と同地域に住居地を移転する行為などを防止することができる。また、被装着者に釈放日から一〇日以内に住居地を管轄する保護観察所に出席して書面で申告する義務を明示した。また、位置追跡回避目的の住居移転や出国を防止するため、住居の移転や七日以上の国内旅行または出国するときには、必ず保護観察官の許可を得るようにした(10)。

（4）　第四次改正（二〇一二年）

「児童・女性性暴力の根絶対策」の一環として推進された「特定犯罪者に対する位置追跡電子装置装着等に関する法律」の改正案が、二〇一二年一一月二二日に国会本会議を通過して同年一二月一八日に公表された。装着対象を強盗犯罪に拡大し、刑の執行以後の保護観察の導入などを主な内容としている。法律名も「特定犯罪者に対する保護観察及び電子装置装着等に関する法律」に変更された。ただし、刑執行後の保護観察の導入は、公布日から六ヵ月後の二〇一三年六月から施行して、位置追跡電子装置装着命令の対象を強盗罪に拡大するという内容は一年六ヵ月後の二〇一四年六月から施行することになった（同法付則第一条参照）。

□ 第四次改正の主な内容

（ア）　刑期終了後の保護観察制度導入

既存の「保護観察等に関する法律」に基づく保護観察は、執行猶予または仮釈放時のみに賦課されたが、刑期満了で出所した凶悪犯罪者に対しても保護観察を実施する規定が新設された（法第二章の二新設）。対象犯罪は位置追跡電子装置装着命令の対象と同様に、殺人・性暴力・未成年者誘拐及び強盗の罪である。上記のような特定の凶悪犯罪を行って禁錮刑以上を宣告され、再犯の危険性がある場合を要件として、検事の請求と裁判所の判決で賦課されるようになる。検事は保護観察命令の請求のため、保護観察所に請求前調査を依頼することができる。保護観察期間は最低二年から最長五年までであり、遵守事項または義務違反のときには一年の範囲内で延長ができる。この法律による保護観察対象者が遵守事項を違反して警告を受けた後、再度違反した場合には、刑事処罰ができるように罰則条項を改正した（第三九条第二項）。

（イ）　装着命令対象犯罪に強盗罪など追加

位置追跡電子装置装着命令の対象犯罪に既存の「性暴力・未成年者誘拐・殺人犯罪」のほかに、強盗罪を追加した（第二条）。請求要件は、実刑終了後一〇年以内の再犯、位置追跡電子装置装着の前歴者の同種再犯、二回以上の同種犯罪で習癖が認められることなど、性暴力犯罪の請求要件と同様である（第五条）。一方、性暴力犯罪の常習犯と殺人犯の未遂犯も対象犯罪に含められた（第二条）。

（ウ）　装着要件の緩和及び装着期間の加重

一九歳未満の被害者や障害者を対象にする性暴行犯罪者の場合、一回の犯行だけでも装着命令を請求できるように装着要件を緩和した（第五条第一項）[11]。また、装着期間の下限を二倍に加重する対象被害者の年齢を従来の「一三歳未満」から「一九歳未満」に引き上げた（第九条第一項）。

（エ）　受信資料緊急閲覧制など捜査機関との協力体制の強化

被装着者の電子装置から発信される電磁波の受信資料は、従来裁判所の「許可」ではなく事前令状によってのみ閲覧・照会が可能であったが、法改正により緊急な事由があるときは、受信資料の閲覧・照会を要請した後、裁判所の許可を得るように改正された（第一六条第四項）。原則的には裁判所の許可を得てはじめて受信資料の閲覧・照会をすることができるが、しかし、事前の許可を得られない緊急の場合には、閲覧・照会後、裁判所の事後許可を得るように規定したのである。なお、保護観察所の長は、犯罪予防及び捜査に活用できるように捜査機関に被装着者の個人情報を提供することができ、また、捜査機関は被装着者を逮捕・拘束した場合、保護観察所の長に通報する規定を新設して、関係機関との情報共有を強化した（第一六条の二）。

（オ） 保護観察官の介入強化

改正法は、保護観察官が被装着者の再犯防止及び羞恥心などによる過度な負担の防止のため、医療機関における治療など必要な措置をとることができるようにした（第一五条第二項）。また、被装着者の収容中の生活状態を確認できる資料を確保し、被装着者を面接することができるようにした（第一五条第三項）。なお、遵守事項違反に対する対応を強化し、被装着者が保護観察法による遵守事項を違反して警告を受けた後、再度違反したときは、一年以下の懲役または五百万ウォン以下の罰金を賦課するようにした（第三九条）。

（2） 安成訓「韓国刑事司法における性犯罪者電子監視制度（その一）」『法学研究論集』第三〇号、明治大学大学院（二〇〇九）、三一―四頁参照。

（3） 強盗犯罪に対する装着命令の要件は性暴力犯罪と同様である。

（4） 電子装置の装着期間は、これを執行した日から起算するが、初日は時間を計算することなく一日に算定する（同法第三二条第一項）。また、被装着者が電子装置を身体から分離するか損傷するなどその効用を害した期間は、その電子装置の装着期間に算入しない。但し、保護観察が付加された者の電子装置の装着期間は、保護観察の期間を超過することができない（同法第三二条第二項）。

（5） 法院は、電子装置被装着者に装着期間の間、夜間など特定の時間帯の外出制限、特定地域・場所への立ち入り禁止、住居地域の制限、被害者など特定人への接近禁止、特定犯罪治療プログラムの履修、再犯防止と性行の矯正のために必要な事項などを遵守することを命ずることができる（同法第九条の二）。被装着者が遵守事項を正当な事由なく違反した場合には三年以下の懲役または一千万ウォン以下の罰金刑を受けることになる（同法第三九条）。

（6）安成訓、前掲論文、一三頁以下参照。

（7）日本国の法務省に当たる。以下、同一。

（8）キム・イルス『犯罪者の電子監督に関する研究（要約）』保護観察第五号（二〇〇五）、七頁。

（9）韓国の強姦犯罪（強姦及び性暴力特別法違反を含む）の発生現況をみると、二〇〇七年一三、六三四件、二〇〇八年一五、〇九四件、二〇〇九年一六、一五六件、二〇一〇年一九、九三九件、二〇一一年二二、〇三四件であり、毎年、増加傾向をみせている。『二〇一二犯罪白書』韓国法務研修院（二〇一三）参照。

（10）一方、正当な事由なく「保護観察法」上の遵守事項を違反した場合、申告の義務を違反した場合、または許可なく七日以上の国内旅行または出国をした場合や虚偽で許可を得た場合には裁判所の決定で一年の上限で装着期間の延長や遵守事項の追加、変更ができるようにした。

（11）従来は被害者の年齢が「一六歳未満」である場合にのみ、一回の犯行で装着命令の請求が可能であった。

三　韓国における電子監視制度の運営現況

1　電子監督対象者の現況

〈表一〉のとおり、二〇〇八年九月に制度の導入以降、位置追跡電子監視対象者は増加し続けている。二〇一二年までの執行累積人員は二、二九二人である。二〇一〇年以降、性犯罪者に対する厳罰主義に方針が変わった以降には仮釈放の代わりに満期釈放を原則としたことによって仮釈放人員が大幅に減少し、その代わりに刑期終了人員が大きく増加した。但し、二〇一二年の場合、遡及効違憲審判の影響で刑期終了の対象者が二〇一一年対比五九．六％減少した。

〈表一〉位置追跡電子監視の執行人員

区分	執行人員								
	年度	計	仮釈放	仮終了	仮出所	執行猶予	刑期終了		
							計	一般	遡及
全体	総計	2292	1513	59	9	96	615	205	410
	2008	188	186	1	0	1	0	0	0
	2009	347	329	12	0	5	1	1	0
	2010	465	306	12	2	29	116	18	98
	2011	766	397	6	5	46	312	68	244
	2012	526	295	28	2	15	186	118	68
性暴力	総計	1349	602	32	9	94	612	202	410
	2008	188	186	1	0	1	0	0	0
	2009	347	329	12	0	5	1	1	0
	2010	239	84	8	2	29	116	18	98
	2011	366	3	3	5	44	311	67	244
	2012	209	0	8	2	15	184	116	68
誘拐	総計	3	1	0	0	1	1	1	0
	2009	0	0	0	0	0	0	0	0
	2010	0	0	0	0	0	0	0	0
	2011	2	1	0	0	1	0	0	0
	2012	1	0	0	0	0	1	1	0
殺人	総計	940	910	27	0	1	2	2	0
	2010	226	222	4	0	0	0	0	0
	2011	398	393	3	0	1	1	1	0
	2012	316	295	20	0	0	1	1	0

注１．韓国法務省犯罪予防政策局の内部資料による。

年度別執行人員の推移をみると、二〇〇八年一八八人から毎年大幅な増加傾向を見せ、二〇一一年には七六六人でピークを迎えたが、二〇一二年には多少減少して五二六人を執行した。また、執行累積人員は二〇〇八年一八八人、二〇一〇年一、〇〇〇人、二〇一二年二、二九二人に大幅な増加傾向を示している。他方、執行累積人員を処分別類型にみると、仮釈放が一、五一三人と最も多く、次いで刑期終了が六一五人、執行猶予が九六人、仮終了及び仮出所が六八人の順になっている。

四　電子監視制度の法的性質

上述したとおり、韓国の電子装置の装着類型は「刑執行の終了後」、「仮釈放及び仮終了」、「刑の執行猶予」の各対象者に対して電子装置装着を命令する三つの類型に分かれて規定されている。(12) 以下では三つの類型に関する主な内容と各類型の法的性質について検討する。

4　電子装置装着の類型

（1）刑期終了後の電子装置装着命令

「電子装置装着法」は、第五条から第二一条まで、刑の執行を終了した後の電子装置装着に関する内容を規定している（以下、第一類型という）。具体的に、同法第五条は、刑執行終了後も再犯のおそれがある場合、検事は電子装置の装着命令を請求することができる。請求が理由あると認められる場合、裁判所は判決で最低一年から最高三〇年まで監視装置装着を命ずることができ、装着期間中、「保護観察等に関する法律」による保護観察を受けるようにしている（第九条第三項）。そして、装着期間の範囲内で外出制限、特定場所への出入禁止、住居地域制限、特定人に対する接近禁止、五〇〇時間内の治療プログラムの履修などの遵守事項も賦課することができる（第九条の二）。また、遵守事項を違反する場合は、懲役または罰金刑に処される（第三九条）。

（2） 仮釈放及び仮終了時の保護観察対象に対する電子監視

「電子装置装着法」第二三条は、第九条による装着命令判決を言渡されてなかった特定犯罪者として、刑の執行中に仮釈放されて保護観察を受けることになる者は遵守事項の履行有無の確認などのため、仮釈放期間中、電子装置を装着しなければならないと規定しており、仮釈放者に対する電子装置の必要的装着をその内容としている。また、同法第二三条は、「治療監護法」第三七条による治療監護審議委員会は、第九条による装着命令の判決を言渡されなかった特定犯罪者として治療監護の執行中、仮終了または治療委託される被治療監護者や保護観護の執行中、仮釈放される被保護観護者に対し、「治療観護法」または「社会保護法」（法律第七六五六号で廃止される前の法律を言う）による遵守事項の履行の如何の確認等のために保護観察期間の範囲内で期間を決めて電子装置を装着させることができると規定している（以下、第二類型という[13]）。装着期間は「刑執行終了後の装着」と違って、仮釈放審査委員会や治療監護審議委員会の仮釈放あるいは仮終了の決定によるその終了日までである（同法第二五条）。

（3） 刑の執行猶予対象者に対する電子装置装着命令

「電子装置装着法」第二八条は、法院は特定犯罪を犯した者に対し刑の執行を猶予しながら保護観察を受けることを命じるときには、保護観察期間の範囲内で期間を決め、遵守事項の履行有無の確認などのため電子装置を装着することを命じることができると規定している（以下、第三類型という[14]）。

この類型は「仮釈放及び仮終了時」の電子監視と比べ、装着期間が別に定められておらず、また、装着期間が執行猶予による保護観察期間の範囲内に限られているという点は「仮釈放及び仮終了時」の電子監視と同様であるが、裁判所が刑を宣告する時点で装着の有無を判断しているという点において差がある。

2　電子監視制度の法的性質

（1）独立的の刑事制裁という説

電子監視制度が、凶悪な性暴力犯罪などに対する憤った世論に応えて、加害者へ強硬に対処しようとする政策として導入・実施されたのは周知の事実である。こういう背景を前提に、この説は、「特定犯罪者に対する位置追跡電子装置装着等に関する法律」からも分かるように、電子監視制度は特定犯罪者（すなわち、特定性暴力犯罪者など）に対する強硬策として賦課されるものとして、刑罰のような自由剝奪型ではないものの、実際にはそれ以上の自由を剝奪する刑罰であると主張する。[15] また、被装着者に対して「夜間など特定の時間帯の外出制限」、「特定地域・場所への出入禁止」、「住居地域の制限」、「被害者など特定人への接近禁止」などの遵守事項を賦課することができるようにした規定（第九条第二項）は、電子監視制度が懲罰的性質の強い刑罰であることを現しており、結局、電子監視制度は特定犯罪者の矯正を通じた社会復帰の手段でなく、犯罪行為に相応する制裁ないし刑罰の一種に該当すると主張する。[16]

（2）刑罰と保安処分の二つの性質をもつという説

この説は、電子監視制度は刑事手続段階の中、どの段階で適用されるかによって刑罰になることもあり、またこれを維持する手段である保護観察または保安処分になり得るという両面性をもっていると主張する。[17] 例えば、電子装置装着に関する三つの類型のうち、「第一類型」は最長四五年まで賦課することができ、また遵守事項や罰則条項などを踏まえると、自由制限の程度が大きく、さらに、違反時に独自に刑罰が課される特徴を持っていることから刑罰に該当すると主張する。

（3）保安処分という説

この説は、まず、「第一類型」は、過去の犯罪行為に対する応報を主な目的としてその責任を追及するための刑罰とは異なり、責任とは関係なく、ひたすら犯罪者の再犯可能性を基準に刑罰の法益保護機能の欠缺を補おうとすることであるため、保安処分の性質をもつと主張する。[18] 次に、「第二類型」は、保護観察を受けている間、遵守事項の履行有無を確認することにより仮釈放者などについて、実質的に刑期を減らし更生のために実施される保護観察の有効性を高めるための補助的措置であり、したがって、これも再犯の可能性を減らし、また円滑な社会復帰を前提としている点から、犯罪予防や特別予防的目的処分である保安処分に当たるという。[19] なお、「第三類型」も、刑罰と同様な制裁でなく、将来の危険性（犯罪への誘引など）から行為者を保護し、また社会を防衛するための合目的的な措置であるので、これも保安処分の性質をもつと主張する。[20]

（4） 判例の態度　電子監視制度の法的性質に関して、特に争点となったのは、刑執行終了後に賦課される装着命令（同法第五条ないし第二一条）が一事不再理の原則に反するのか、また、電子監視装置装着の遡及適用が罪刑法定主義に反するのかに関する問題提起であった。このような問題提起に対して、電子監視制度の保安処分の性質を支持する立場は、電子監視制度は刑罰ではなく保安処分であるため、一事不再理の原則や罪刑法定主義の遡及効の禁止原則の適用を受けないと主張する。こういう主張の論拠は、以下のように韓国大法院の判決においても確認される。

韓国大法院は、二〇〇九年に電子監視制度の法的性質を保安処分の一種であると判示しており、このような判例の態度はその後の判決でも維持されている。二〇〇九年判例の主な内容をみると、「電子監視制度は、性暴力犯罪者の再犯防止と性行矯正を通じた再社会化のため、その行跡を追跡し、位置を確認することができる電子装置を身体に装着する付加的な措置をとることによって特定犯罪から国民を保護することを目的として、懲役刑を終了した後にも性暴力犯罪を再び犯す危険性があると認められる者に対して一定の条件下で、検事の請求によって性暴力犯罪事件の判決と同時に、一〇年の範囲内で装着期間を定めて言渡される裁判所の装着命令によって行われるということから一種の保安処分であると考えられる」という（大法院判例二〇〇九・五・一四宣告二〇〇九ド一九四七）。

また、大法院二〇〇九・九・一〇宣告二〇〇九ド六〇六一判決では「電子監視制度は、犯罪行為を行った者に対する応報を主な目的としてその責任を追及する事後的処分である刑罰と区別され、その本質が異なるものであり、刑罰に関する一事不再理の原則がそのまま適用されないため、同法律が刑執行の終了後に装着命令を執行するように規定しているとしても、それが一事不再理の原則に反するとはいえない。また、同法律がその目的達成のための合理的な範囲内で電子監視制度を弾力的に運営するようにしながら、それによる被装着者の基本権侵害を最小化するための方策を設けている以上、ただ刑期を終えた性暴力犯罪者の監視のための手段としてのみ利用することにより被装着者の基本権を制限する過剰立法に該当するともいいがたい。そして、同法律は被装着者の電子装置から発信される電磁波の受信データの使用を被装着者の再犯防止と性行の矯正などのために必要な場合のみに、厳しく制限しているほか、装着命令の宣告とともに『夜間など特定の時間帯の外出制限』を遵守事項で賦課することができるようにしたことも、犯罪に脆弱な時間帯の外出を制限することによりできる限り再犯の発生を防止しようとすることにあり、憲法が保障している居住移転の自由を本質的に侵害する側面もない。」といい、電子監視制度を肯定している。

このように電子装置装着法の適用と関連して、一事不再理原則の違反を理由で提起された上告審において韓国大法院は、電子監視装置の付着命令が保安処分の一種であることを確認している。

（5）　憲法裁判所の態度　電子監視制度の違憲性と関連して、二〇一二年一二月二七日、韓国憲法裁判所は「特定性暴力犯罪者に対する位置追跡電子装置装着に関する法律」は刑罰不遡及の原則と過剰禁止の原則に反しないという合憲決定を宣告した（二〇一一〇憲ガ八二）。

憲法裁判所は、「電子装置装着の命令は伝統的な意味での刑罰ではなく、性暴力犯罪者の性行矯正や再犯防止を図って、また国民を性暴力犯罪から保護するという公益を目的とし、電子装置の付着を通じて被装着者の行動自体を統制することもないという点から、この事件の付則条項が適用されたとき、処罰的な効果がでるとは考えにくい。したがって、この事件の装着命令は、刑罰と区別される非刑罰的保安処分として遡及効の禁止原則が適用されれない。

性暴力犯罪による被害は〝人格殺人〟と呼ばれるほど、具体的な事情によっては被害者に修復できない肉体的、精神的な傷を残す恐れがある。特に、子供の頃に性暴力犯罪を経験する場合、心理的な傷と後遺症により、一生、正常な生活をすることができず、不幸な人生を歩んでいかなければならない場合もある。それゆえ、性暴力犯罪から国民、特に女性と児童を保護するという公益は非常に大きい。侵害された信頼利益の保護価値、侵害の重さ及び方法、上記の条項を通じて実現しようとする公益的目的を総合的に比較衡量するとき、この事件の付則条項が憲法に反するとはいえない」といい、電子監視制度に対する保安処分の法的性質を認める立場を示している。

3 三つの類型の法的性質についての考察

(1) 刑期終了後の特定犯罪者に対する電子監視の法的性質

第一類型の法的性質については、①「再犯防止のための保護観察などを通じた再社会化」といった装着目的ないし立法趣旨（第一条）、そして②再犯の危険性を判断基準としているという点（第五条）などを挙げ、その法的性質を一種の「保安処分」として把握するのが一般的な見解である。しかし、本来、電子監視制度は、刑事政策の重心が従来の施設内処遇から社会内処遇に移りつつある過程の中で導入された制度として、処罰よりは再社会化の重要性が強調される代表的な社会内処遇である[21]。電子監視制度が最初に施行された米国の場合においても、相対的に再犯の危険性が低い犯罪者、例えば、交通法規違反犯罪、窃盗犯罪、家庭暴力犯罪などの初犯者に電子監視制度を適用することが一般的である[22]。

ところが、韓国の電子装置装着法上の第一類型は、むしろ凶悪犯罪（性暴力犯罪、未成年者誘拐犯罪、殺人犯罪、強盗犯罪など）を犯した者の中で、再犯の危険性がある者をその適用対象群と想定しているという点から、保安処分としての法的性質を認めるには、次のような限界に直面する。

第一に、過去の行為に対する責任でなく、将来の危険性に基づいている保安処分の本質上、再犯の危険性は刑罰と区別される保安処分の正当化の根拠となる。現行の電子装置装着法も第五条以下で電子監視装置の装着命令請求及び宣告と関連して再犯の危険性をその判断基準として規定している。しかし、いかなる手続きと基準に基づいて刑執行終了者の再犯危険性を調査・判断するのかについては、現行の電子装置装着法には何も規定されていない。そして、再犯の危険性というのは将来の危険性を意味するので、再犯の危険性の判断は、原則的に刑執行終了時を基準にしなければならないにもかかわらず、現在の運営状況を見ると、過去に犯した特定犯罪（性暴力犯罪、未成年者誘拐犯罪、殺人犯罪、強盗犯罪など）にすでに内在している（犯罪行為自体の）危険性を基準に再犯の危険性を判断しているように見える。

しかし、刑の執行を通じた改善の有無及び程度を考慮せず、過去に犯した犯罪の種類及び前歴に基づいて将来の再犯の危険性を推測して評価することになると、画一的な法適用につながることはもちろんのこと、これは過去の行為でなく行為者の個別的な特性を考慮して特別予防（再社会化）の目的を達成しようとする保安処分の本質や趣旨にも符合しない。(23)

第二に、現行の電子装置装着法の第一条が「再犯防止のための保護観察などを通じた再社会化」を明らかにしてはいるものの、アンケート調査や実証的研究結果が示しているように、心理的圧迫及び羞恥心などによる再犯率の減少は、ただ「処罰」による犯罪抑止効果のみを証明するだけで、保安処分が目指す教育・教化・治療による「再社会化」とはかけ離れている。(24)もちろん、治療プログラムの履修などを一緒に命ずることはできるものの、まだ専門的な治療プログラムが設けられていない状況を考慮すると、刑執行終了者に対する電子監視を再社会化を目指す保安処分であると評価することには無理がある。また、現行法は装着命令時に賦課される遵守事項を違反した場合、刑罰（懲役または罰金刑）を課するようにしているが、これは電子監視装置の装着を、再社会化を目指す保安処分として把握しようとする見解と符合しない[25]。

第三に、第一類型の適用対象犯罪のうち、性暴力犯罪に対してはその犯罪の特性上、監視や監督よりは教育と治療がもっと効果的であるということが犯罪学分野における一般的な研究結果である[26]。こういう結果を考慮すると、電子監視装置を長期間装着するだけでは、保安処分の本来の機能を果たすには限界があり、したがって、犯罪者の実質的な再社会化を目的とするのであれば、既存の保安処分である治療監護制度を積極的に活用したほうがより合理的な刑事政策であると判断される。すなわち、再犯防止と再社会化という保安処分の本来的機能を果たすためには、現行の電子監視のように、不十分な社会内処遇によって共同体に危険を負担させるのではなく、第一類型のように対象犯罪の再犯危険性が高い犯罪群については、教育と治療を主な処遇内容としている治療監護制度を積極的に活用して再犯防止と再社会化を模索するのが、より合理的で実効性のある政策であると考えられる[27]。

（2） 仮釈放及び仮終了時の保護観察対象者に対する電子監視の法的性質

第二類型の法的性質については、電子監視制度が、実質的に刑期を減らし再社会化を図るために実施される仮釈放及び保護観察の有効性の確保ないし補助的な措置であるので、これは保護観察の法的性質と同様に見るのが一般的な見解である[28]。しかし、上記のように保安処分の法的性質を認めるにおいては、次のような問題が提起される。

第一に、仮釈放制度は、受刑者のうち、一定の要件を満たした者について、早期に社会生活の機会を与え、更生や社会復帰を円滑に進めさせるための制度として、刑執行による改善の程度や再犯の危険性などを総合的に考慮して仮釈放の可否を決定する[29]。しかし、仮釈放の要件を満たして早期釈放が決定された者に対し、一律に電子監視装置の装着を義務化するのは、装着の烙印効果によって逆に仮釈放対象者の社会復帰及び更生を阻害するおそれがある。したがって、第二類型の電子監視については、被装着者の同意を装着要件として、自発的な装着を誘導することが、仮釈放と保護観察制度の目的達成及び実効性の確保においてより妥当であると考えられる[30]。

第二に、同法第二二条は「遵守事項の履行有無の確認」を電子監視の目的と想定しているが、果たして第二類型の電子監視に対して保安処分の法的性質を認めることができるかは疑問である。なぜなら、改悛の状があり、再犯の危険性が低い者に対して社会内処遇として許容される仮釈放の決定をしながら、あえて義務的装着による画一的な監視が必要であるのかという疑問が生じるからである。また、もし必要であるとしても、その必要性が仮釈放者の更生や社会復帰のためのものなのか、それとも保護観察の効率性の担保あるいは監督上の便宜や費用削減などのためのものなのかという疑問が生じる。もし、監視装置を義務的に装着させなければならないほど監視が必要である者だとするならば、当初から仮釈放などのような社会内処遇を許可しないのが妥当であり、もし電子監視が遵守事項の履行の動機付けあるいは社会復帰後に発生し得る再犯の誘惑を遮断するなどの仮釈放者の再社会化を支援するための措置であるとするならば、現行のように装着を義務付けるのではなく、被装着者の同意を条件に装着をするように、自発的な参加を誘導することが望ましいのである。また、遵守事項を違反した時にも、刑罰を科するより仮釈放決定の取消などを通じて責任を問うのが妥当であると考えられる。[31]

このような観点からみれば、現行法上の第二類型の電子監視は、保護観察期間中の遵守事項の違反の有無が少数の人員で確認できるなど、単に保護観察の実効性を担保するための補助的な技術手段に過ぎないと考えられる。したがって、これをもって保安処分の法的性質を論ずることには限界がある。

（3）　刑執行猶予時の保護観察対象者に対する電子監視の法的性質　第三類型の法的性質については、装着期間中、医学的治療や相談治療などの措置を一緒に賦課して対象者の再社会化のための配慮をしていること、また遵守事項の違反による罰則規定がないということから、保護観察の実行性の確保に重点を置いている第二類型と比べてより保安処分の本質に近づいていると評価され得る。しかし、仮釈放や仮終了と違って執行猶予は、将来の再犯の危険性よりも、すでに犯した犯罪の種類や軽重及び量刑事由などを考慮してなされる処分であるので、再社会化を目的とする保安処分の性質が相対的に弱く、また、第二類型と同様に装着目的を遵守事項の履行有無の確認などと規定しているという点から前述した第二類型の批判が同様に適用される。(32)

(12) 一般的に電子監視制度の類型は、①短期自由刑の代替としての電子監視と②保安処分（保護観察）としての電子監視に大別され、後者はまた①一般保護観察の遵守事項の違反時に賦課される電子監視、②集中監督保護観察のための電子監視、③早期釈放のための電子監視に分けられる。

(13) 第二二条から第二七条まで、仮釈放及び仮出所対象者に対する電子装置装着命令について規定している。

(14) 第二八条から第三一条まで、保護観察付執行猶予の対象者に対する電子装置装着命令について規定している。

(15) ユン・サンミン「刑事政策と遡及効の禁止原則」『法学研究』第三八巻、韓国法学会（二〇一〇）、二一一頁。

(16) ユン・ヨンチョル「我が電子監視制度に関する批判的考察―特定性暴力犯罪者に対する位置追跡電子装置装着に関する法律を中心に」『刑事政策研究』第一九巻第三号、韓国刑事政策研究院（二〇〇八）、二〇五頁；チョイ・ジョンハク「電子監視制度の導入に関する研究」『刑事政策研究』第一九巻第二号、韓国刑事政策研究院（二〇〇七）、三六六頁。

(17) チョイ・ジョンハク、前掲論文、三六六頁。

(18) キム・ヘジョン「電子装置装着命令の法的性格と諸問題」『法曹』第六〇巻第九号、法曹協会（二〇一一）、三〇九頁；ジョン・シンギョウ「位置追跡電子監視の遡及効」『法学研究』第一九巻第二号、慶尚大学法学研究所（二〇一一）、二九九頁。ベ・ゾンデ『刑法総論』弘文社（二〇一一）、四五頁。

(19) ザン・ヨンファ「位置追跡電子装置装着制度の法的性格と遡及効の禁止原則の適用に関する研究」『保護観察』第一〇巻第二号（二〇一〇）、一四九頁。

(20) 大法院一九九七・六・一三・宣告九七ド七〇三判決。

(21) 安成訓、前掲論文、五―八頁参照。

(22) 前掲論文、五頁。

(23) キム・ボンス「電子監視装置装着の法的性格と拡大適用に対する批判的考察」『慶北大学法学論考』第三六集（二〇一一）、七〇頁。

(24) ガン・ホソン／ムン・ヒガブ「電子足輪導入二年の成果と拡大発展方向」『保護観察』第一〇巻第二号（二〇一〇）、四五頁；

バク・ソンヨン『電子監督制度の効果性研究』韓国刑事政策研究院（二〇一〇）、三一一三五頁参照。
(25) キム・ボンス、前掲論文、七〇頁。
(26) リ・スジョン「性暴力犯罪者再犯防止治療処遇の強化方案：アメリカの事例を中心に」『韓国犯罪学』大韓犯罪学会（二〇〇七）；リ・スジョン／キム・キョンオク「性犯罪の再犯率に関する正しい理解と再犯防止代案の模索」『韓国心理学会誌：社会及び性格』第一九巻第三号（二〇〇五）、九四頁。
(27) キム・ボンス、前掲論文、七〇―七一頁。
(28) ザン・ヨンファ、前掲論文、一四九頁。
(29) 大谷實『刑事政策講義』弘文堂（二〇〇九）、二七四頁以下。
(30) キム・ボンス、前掲論文、七三頁。
(31) キム・ボンス、前掲論文、七三頁。
(32) 前掲論文、七四頁。

五　おわりに

保安処分は、もともと被処分者の危険性に対する社会防衛のための措置として考案されたものであるが、第二次世界大戦後は、保安よりもむしろ被処分者の治療や改善に力点がおかれるようになった。これは危険性の予測のもとに予防的措置を講ずることの人権侵害性を懸念し、保安よりも積極的な治療・改善に正当化根拠を見出そうしたためである。(33)

ところが、韓国の現行法上の電子監視は、まず、第一類型の場合、監視そのものだけでは特別予防的観点からの改善・更生を達成しがたく、次に、第二、三類型の場合、被装着者の同意を前提としない限り、保護観察の法的性質を認めるとしても改善・更生という本来の機能を果たすにおいて肯定的な結果を期待しがたい。こういうことから、現在の電子監視制度の法的性質をめぐって、上述した類型別特性と適用上の限界に対する具体的な検討なく、そのまま保安処分の法的性質を認めて正当化しようとする態度は問題があると考えられる。さらに、最近、韓国においてはこれらの限界は考慮せずに、むしろ保安処分の法的性質を根拠に現行法の適用対象を拡大しようとしている。(34) このような立場は犯罪に対する国民の恐怖を一時的に鎮静化することを可能にするかも知れないが、長期的な観点からは、社会共同体を犯罪のリスクに露出させる結果を招きかねないということなどから、望ましくない政策方向であると考えられる。

したがって、今のように改善・更生に限界がある犯罪群の中で、それも再犯の危険性が高い者を対象として保安処分の法的性質が弱い電子監視制度を画一的に適用・拡大するのではなく、専門的かつ科学的な再犯危険性の判断基準を設け、その対象も、逆に再犯の危険性が低い者に限り被装着者の改善・更生に役立つ補助手段として電子監視制度を活用したほうが、社会内処遇として生まれた電子監視制度の本来の趣旨に照らして妥当であり、またそれが被装着者の社会復帰及び改善・更生の促進、そして社会防衛の側面からも合理的な政策であると考えられる。

（韓国刑事政策研究院　研究委員）

(33) 大谷實、前掲書、一五九頁。
(34) 近年、韓国では、子どもや女子中学生などを対象とする性犯罪事件が相次いで発生し、世間を騒がせた。このような衝撃的な事件がメディアで大々的に報道される度に、加害者への厳罰及び予防策の強化を求める声が高まり、現在、韓国においては、性犯罪関連法の改正が繰り返されているなど、凶悪犯罪者に対する再犯防止対策が緊急の課題となっている。

あとがき

僭越ながら今こうして本書のあとがきに筆を下ろすのは、実に悲しい。無常の風は時を選ばず、津田重憲先生は二〇一二年八月一三日午後一一時三〇分に急逝された。療養中も「国家的法益・社会的法益に対する緊急救助を再検討して、研究者人生に幕を閉じたい」と情熱を燃やされていただけに、その思いが叶わなかったことは痛恨の極みであり、学界にとっても大きな痛手である。

私が津田先生に初めてお目にかかったのは、先生が明治大学に着任された最初の年だった。当初から先生のご講義は大人気で、その評判を聞きつけた私は、先生が教鞭を執られる専門演習（連年ゼミ）への入室を強く希望した。津田ゼミへの入室応募倍率は、正規募集が始まった私の代から毎年高かったが、振り返ると、専門演習の受講が許可されていなかったならば、私が研究者としての産声を上げることは決してなかっただろう。

津田先生は、教授としての風格を表に出されることなく、いつも学生目線で授業を行っていたように思われる。その口調は、聞く者の心をつかんで離さないほど魅力的で、刑法を学ぶことの楽しさと奥深さを熱く語られていたことが今でも忘れられない。大学の研究室は学生たちからすれば往々にして近寄り難いものであるが、先生の研究室は常にオープンで、生意気な私たちゼミ生にとって憩いの場であった。古本と微かな煙草の香りが漂う先生の研究室で、私はかけがえのない同期や後輩たちと交流を深めることができた。

こうした環境も一因となったのだろうか、刑法を勉強し続けたいと思うようになった私は、ある時、津田先生の研究室で進路への迷いを口にした。すると先生は、長尾龍一先生の名著『法哲学入門』（講談社学術文庫、二〇〇七年）の書き出しを引き合いに、「乞食と大学教員は三日やったらやめられないよ」とユーモアたっぷりに研究者への道を勧めて下さった。それ以来、先生の研究室は、私の研究者人生におけるプロローグの主要な舞台となった。

大学をこよなく愛する津田先生は、長期休暇中でも研究室にいらっしゃることが多かった。そのため、大学院に進学し、津田先生から指導教授としてご紹介いただいた増田豊先生の下で院生生活を送るようになってからも、私は幾度となく津田先生の研究室へお邪魔して、先生から温かいご指導やご鞭撻を賜ることができた。私の修士学位論文審査では副査をお務めいただき、また、博士学位論文の作成に際しては、固唾を呑んで見守って下さった。研究室からは、かの有名な夏目漱石が通った旧千代田区立錦華小学校（現在は千代田区立お茶の水小学校）や錦華公園を眺めることができ、研究室で先生と季節の訪れを楽しむ一時もあった。

私の新任地が決まった際、挨拶をするため津田先生の研究室を訪れると、先生は、わが子が就職したかのようにお喜びになり、「でも決して天狗になってはいけないよ」と専任教員としての立ち振る舞いを教えて下さった。そして最後に、お祝いの品として、先生が通っていらっしゃった某牛丼チェーン店の味噌汁無料券をいただいた。津田先生らしいユーモア溢れる祝福に、私はこの上なく嬉しかった。

本来ならば、津田先生は定年まであと三年、研究室にいらっしゃる予定であった。思い出深い先生の研究室に、今はもう足を踏み入れることができない。痛惜の念を禁じ得ないのは、私だけではあるまい。

前任校の東亜大学在職時代も、津田先生は多くの学生から愛されていたようである。社会人として活躍されている当時の教え子たちから同窓会の誘いを受けられた時、先生は満面の笑みを湛えてお出かけになっていた。先日、奥様から伺ったところによれば、先生はご自宅でもしばしば、楽しそうに学生たちの様子を話されていたそうだ。日頃から教え子たちに限りない愛情を注いでいらっしゃったからこそ、多くの学生が卒業後も先生を慕うのだろう。寂寞の思いに包まれた同窓会が浮かばれる。

ところで、津田先生のお人柄を一言で表すとしたら、「質実剛健」という言葉が当てはまるように思われる。『正当防衛の研究』（時潮社、一九八五年）、『緊急救助の研究』（成文堂、一九九四年）、『緊急救助の基本構造』（成文堂、一九九八年）、『正当防衛と緊急救助の基本問題』（成文堂、二〇一二年）四冊の学術書が定期的に公刊されていることは、先生が弛まずご研究に取り組まれていらっしゃったことを物語っている。阿部純二先生も『正当防衛の研究』に寄せた序文の中で、「津田氏は、それほどゆとりのあるとも思えない境遇のもとで、一途に刑法学の研究を続けてきた」と評され、「驚嘆と敬服の念をもって見守ってきた」と述べられている。

津田先生の食生活にも、そのお人柄が滲み出ていた。普段、先生は昼食代を倹約してご研究に没頭され、カップラーメン一つで済ませられる日も見られた。「僕は白いご飯と味噌汁、それに漬物があれば十分」と仰って、懇親会などで高級料理が出されてもあまり口にせず、帰宅されてからお茶漬けを召し上がることもあったようだ。酒類はほとんど飲まれず、ケーキやチョコレートなどの洋菓子よりも黒棒や花林糖などの伝統的な駄菓子を好まれた。

権力者に向ける津田先生の眼差しは、常に厳しかった。一例を挙げるならば、政治家のスキャンダルや警察の不祥事などが新聞の見出しに躍り出ると、先生は授業の冒頭に決まって、「新聞を読んだか」と切り出し、語気鋭く批判なさっていた。こうした先生のスピリットは、推測ではあるが、おそらく会社員としてご勤務されていた時代に培われたのではないだろうか。時折先生から、ご自身の若かりし頃を拝聴する機会に恵まれたが、先生は、ご結婚されてから東亜大学に着任されるまで、今は無き市場新聞社の雑誌編集記者として二足の草鞋を履いていらっしゃった。専任教員として活躍されるまで険しい道のりを歩まれたからこそ、職権を乱用したり権力の上で胡坐をかいたりする不届き者が人一倍許せなかったのだろう。

ちなみに、先生の独特な言い回しは、周囲から「津田節」と称されたが、語られる内容は核心を突いており、私たちの胸に響くものであった。明治大学リバティアカデミー（生涯学習・社会人講座）において先生が担当された「新聞から読み解く法律ゼミナール」がパート七まで続いたのは、世間に好評をもって受け入れられたことの証であり、津田先生しか務めることのできない講座だった。同講座は惜しまれつつ、二〇一三年度に閉講された。

本書のあとがきを拝命して、津田先生の早すぎる昇天を悼み、これまでの学恩に深い感謝の意を表明されている方々が本当に数えきれない程いらっしゃることを改めて強く感じた。先生の追悼論文集が公刊されることを悲願としていたが、こうして出版の運びとなり、ご協力を賜ったすべての方々に、心から感謝を申し上げたい。とりわけ三原憲三先生には、この場において格別の謝意を述べなければならない。三原先生から本書の企画を持ち出していただかなければ、私たちは出版に向けた実行に着手することができなかった。三原先生は津田先生の兄弟子でおられ、津田先生とは固い絆で結ばれていらっしゃる。最高の相棒が旅立たれてしまった三原先生の悲しみは察するに余りあるが、きっと津田先生は、ご自身のヒストリーに三原先生が度々ご出演下さったことを誇りに思われているのではないだろうか。

また、本書の編集委員を快諾して下さった増田豊先生、山田道郎先生、そして本書の企画を全面的にサポートして下さった長谷川裕寿先生にも御礼を申し上げたい。中でも追悼の辞を述べられた増田先生は、津田先生と同年に修士課程を卒業され、三〇年の月日を経て再び同じ学び舎で時を過ごされた旧友でいらっしゃる。津田先生の、増田先生と冗談を言い合って楽しまれていたお姿が印象深い。息の合った掛け合いが見られなくなったことは、大変残念である。

言うまでもなく、本書の企画に賛同してご執筆いただいた先生方お一人おひとりにも謝意を表したい。追悼の意が込められたご玉稿の数々に、津田先生のご人徳の高さを再認識させられた。私は、一日でも長く研究に精進することが津田先生への最大の恩返しであると思っている。実のところ、本書に寄せた拙稿は、先生に副査をお務めいただいた修士学位請求論文（「幇助の因果性―共犯の処罰根拠に関連して―」）を意識して提出されたものである。これは、私の研究者としての僅かな成長を津田先生にご高覧いただきたいと思ったからであるが、先生はどこかできっと、「まだまだ甘い」とおっしゃっているだろう。津田先生の教え子としての名に恥じないよう、今後より一層研究に精励することをここにお誓いし、各先生方からのご指導を賜りたい。

本書の刊行に際し、成文堂の方々から多大なるご尽力とご高配を賜ったことは、決して忘れない。出版業界が厳しい状況に置かれているにもかかわらず、本書の出版をいち早くお引き受け下さり、社長の阿部耕一氏、専務取締役の阿部成一氏には感謝の気持ちでいっぱいである。また、津田先生が絶大な信頼を寄せておられた前編集担当の石川真貴氏や現編集部の飯村晃弘氏には、企画段階から無事に公刊されるまで、様々なご苦労をおかけしたと思われる。お二人の連携プレーがなければ、企画が円滑に遂行されなかっただろう。編集委員に代わり、心から謝辞を述べたい。

本書が学界の発展に貢献する一助ともなることを祈りつつ、追悼の意を込めて津田重憲先生にお捧げする。

小　島　秀　夫

津田重憲先生　略歴・主要業績目録

津田重憲先生　略歴

一九四五（昭和二〇）年四月　佐賀県鳥栖市に生まれる
一九六五（昭和四〇）年三月　佐賀県立鳥栖高等学校卒業
一九六五（昭和四〇）年四月　明治大学法学部法律学科入学
一九六九（昭和四四）年三月　明治大学法学部法律学科卒業
一九七〇（昭和四五）年四月　明治大学大学院法学研究科公法学専攻修士課程入学
一九七二（昭和四七）年三月　明治大学大学院法学研究科公法学専攻修士課程修了
一九七四（昭和四九）年四月　専修大学大学院法学研究科公法学専攻博士課程入学
一九八〇（昭和五五）年三月　専修大学大学院法学研究科公法学専攻博士課程単位取得満期退学
一九八四（昭和五九）年一〇月　東北大学大学院法学研究科研究生（一九八六年三月まで）
一九八五（昭和六〇）年四月　東京理科大学理工学部兼任講師（一九八九年三月まで）
一九八九（平成元）年四月　東亜大学経営学部専任講師
一九九二（平成四）年四月　東筑紫短期大学兼任講師（一九九九年三月まで）
一九九五（平成七）年四月　東亜大学法学部企業法学科助教授
二〇〇二（平成一四）年四月　明治大学法学部法律学科助教授
二〇〇三（平成一五）年四月　明治大学法学部法律学科教授
二〇〇四（平成一六）年四月　明治大学法科大学院法務研究科教授

二〇〇七（平成一九）年四月　ドイツのフライブルク大学法学部、マックスプランク外国・国際刑法研究所で在外研究（二〇〇八年三月まで）

二〇一二（平成二四）年八月一三日　逝去（享年六七歳）

津田重憲先生 主要業績目録

〔単著〕

一九八五年一一月 正当防衛の研究 時潮社
一九九四年四月 緊急救助の研究 成文堂
一九九八年三月 緊急救助の基本構造 成文堂
二〇一二年四月 正当防衛と緊急救助の基本問題 成文堂

〔共著〕

法学 時潮社 一九八五年
基本刑法 時潮社 一九八八年一〇月
教養基本法学 成文堂 一九九一年
実定法と憲法 法律文化社 一九九二年
論文試験・刑法各論 学陽書房 一九九三年
ゼミナール刑法〔総論〕 成文堂 一九九八年三月
現代法学と憲法 北樹出版 一九九九年四月
ゼミナール刑法〔各論〕 成文堂 一九九九年五月
ゼミナール刑法〔各論〕 成文堂 二〇〇〇年三月
ワークスタディ刑法総論 信山社 二〇〇一年四月
ワークスタディ刑法各論 信山社 二〇〇二年四月

市民のための法学入門　成文堂　二〇〇二年一〇月
刑法総論講義〔第三版〕　成文堂　二〇〇三年三月
みぢかな刑事訴訟法　信山社　二〇〇三年四月
刑法総論　成文堂　二〇〇四年三月
刑法各論　成文堂　二〇〇四年三月
刑法判例教材〔総論・各論〕　成文堂　二〇〇四年三月
刑法ゼミナール〔総論〕　成文堂　二〇〇四年八月
刑法総論講義〔第四版〕　成文堂　二〇〇六年四月
刑法ゼミナール〔各論〕　成文堂　二〇〇六年九月
刑法総論講義〔第五版〕　成文堂　二〇〇九年三月
刑法ゼミナール〔総論〕〔第二版〕　成文堂　二〇一二年四月

〔論文〕

過剰緊急救助と責任性　東亜大学研究論叢二〇巻一号　一九九五年九月
いわゆる「迷惑緊急救助」について　東亜法学論叢創刊号　一九九六年三月
「緊急救助の類似状況」に関する一考察　東亜法学論叢第二号　一九九七年三月
近時判例に現われた緊急救助における相当性について　東亜法学論叢第三号　一九九七年一二月
過剰防衛と刑の減免の法的根拠　東亜法学論叢第四号　一九九九年一月
過剰防衛の認定基準（1）　東亜法学論叢第五号　二〇〇〇年三月
警察官の武器使用と正当防衛　東亜法学論叢第六号　二〇〇〇年三月
過剰防衛の認定基準（2・完）　東亜法学論叢第七号　二〇〇二年三月
いわゆる過剰防衛における「結果の重大性」について　三原憲三先生古稀祝賀論文集　成文堂　二〇〇二年一一月
「緊急避難の類似状況」に関する一考察　法律論叢第七五巻四号　二〇〇三年一月
いわゆる『予防的緊急救助』について　法律論叢第七六巻二・三号　二〇〇四年三月
被侵害者の意思と緊急救助　法律論叢七七巻四・五合併号　菊田幸一教授古稀記念論文集　二〇〇五年二月

いわゆる『社会緊急救助』について　明治大学法科大学院開設記念論文集　二〇〇五年三月
いわゆる『迷惑過剰緊急救助』について　明治大学法科大学院論集第一号　二〇〇六年三月
正当防衛と緊急救助に関する一考察　明治大学社会科学研究所紀要第四四巻第二号　二〇〇六年三月
いわゆる「迷惑防衛」について　法律論叢第八一巻六号　二〇〇九年三月
迷惑防衛再論　立石二六先生古稀祝賀論文集　成文堂　二〇一〇年七月

〔判例評釈〕

「自招の侵害に対する暴行行為につき正当防衛の成立が否定された事例（東京高判平成八年二月七日）」　東亜大学研究論叢第二二巻一号　一九九七年一二月
「過剰防衛の成立を認めかつその刑を免除した事例（名古屋地判平成七年七月一一日）」　東亜大学研究論叢第二二巻二号　一九九八年三月
「過剰防衛による刑の免除をした原判決を量刑不当として破棄した事例（大阪高判平成八年一一月一二日）」　東亜大学研究論叢第二三巻一号　一九九八年一二月
「傷害につき過剰防衛を認めた原判決を破棄し正当防衛を認めた事例（東京高判平成八年一二月四日）」　東亜大学研究論叢第二三巻二号　一九九九年三月
「防衛行為の相当性を逸脱し過剰防衛の成立にとどまるとした事例（福岡高判平成一〇年七月一三日）」　東亜大学研究論叢第二四巻一号　一九九九年一二月
「傷害致死罪に問われた事案につき正当防衛の成立を認めて無罪を言い渡した事例（千葉地判平成九年一二月二日）」　東亜大学研究論叢第二五巻一号　二〇〇〇年一二月
「現行犯人逮捕のため許される限度内のものとして刑法三五条にいう正当行為に当たるとした事例（東京高判平成一〇年三月一一日）」　東亜大学研究論叢第二五巻二号　二〇〇一年三月
「急迫不正の侵害の消失後の反撃行為と過剰防衛の成否に関する事例（富山地判平成一一年一一月二五日）」　東亜大学研究論叢第二六巻一号　二〇〇一年一二月
「路上生活者同士の喧嘩に際し被害者から鉄パイプで殴られたためこれを取り上げて被害者の顔面及び頭部を数回殴打して傷害を負わせた事案について過剰防衛が認められた事例（東京地判平成一二年一一月一七日）」

「被告人による挑発的な行為後における急迫不正の侵害に対する正当防衛・過剰防衛の成否（大阪高判平成一二年六月二二日）」　判例時報一八二八号（判例評論五三六号）

法律論叢第七六巻六号　二〇〇四年三月

〔その他〕

「三原憲三著『死刑廃止の研究』について」　東亜大学研究論叢第一五巻一号

執筆者紹介 （掲載順）

三原憲三（みはら　けんぞう）　朝日大学名誉教授
港　和夫（みなと　かずお）　明治大学法学部兼任講師
赤岩順二（あかいわ　じゅんじ）　明治大学法学部助教
長谷川裕寿（はせがわ　ひろかず）　駿河台大学法学部准教授
小島秀夫（こじま　ひでお）　大東文化大学法学部専任講師
竹内健互（たけうち　けんご）　明治大学大学院法学研究科博士後期課程
山田道郎（やまだ　みちお）　明治大学法学部教授
黒澤　睦（くろさわ　むつみ）　明治大学法学部准教授
守田智保子（もりた　ちほこ）　筑波大学人文社会系助教
八百章嘉（やお　あきよし）　富山大学経済学部専任講師
菊田幸一（きくた　こういち）　明治大学名誉教授・弁護士
上野正雄（うえの　まさお）　明治大学法学部教授
安　成訓（あん　せいくん）　韓国刑事政策研究院　副研究委員

刑事法学におけるトポス論の実践
津田重憲先生追悼論文集

2014年３月20日　初版第１刷発行

編集委員　三　原　憲　三
　　　　　増　田　　　豊
　　　　　山　田　道　郎

発 行 者　阿　部　耕　一

〒162-0041　東京都新宿区早稲田鶴巻町514

発 行 所　株式会社　成　文　堂

電話03（3203）9201㈹　FAX03（3203）9206
http://www.seibundoh.co.jp

製版・印刷　シナノ印刷　　製本　弘伸製本

ISBN978-4-7923-5105-2 C3032　検印省略

定価（本体8,000円＋税）